한국 고대의 서상과 정치

한국 고대의 서상과 정치

신정훈 지음

혜안

머리말

필자는 한국사를 전공하면서 한국고대사에 큰 관심을 가지게 되었다. 고대사에 관심을 갖게 된 계기는 우리 민족이 살아온 뿌리를 찾기 위함이었다고 생각한다. 그 시절의 정치와 사회에 대한 관심이 필자를 한국고대사 연구로 이끌었던 것 같다.

이 책은 필자가 지금까지 한국고대정치사에 관해 발표한 논문을 모은 것이다. 그 내용은 크게 두 부분으로 나누어진다.

첫 번째는 한국 고대의 서상(瑞祥)이 가진 의미이다. 서상은 자연현상에서 이상적인 경지에서 나타나는 현상이다. 필자는 한국 고대의 역사인 고구려·백제·신라의 서상을 검토하였다. 이렇게 한국 고대의 서상 현상을 검토한 이유는 최근에 문제가 되고 있는 중국의 고구려사와 백제사·신라사에 대한 인식 때문이다.

이에 따르면, 중국은 고구려와 백제·신라가 역대 중국 왕조에게 책봉을 받고 조공을 바쳤다고 주장한다. 이에 따라 삼국의 왕이 중원 정권의 관리이며, 중원 정권을 대신해 삼국이 있는 지역의 백성을 다스렸다는 것이다. 중국은 고대 삼국과 중국 역대 왕조는 신하와 황제의 관계를 가졌다고 말하고 있다.

이와 관련하여 서상을 주목해 보자. 서상은 상서로운 징조로, 고대 중국에서 처음 나타난 개념이다. 이 개념은 통치자가 성덕(聖德)을 백성들에게 베풀면, 하늘이 자연의 특이한 징조를 그 나라에 보내준다는 것이다. 서상은 하늘과 연결된 통치자에게 나타나는 현상인 것이다.

　이러한 서상이 고구려와 백제·신라에서 모두 나타나고 있다. 이것은 고대의 삼국이 중국의 서상관념의 영향을 받았음을 보여준다. 이와 함께 서상현상이 나타난다는 것은 고대 삼국의 왕들이 하늘과 연결된 존재였음을 말한다. 다시 말해 삼국의 왕들은 그들의 권력을 하늘로부터 부여받은 독자적인 존재였던 것이다. 고대 삼국에서 보이는 서상은 고구려·백제·신라의 역사를 중국왕조의 종속국으로 보며, 왕들을 중국 황제의 신하로 보는 중국의 주장이 잘못된 것이라는 점을 잘 보여준다.

　또한 필자는 한국 고대의 서상을 연구하면서 그것이 단순한 자연현상이 아니라, 정치와 관련되어 있다는 것을 밝힐 수 있었다. 이와 함께 고대 삼국에서 나타난 서상이 왕권과 밀접한 연관을 가지고 있음을 알 수 있었다.

　두 번째로 필자는 신라가 삼국을 통일한 이후 신라 중대(中代)의 정치적 상황을 다루었다. 이 연구를 통해 신라 중대의 정치적 특성과 외교관계의 본질이 무엇인가를 살펴보았다.

　먼저 대사와 은전을 통해 신라 중대왕권의 특징에 대해 주의를 기울여 보았다. 이를 위해 왕권과 진골귀족의 관계에 주목했다. 한편 「신라 효소왕대의 정치적 변동」은 중대왕권의 확립을 꾀한 신문왕 이후, 효소왕대의 정치적 상황을 다룬 연구이다. 필자는 효소왕대 정치적 불안의 원인을 중대의 정치체제 문제에서 찾아보았다.

　이어 효소왕대에 신라와 무주(당) 사이에 외교관계가 재개되고 있는 점을 살펴보았다. 이 주제에 관심을 가진 계기는 앞에서 보았던 조공과 책봉 문제와 관계가 있다. 중국은 조공을 한 측이 복속국이며, 관작을 주는 책봉을 한 측이 종주국이라고 주장한다. 이에 따르면, 한국의 역사인 고구려사·백제사·신라사 나아가 고려와 조선의 역사가 중국의 복속국이 된다. 이러한 중국의 주장은 중국 측의 사료를 그대로 인정하여 살펴보았기 때문이다. 필자는 과연 중국의 논리가 맞는지를 효소왕대의 예를 통해 살펴보았다. 필자는 이를 위해, 신라와 무주(당)의 조공이 가지는 의미를 돌궐·토번·발해가 존재한 동아시아의 정치적 상황 속에서 검토했다.

다음으로 필자는 신라 성덕왕대의 정치적 상황을 살펴보았다. 성덕왕대(702~737)는 정치적인 안정을 바탕으로 중대의 전성기였던 시기로 알려져 있다. 그러나 성덕왕대에 태자를 책봉할 때와 왕후를 출궁하고 새로 책봉할 무렵에 잦은 천재지변이 나타난다. 고대에 있어 천재지변은 단순한 자연현상이 아니라, 정치적인 불안과 연관되어 있다. 이런 천재지변이 나타나는 현상을 통해, 필자는 이 무렵의 정국이 안정적이지 않음을 검토하였다.

이어 「통일신라기 진골의 독점관직과 승진과정」에서는 『삼국사기』 직관지의 취임관등에 관한 규정을 통해, 이 시기 권력구조를 파악해 보았다. 그리고 우리나라 최고의 사적비인 청주 운천동 신라사적비를 통해, 신문왕대에 설치한 서원소경의 정치적 중요성을 밝혀 보았다.

8

　이 책의 제목은 『한국 고대의 서상과 정치』이다. 그러나 책의 내용은 한국 고대의 서상과 주로 신라 중대의 정치에 관한 것만 기술되었다. 책의 제목과 달리 그 내용은 한국 고대사의 일부분에 불과한 것이다. 그럼에도 이렇게 책의 제목을 정한 것은 앞으로 더 연구해 이 책을 보완하겠다는 생각 때문이다.

　이 책은 필자의 지난 연구를 점검하기 위해 만들어졌다. 책을 만들면서 느낀 점이 있다. 그것은 열심히 노력했으면 이 책이 가지는 논지의 전개와 내용을 충실히 할 수 있었을 것이라는 자책감이다.

　이 책에 실린 논문 가운데 「신라 중대의 서상과 정치적 의미」는 2004년도 중앙대학교 신진우수연구자 지원 사업에 의해 작성되었다. 그리고 「백제의 서상과 왕권」은 2011년도 정부(교육과학기술부)의 재원으로 한국연구재단의 지원을 받아 연구되었다. 중앙대학교와 한국연구재단의 지원에 감사드린다.

　본서의 출간을 계기로 게으른 몸을 채찍질하고 느슨한 마음을 다잡아 미진한 점을 보완할 것을 다짐해 본다.

　이 책이 출판될 때까지 많은 도움을 주신 분들께 머리 숙여 감사한 마음을 전해드린다. 책으로 출판되도록 수고하신 도서출판 혜안 모든 분들의 정성에도 감사드린다.

신정훈

목 차

제3부 신라 중대의 정치적 성격 163

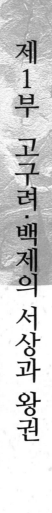

제1부 고구려·백제의 서상과 왕권

제1장 고구려의 서상물이 지닌 성격

Ⅰ. 머리말

瑞祥은 자연현상에서 四時가 조화되는 정상적인 상황보다 한층 더 이상적인 경지에서 나타난다. 그러므로 瑞祥은 王者가 盛德을 행하면 나타나는 현상으로 간주되었다.[1]

한국 古代에서 서상은 대체로 북방유목민족과 관련되었다는 연구가 있다. 이와 관련하여, 靈鳥信仰과 白馬토템에 관한 연구가 이루어졌다. 우선 靈鳥信仰을 살펴보자. 鳥飾靑銅器가 南러시아, 內蒙古, 北中國, 韓國 그리고 日本에까지 분포되어 있다. 이는 새에 대한 신앙의 유입과정을 말해주는 것이며, 이른바 스키타이 문화의 전파경로와도 일치한다는 견해가 있다.[2] 天地間을 왕래하는 靈鳥의 출현이 북방 기마민족의 사회에서 남방 농경사회에 이르기까지 널리 전파되었다는 것이다. 한편 新羅 朴赫居世 說話에서의 말의 출현과 天馬冢의 天馬圖는 북방유목민족의 백마토템과 상관있다고 한다. 그리고 『三國史記』 婆娑尼師今 5年 여름

---

1) 李熙德, 1993,「三國時代의 瑞祥說」,『李基白先生古稀紀念 韓國史學論叢』; 1999,『韓國古代自然觀과 王道政治』, 혜안, 199~227쪽.
2) 韓炳三, 1971,「先史時代 農耕文靑銅器에 대하여」,『考古美術』112.

5月條에 靑牛의 出現과 보리의 大農을 시사하는 기록에서 契丹 傳說의 靑牛에 관한 片貌를 발견할 수 있다는 연구가 있다.[3]

또한 鳥類를 주목한 연구가 있다. 삼국시대는 조류를 靈物로서 신성시 하였다. 이것은 儒敎的 五行觀이 아닌, 북방계통의 鳥토템 신앙적 관점에 서 이해된다는 것이다. 그리고 百濟에서의 休徵은 咎徵에서와 같이 君王을 中心으로 하는 정치행위와 깊은 관련을 갖고 있었다는 것이다.[4] 이어 사슴 숭배를 의미하는 白獐, 神鹿의 기록이 『三國史記』의 高句麗·百濟 本紀에 나타난 것에 주목한 연구가 있다. 사슴 숭배는 시베리아를 무대로 한 북방사회에서 널리 믿어왔던 샤머니즘과 깊은 관계를 가진다는 것이 다.[5]

한편 한국의 瑞祥說은 중국 古代의 瑞祥說에서 비롯되었다는 연구가 있다. 중국에서 聖君의 출현과 함께 祥瑞가 수반된다는 祥瑞說의 기원은 멀리 戰國時代에까지 거슬러 올라가지만, 秦代를 거쳐 前漢 초기에 와서 구체적으로 적용되었다는 것이다. 이와 관련하여 먼저 고려시대의 서상 이 연구되었다. 서상은 고려시대를 통하여 開國의 祥瑞로서 혹은 君主의 聖德의 表徵으로서 출현되는 것이라고 이해되었다. 이와 동시에 서상은 妄臣들의 아첨으로서, 혹은 毅宗과 같은 妄君의 自慰로서 적용되었다는 것이다.[6]

그리고 三國時代에서 朝鮮時代까지 瑞祥의 종류를 구분한 연구가 있다. 서상은 多産, 白色의 동물들과 다른 동물들의 서상, 서상의 별들, 서상의

---

3) 權兒遠, 1980, 『韓國社會風俗史硏究』, 京仁文化社, 115~118쪽.

4) 金永炫, 1989, 「百濟社會의 災異觀에 관한 考察」, 『歷史敎育』 45.

5) 權兒遠, 2000, 『古代韓民族文化史硏究』, 一潮閣, 304쪽.

6) 李熙德, 1978, 「高麗時代 五行說에 대한 硏究-高麗史 五行志의 分析」, 『歷史學報』 79 ; 1984, 『高麗儒敎政治思想의 硏究-高麗時代 天文·五行說과 孝思想을 중심으로』, 143~147쪽.

곡식, 甘露, 舍利로 구분된다는 것이다.[7]

이어 중국적 서상관과 관련하여, 삼국의 서상에 관한 검토가 이루어졌다.『三國史記』에는 삼국의 瑞祥記事가 있다. 이를 통해, 삼국은 각기 중국의 전형적인 서상관을 수용하여 왕자의 성덕을 과시하려 하였다. 그리하여 고대국가의 왕권을 천명설에 의해 정당화하는 동시에, 왕권 강화를 위한 상징성을 증대시켰다는 연구가 있었다.[8]

이와 관련하여,『三國史記』에 나오는 고구려의 서상물들이 주목된다. 이 서상물들을 중국의 기록과 함께, 북방민족과의 관련 하에서 살펴보고자 한다. 이러한 검토를 통해, 고구려의 서상물이 가진 특징을 살펴볼 것이다.

Ⅱ. 고구려의 서상물과 그 특징

고구려의 서상물들은 중국, 북방민족과 관련하여 어떠한 특징을 가지고 있을까.『三國史記』의 高句麗本紀에 나타난 서상물들을 중국, 북방민족과 관련하여 검토해 보자.

(1) 東明聖王(기원전 37~기원전 19)

가) 동명성왕 3년 봄 3월에 黃龍이 鶻嶺에 나타났다. 가을 7월에 慶雲이 골령 남쪽에 나타났는데, 그 빛이 푸르고 붉었다(『三國史記』13, 高句麗本紀 1).

---

7) Park Seong-Rae, 1978,「Portents in Korean History」,『Journal of Social Sciences and Humanities』Vol.47, 83~91쪽.

8) 李熙德, 1999, 앞의 책, 227쪽.

　　동명성왕 3년 봄 3월에 나타난 황룡은 고구려 건국 후의 최초의 상서이다. 황룡에 대해 먼저 중국의 기록을 살펴보자. 漢의 文帝代(기원전 180~기원전 157)에 노나라 사람 公孫臣이 漢은 土德의 시기에 해당한다고 하였다. 그리고 토덕의 때에, 상서로 黃龍이 나타난다고 하였다. 그리하여 文帝 15年에 黃龍이 成紀에서 보였다는 것이다. 이에 文帝는 조서를 내려, 異物의 神이 成紀에서 보였으나 백성들에게 害가 없고 그 해에 풍년이 들었다고 하였다.[9] 이로 보아 漢代에 황룡은 상서로 여겨졌다.

　　그리고 『宋書』 符瑞 中에 황룡 기사가 있다. 황룡은 四龍의 長이라는 것이다. 황룡은 못에서 고기를 잡지 않는다. 德이 淵泉에 이르게 될 때에, 곧 황룡이 못에서 노닌다는 것이다.[10] 『南齊書』 卷18, 祥瑞에도 황룡이 서상으로 기재되어 있다.[11]

　　그런데 용의 개념은 중국에서 형성되어 우리나라와 일본으로 전래되었다. 중국에서 최고의 신성과 권위를 상징하게 된 용은 한, 중, 일에서 동일한 의미로 자리 잡아 동양인의 정신세계에 큰 영향을 끼쳤다.[12]

　　『삼국사기』에서 삼국의 용 출현은 새 왕조의 창업이나 왕자의 탄생, 죽음 등을 예조하는 조짐으로 기록되고 있다. 고구려의 경우 개국 3년 만에 鶻嶺에 황룡이 나타났다. 고구려에서 황룡이 나타난 것은 이 예가 유일하다. 이는 왕조의 창업과 성군의 출현을 표징하는 서상이었다.[13]

---

9) 『史記』 卷10, 孝文帝本紀 10.
10) 『宋書』 卷28, 符瑞 中.
11) 『南齊書』 卷18, 祥瑞, "永明七年黃龍見曲江縣黃池中一宿二日."
12) 姜友邦, 1992, 『한국문화상징사전』, 동아출판사, 488쪽.
13) 이희덕, 1999, 앞의 책, 202~204쪽. 414년(長壽王 3年)에 세워진 「廣開土王碑文」 중 高句麗의 建國 始祖 東明聖王 朱蒙에 관한 기사가 있다. "위를 즐거워하지 않으므로 黃龍을 내려보내 왕을 맞아오게 하였다. 왕이 忽本의 동쪽 언덕에서 용의 머리를 밟고 하늘로 올라갔다." 이 기사에서 주몽의 최후와 관련하여 황룡이 등장한다. 주몽의 죽음을 전하는 다른 기록에는 등장하지 않는 황룡이

한편 慶雲(卿雲)을 살펴보자.『史記』卷27, 天官書 5에, 경운을 설명하고 있다. 경운은 연기 같은데 연기가 아니고 구름 같은데 구름이 아니다. 성하고 빛나며 많은 모양이다. 그리고 드물면서 매우 큰 모양이라는 것이다. 그리하여 慶雲(卿雲)은 좋은 기운을 보인다는 것이다.14)

그리고『宋書』29 符瑞 下에, 경운이 서상물로 기록되어 있다. 경운은 태평성대를 나타내는 표징으로서, 구름 같기도 하고 연기 같기도 하여 오색이 엉킨 모습의 구름이라는 것이다.15) 동명성왕 3년 7월에 나타난

5세기 초에 새워진 「광개토왕비문」에 나타나는 이유는 무엇일까. 여기에서 눈길을 끄는 것은 고구려의 시조 주몽은 천제의 자손으로 주장되고 인식되었던 인물이라는 사실이다. 이 점은 中國의 正史나『三國史記』,『三國遺事』,『帝王韻紀』 등에서 나타난다. 따라서 황룡을 보낸 주체는 천제라고 할 수 있으며, 주몽을 하늘로 데려오는 기사 속의 황룡은 주몽이 天帝之子 혹은 天帝之孫임을 알려주는 존재이다. 그런데 황룡은 五神獸 가운데 중앙을 나타내는 신수이며, 五帝 중 중앙의 천제인 黃帝와 관련이 있는 존재이다. 오행은 본래 순환론에 바탕을 둔 개념이지만, 五神獸, 五帝 등 5數에 맞추어 성립한 개념에는 中央과 四方이라는 대비적 관념이 강하게 배어든다.

그렇다면 광개토왕비가 세워지던 5세기 초의 고구려에 유포되고 있던 天地를 주재하는 천제의 아들이 세운 나라, 동아시아 세계의 중심에 있는 나라로서의 고구려관은 주몽과 황룡으로 대표되는 이와 같은 중앙관념을 바탕으로 성립된 것으로 이해할 수 있다.

그리고『삼국사기』의 동명성왕 3년 봄 3월에 黃龍의 출현기사가 있다. 황룡은 우주의 중심이자 주관자인 천제의 부림을 받는 존재이며 오신수의 中心獸이다. 그러나 이 황룡출현이 단순히 상서기사에 불과한 것인지, 황룡이 지닌 상징성에 초점이 있는 기사인지는 명확하지 않다. 다만 이 기사가 주몽의 재위연간에 집중적으로 나타나는 여러 가지 상서기사 가운데 가장 먼저 보이고, 그 시기가 주몽집단이 지역패자로서의 지위를 확고히 하기 위한 대내외적 작업을 본격적으로 전개하려는 시점임이 주목된다. 또한 이 기사에 뒤이어 나오는 동왕 4년, 6년, 10년의 기사가 모두 상서+경사 기사의 구성을 보인다는 점도 간과할 수 없다고 한다(전호태, 2000,『고구려 고분벽화 연구』, 사계절출판사, 300~304쪽).

14)『史記』卷27, 天官書 5.
15)『宋書』卷29, 符瑞 下.

경운 역시 『史記』의 기록으로 보아, 중국의 영향을 받은 것으로 생각된다.

　나) 동명성왕 6년 가을 8월에 神雀들이 宮庭에 모였다(『三國史記』卷13,
　　　高句麗本紀 1).

　神雀과 관련하여 중국의 기록을 살펴보자. 『史記』에 前漢代(기원전
206~서기 8)의 年號가 나온다. 前漢代의 연호에는 元狩, 神雀, 甘露, 黃龍
등이 있다.[16] 前漢代에 연호로 쓰인 원수, 감로와 황룡은 서상이었다.
이로 보아, 신작은 서상이었다. 前漢은 이러한 서상을 연호로 썼던 것이다.
　또한 『晉書』 23, 志 13, 樂下에는 赤鳥가 글을 물어 周가 興함이 있었고,
지금 聖皇이 命을 받으니 神雀이 왔다고 하였다.[17] 그리고 서상을 기록한
『송서』 부서지 하에, 漢 宣帝 元康 2년 여름에 神雀이 雍에 모였다는
것이다.
　그런데 고구려에 출현한 신작이나 漢代의 그것은 모두 서상적 사실이
라고 한다.[18] 前漢代에 신작은 이미 서상으로 인식되었다. 그 뒤 시기인
고구려 동명성왕대에 신작이 나타나고 있다. 그러므로 고구려의 신작은
漢의 영향을 받은 것으로 생각된다.

　다) 동명성왕 10년 가을 9월에 鸞새들이 王臺에 모였다(『三國史記』卷13,
　　　高句麗本紀 1).

　먼저 난새에 대한 중국의 기록을 보자. 『史記』 卷84, 屈原賈生列傳

---

16) 『史記』 卷26, 歷書 4.
17) 『晉書』 卷23, 樂 下, "言赤鳥銜書有 周以興 今聖皇受命 神雀來也."
18) 이희덕, 1999, 앞의 책, 219~220쪽. 『三國史記』 高句麗本紀에서 神雀이 宮庭(王庭)
　　에 모인 기록으로 유리명왕 2년 10월, 서천왕 7년 9월이 있다.

第 24에 난새가 보인다. 前漢의 文帝代에 賈生이 賦를 지어 屈原을 조문하였다. 가생은 부에서, 만난 시대가 좋지 못하여 난새와 봉황이 숨고 올빼미가 활개를 친다고 하였다. 그리하여 재주 없는 자들이 존중받고 아첨꾼이 뜻을 얻는다고 하였다.[19] 이어 『前漢書』에 난새가 길조로 되어 있다. 宣帝 때에 鸞鳳이 나타나자 이를 嘉瑞로 보아, 天下의 口錢을 감하고 殊死이하를 赦하기도 하였다.[20] 이로 보아 前漢代에 난새가 길조였음을 알 수 있다. 『後漢書』에는 鸞鳥는 봉황 종류로, 人君의 進退가 절도가 있으며 親疏가 차례가 있으면 이른다고 하였다.[21] 그런데 『宋書』 符瑞志와 『南齊書』 祥瑞志에 난새는 보이지 않는다.

동명왕 개국 10년에 이처럼 난조가 왕대에 모인 것은 서상이다.[22] 그 기록의 선후로 보아, 동명성왕대의 난새라는 서상은 중국 漢代의 서상관에 영향을 받은 것 같다.

(2) 琉璃明王(기원전 19~서기 18)

가) 유리명왕 2년 가을 7월에 多勿侯 松讓의 딸을 맞아 왕비를 삼았다. 9월에 서쪽으로 사냥을 나가 흰 노루를 잡았다. 겨울 10월에 神雀들이 王庭에 모였다(『三國史記』 13, 高句麗本紀 1).

흰 노루(白獐)에 대해 살펴보자.[23] 먼저 중국의 기록을 보자. 白獐(麞)은 『史記』와 『漢書』, 『後漢書』에 기록이 없다. 백장에 관한 최초의 기록은

---

19) 『史記』 卷84, 屈原賈生列傳 24.
20) 『前漢書』 卷8, 宣帝 8.
21) 『後漢書』 卷3, 肅宗孝章皇帝紀 3 元和 2年 5月.
22) 이희덕, 1999, 앞의 책, 221쪽.
23) 『三國史記』 高句麗本紀에서 왕이 사냥을 나가 흰 노루를 잡았다는 기록은 다음과 같다. 그 예로 閔中王 3年 7月, 中川王 15年 7月, 長壽王 2年 10月이 있다.

三國時代 吳의 마지막 황제였던 孫晧와 관련하여 나타난다. 孫晧는 祥瑞가 무려 1000개 나타나, 이를 기념하여 吳國山碑를 세웠다는 것이다. 이때가 晉 咸寧 元年(吳 天冊 元年, 275)인데, 白獐(麞)은 白虎, 白兔, 白雉 등 많은 서상물과 관련하여 나타나고 있다.[24] 이어 『宋書』에 白獐에 관한 기록이 있다. 晉 穆帝 永和 8년(352) 12월에 白麞이 丹陽 永世에서 보여, 잡아서 이를 바쳤다는 것이다.[25]

그런데 『宋書』 符瑞 中에서 백장은 王者가 형벌을 다스리면 이르게 된다고 하였다.[26] 『南齊書』 祥瑞에서도 백장은 서상물로 기록되어 있다.[27] 그리고 『魏書』에서도 靈徵 8 下에서 백장이 기록되어 있다. 高祖 太和 2년(478) 12월에 懷州에서 백장을 바쳤다는 것이다.[28]

그런데 고구려에서는 이미 유리명왕 2년 9월에 백장 기사가 나타난다. 고구려는 중국보다 약 300년 앞서서 백장이 나타나고 있는 것이다. 백장은 중국보다 고구려에서 시기적으로 앞서 서상물로 인식하였던 것이다. 이로 보아 백장이라는 서상물은 유리명왕대에는 중국과의 관련이 없는 고구려의 독자적인 서상물이었다. 또한 유리명왕 2년 10월에

---

24) 『六藝之一錄』 卷56.

25) 『宋書』 卷28, 符瑞 中. 중국인들은 獐麞馬鹿이라 하여 노루를 말, 사슴과 더불어 놀라기 잘하는 동물 중의 하나로 꼽는다. 또 獐頭鼠目은 머리뼈가 툭 불거지고 눈이 오목한 볼썽 사나운 몰골을 뜻한다. 중국인들은 노루의 모습과 행동에서 매우 안정되지 못한 동물로 노루를 인식하고 있다(李勳鍾, 1992, 『한국문화상징사전』, 170쪽).

26) 『宋書』 卷28, 符瑞 中. 『唐開元占經』은 瑞應圖를 인용하여 白麞을 설명하고 있다. 서응도는 王者의 德이 무성하면 백장이 보인다는 것이다. 그리고 서응도의 注에는 宋 文帝(424~453)때에 華林園에서 白麞이 두 마리를 낳았는데, 모두 희었다는 것이다(『唐開元占經』 卷116, 白麞 五色鹿 白鹿). 沈約은 白鹿으로서 모두 白麞에 부속시킨다(『唐開元占經』 卷116).

27) 『南齊書』 卷18, 祥瑞.

28) 『魏書』 卷112下, 靈徵 8下.

나타난 신작은 동명성왕의 예에서 보듯이 서상이었다.

> 나) 유리명왕 24년 가을 9월에 왕이 箕山의 들에서 사냥하다가 異人을
> 만났다. 양쪽 겨드랑이에 날개가 달려 있었다. 그를 조정에 올려
> 羽氏로 성을 주고 왕의 딸로 아내를 삼게 했다(『三國史記』卷13, 高句麗
> 本紀 1).

위의 사료에서 유리명왕은 날개가 달린 사람을 매우 진귀하게 여겼다.
중국과 고구려, 북방유목민족에게서 상서로운 상징인 서상물은 동물이
나 식물 또는 자연적인 현상들이었다. 그런데 유리명왕은 양쪽 겨드랑이
에 날개가 달린 사람을 사위로 삼았다. 이것은 고구려의 서상물에서
특이하다. 이 사료에서 보듯이, 유리명왕은 날개가 달린 사람인 이인을
상서롭게 생각하였다.

> 다) 유리명왕 29년 여름 6월에 矛川가에서 검은 개구리와 붉은 개구리가
> 떼를 지어 싸우다가 검은 개구리가 이기지 못하고 죽었다. 논의하는
> 사람이 말하였다. "검은 것은 북방의 색이니 北扶餘가 파멸하는 징조
> 이다"(『三國史記』卷13, 高句麗本紀 1).

위의 사료에서 검은 개구리(黑蛙)와 붉은 개구리(赤蛙)가 나오고 있다.
그런데 중국의 기록에서 검은 개구리, 붉은 개구리와 관련된 서상이나
재이는 보이지 않는다.
위의 검은 개구리와 붉은 개구리는 무엇을 의미할까. 유리명왕 29년
黑蛙와 赤蛙가 떼를 지어 싸우다가 흑와가 이기지 못하고 죽은 것에
대해, 黑은 북방을 가리키는 색이므로 북에 있는 부여가 파멸할 징조라고
하였다. 여기에서 당시 고구려인들이 오행사상에 의한 방위개념을 이해

하고 있었음을 알 수 있고, 이 때 적와의 승리는 남방(赤)에 있는 고구려의
승리를 예조하는 상서로서 이해하였다고 생각된다.[29]

　이와 비슷한 기사가 대무신왕 3년 10월에 보인다.[30] 이 기사에서
고구려는 적오를 둘러싼 징조를 五行說이나 瑞祥의 관념으로 해석하였다.
즉 부여왕 대소는 一頭二身의 奇形赤鳥를 고구려 대무신왕에게 선물하였
다. 그런데 까마귀란 본래 검은 것인데 지금 붉게 변하였다. 그리고
일두이신의 기형은 장차 부여가 고구려를 합병할 징조라 보고 고구려왕
에게 까마귀를 선물로 보내었던 것이다. 그러나 대무신왕과 군신의
해석은 달랐다. 검은 빛을 지닌 까마귀가 붉은 빛으로 바뀐 것은 북방을
상징하는 黑이 남방을 상징하는 赤으로 바뀐 것이다. 따라서 오히려
남방의 고구려가 북방의 부여를 합병한다는 것으로 풀이하였다. 또한
赤鳥는 서상물이기 때문에 그것을 선물로 받은 고구려가 서상의 조짐을
입게 된다고 보았다.[31]

　이 기사는 고구려뿐 아니라 부여의 지배층도 오행설을 도구로 상서롭
거나 불길한 어떤 징조가 지닌 정치적·사회적 의미에 대한 이해를 시도하
였음을 전해준다. 기사의 내용으로 보아, 특정사건에 대한 해석에서
부여는 오행설을 정태적·법칙적으로 적용하였다. 이에 비해 고구려는

---

29) 이희덕, 1999, 앞의 책, 222쪽. 유리명왕 29년 여름 6월의 검은 개구리떼와
　　붉은 개구리떼의 싸움에 관한 기사를 보자. 五行相勝說에 따르면 북방을 뜻하는
　　검은색은 곧 물이요, 남방을 뜻하는 붉은 색은 곧 불이므로 현실사회의 운영에는
　　水勝火의 원리가 적용되어야 한다. 그러나 오행설을 끌어들인 議者의 해석은
　　이러한 원리에 매이지 않고 있다. 이 의자의 태도에서 1세기 초에는 고구려와
　　부여의 갈등이 증폭되고, 이로 말미암아 부여정벌의 필연성과 정당성을 확보하
　　고자 하는 흐름이 고구려 지배층 안에 존재하였음을 읽을 수 있다. 이 기사는
　　1세기경에는 고구려 지배층 일각에 초보적인 형태로라도 오행설에 대한 지식이
　　소개되었을 가능성을 시사한다(전호태, 2000, 앞의 책, 302~304쪽).
30) 『三國史記』卷14, 高句麗本紀 2.
31) 이희덕, 1999, 앞의 책, 46~47쪽.

동태적·선별적으로 적용시키고 있음을 알 수 있다. 부여와 달리 고구려는 오행설을 순환론적·보편적 원리로 이해하는 것이 아니라 상대적·개별적으로 적용이 가능한 이론으로 받아들이고 있다. 이 기사는 1세기경에 고구려와 부여에 오행설이 알려지고 해석이 시도되었을 가능성을 시사한다고 한다.[32]

그런데 중국 정사로서 최초로 오행지를 설정한 『漢書』 이래 『後漢書』, 『隋書』 등의 오행지는 각기 기본적으로 伏生의 『尙書大傳』 중의 한 편목인 洪範五行傳이 그 사상적 바탕을 이룬다고 한다. 홍범오행전은 군주의 도덕정치를 구현하기 위해 체계화된 정치사상을 담은 것이다. 이것은 『書經』의 洪範편에서 사상적 바탕을 찾을 수 있다. 洪範九疇 가운데 五行·皇極·五事가 중심을 이룬다는 것이다.[33] 따라서 유리명왕과 대무신왕대의 개구리와 까마귀에 관한 내용에서 보듯이, 중국의 五行思想은 고구려에 영향을 끼쳤던 것이다.

유리명왕 29년 6월의 사료에 나타난 검은 개구리, 붉은 개구리와 대무신왕 3년 10월에 기록된 검은 까마귀, 붉은 까마귀는 5행설에 입각한 상징이었다.

(3) 大武神王(18~44)

가) 대무신왕 3년 가을 9월에 왕이 骨句川에서 사냥을 하다가 神馬를 얻어서 駏驤라고 이름지었다(『三國史記』 卷14, 高句麗本紀 2).

나) 대무신왕 3년 겨울 10월에 扶餘王 帶素가 사신을 시켜서 붉은 까마귀

32) 전호태, 2000, 앞의 책, 302~305쪽.
33) 이희덕, 1999, 앞의 책, 14쪽.

(赤烏)를 보냈는데, 머리는 하나요 몸은 둘이었다. 처음에 부여사람이 이 까마귀를 얻어서 왕에게 바쳤다. 어떤 사람이 부여 왕에게 말하기를 "까마귀는 검은 것인데 이제 변하여 붉게 되고, 또 머리는 하나인데 몸뚱이가 두 개인 것은 두 나라를 병합할 징조이니 왕께서 고구려를 병합하게 될지도 모릅니다."라고 하였다. 帶素가 이 말을 듣고 기뻐서 붉은 까마귀를 고구려에 보내면서 겸하여 어떤 사람의 말까지 전하였다. 왕이 여러 신하들과 의논하고 대답하여 말하기를 "검은 것은 북방의 色인데 이제 변하여 남방의 色으로 되었다. 그리고 붉은 까마귀는 상서로운 것인데 그대가 얻었으나 이를 가지지 못하고 나에게 보냈으니 두 나라의 흥망을 알 수 없구나"라고 하였다. 대소가 이 말을 듣고 놀라며 후회하였다(上同).

다) 대무신왕 4년 겨울 12월에 왕이 군사를 출동시켜 扶餘를 치러 가다가 沸流水 옆에 이르러 물가를 바라보았다. 마치 어떤 여인이 솥을 들고 노는 것 같으므로 가서 보니 솥만 있었다. 그 솥에 불을 때게 하였더니 불을 기다리지 않고 저절로 끓었다. 그로 인해 밥을 짓게 되어 전체군사들을 배부르게 먹일 수 있었다.

이때에 갑자기 어떤 건장한 사나이가 나타나서 말하기를 "이 솥은 우리 집 물건으로서 나의 누이가 잃었습니다. 왕께서 지금 얻었으니 솥을 지고 따라갈 것을 청합니다." 드디어 負鼎씨라는 성을 주었다. 利勿林에 이르러서 묵는데 밤에 쇳소리(金聲)가 들렸다.

밝을 무렵에 사람을 시켜 그곳을 찾아서 金璽와 兵物 等을 얻었다. 왕이 말하기를 "이것은 하느님이 주시는 것이다." 하면서 절을 하고 받았다. 길을 떠나려 할 때에 한 사람이 나타났는데 키는 9尺 가량 되며 얼굴이 희고 눈에 빛이 있었다. 그는 왕에게 절을 하고 말하였다. "臣은 北溟에 사는 怪由입니다. 대왕께서 북쪽으로 부여를 친다는 말을 들었습니다. 제가 따라가서 부여왕의 머리를 얻을 것을 청합니다." 하니 왕이 기뻐하며 허락하였다. 또 어떤 사람이 말하기를 "저는 赤谷에 사는 麻盧입니다. 긴 창을 가지고 인도할 것을 청합니다."

하니 왕이 또한 허락하였다(上同).

라) 대무신왕 5년 봄 2월에 왕이 부여국 남쪽으로 진군하였다. … 부여사람
   들이 이미 자기의 왕을 잃고 氣力이 꺾였으나 오히려 굴복하지 않고
   여러 겹으로 에워쌌다. 왕은 군량이 다하고 군사들은 주려 근심하고
   두려워하여 어찌할 바를 몰랐다. 이에 왕이 하늘에 영험을 빌었더니
   갑자기 큰 안개가 끼어 지척에서 사람과 물건을 분별하지 못한 것이
   7일이었다. 왕은 사람을 시켜 草偶人(짚으로 만든 사람)을 만들어
   무기를 쥐어 陣營 내외에 세워 거짓 군사를 만들었다. 사잇길로
   군사를 숨겨 밤에 탈출하다가 骨句川의 神馬와 沸流源의 큰 솥을
   잃어 버렸다. 利勿林에 이르러 군사가 움직이지 못하므로 野獸를
   잡아 나눠 먹었다. 왕이 이미 나라에 이르러, 여러 신하들을 모으고
   마시면서 말하기를 "내가 不德한데 가벼이 부여를 치다가 비록 그
   임금을 죽였으나 그 나라를 멸망시키지 못하였다. 또 우리의 군사와
   물자를 많이 잃었으니 이는 나의 허물이다."라고 하였다. 드디어
   친히 전사한 자에게 문상하고 병든 자를 문병함으로써 백성들을
   위로하였다. 이로써 국인들이 왕의 덕치에 감동하여 다 국사에 몸을
   바치는 것을 허락하였다. 3월에 神馬 거루가 부여의 말 1백 필을
   데리고 鶴盤嶺 아래 車廻谷까지 함께 왔다(上同).

사료 가) 나) 다) 라)는 모두 대무신왕 4년과 5년의 부여정벌과 관련된
기사이다.

위의 기록에서 나타난 서상들이 보여주는 의미를 살펴보자. 가)에서
대무신왕은 사냥을 하다가 神馬를 얻고 있다. 먼저 중국에서의 神馬기록
을 살펴보자. 漢의 武帝代(기원전 141~기원전 87)에는 渥洼水에서 신마를
얻자, 太一之歌라는 노래를 지었다. 그 가사에 天馬가 만리를 뛰어 넘으며,
용과 벗이 된다고 하였다.[34] 이로 보아 신마는 이미 前漢代에 서상물로

인식되었다.

그리고 『宋書』 28, 符瑞 中에 神馬가 보인다. 騰黃이라는 것은 神馬이며, 그 색은 黃이며 王者의 德이 四方에 있으면 곧 나온다는 것이다. 역시 『宋書』 29, 符瑞 下에도 신마가 기록되어 있다. 飛兔는 神馬의 이름이며, 하루에 삼만리를 간다는 것이다. 禹가 治水하고 勤勞하기를 여러 해 동안 하였다. 그리하여 백성들의 害를 구하기 위해 하늘이 그 덕에 응하여 신마가 도달하였다는 것이다. 이로 보아, 신마는 중국에서 서상물로 파악되었다.

그렇다면 고구려에서 신마는 어떻게 인식되었을까. 고구려 시조 주몽 (동명왕)이 기린말을 타고 麒麟窟로 들어가, 땅 속을 통하여 朝天石으로 나와 하늘로 올라갔다는 기린마 신화가 나온다.[35] 그리고 朱蒙은 말의 성질을 살펴, 駿馬를 알아볼 수 있었다.[36] 이 기록들은 고구려인이 말을 신성시했음을 보여준다.[37]

그리고 말은 중앙아시아와 시베리아의 샤먼들이 하늘로 올라갈 때 타고 가는 신령스러운 동물이었다.[38] 이 같은 인식은 유목사회에서 경제적으로 유용한 동물인 말에 대한 그들의 종교적 관념에서 연유하는 것이었다.[39]

대무신왕대에 부여와의 전쟁에서 활약한 신마는 『史記』나 『宋書』의 기록으로 보아 중국의 영향을 받은 서상물일 가능성이 있다. 그러나

---

34) 『史記』 卷24, 樂書 2.

35) 『新增東國輿地勝覽』 卷51, 平壤府 古蹟.

36) 『三國史記』 卷13, 高句麗本紀 1 東明聖王 ; 『三國遺事』 卷1, 紀異 第1.

37) 姜秦玉, 1992, 『한국문화상징사전』, 동아출판사, 258쪽.

38) 鄭璟喜, 1983, 「東明型說話와 古代社會」, 『歷史學報』 98, 18~19쪽. 고구려 벽화무덤 과 천마도의 형상에는 고대 스키타이 미술의 영향이 엿보인다고 한다(임영주, 1992, 앞의 책, 263쪽).

39) 金瑛河, 2002, 『韓國古代社會의 軍事와 政治』, 高麗大學校 民族文化研究院, 23쪽.

고구려의 건국신화에서 보이는 기록과 중앙아시아와 시베리아에서 보듯이, 말은 중요시되었다. 이 점으로 볼 때, 신마는 고구려나 북방민족과 관련된 서상물일 가능성도 있다.

다음으로 赤烏(붉은 까마귀)에 대해 살펴보자.『史記』周本紀 4에 白魚와 赤烏의 상서 기사가 있다. 周 武王 즉위 9년에, 은나라의 紂王을 정벌하기 위해 출정했을 때에 白魚와 赤烏가 나타났다는 것이다. 이는 모두 주 무왕에 대한 서상이다. 이로 미루어, 고구려 대무신왕대의 적오기사는 바로 주 무왕의 적오에서 비롯된 것이다. 은나라와 주나라의 상황도 부여왕 대소의 전사를 앞든 부여와 고구려의 상황과도 비슷하다.[40]

그리고『宋書』卷29, 符瑞 下에도 적오에 관한 기사가 있다. 적오가 주나라 무왕 때 곡식을 머금고 오자, 병사들이 칼로 피를 흘리지 않고서 은나라가 항복하였다는 것이다.[41] 이와 같이 적오는 명확히 중국적인 서상물이다.[42]

이어 솥이 가진 의미를 검토해 보자. 먼저 중국의 기록을 보자. 漢武帝때에 汾陰의 무당인 錦이 鼎 한 개를 발견하였다. 정에는 무늬가 새겨져 있지만 음각한 문자와 양각한 문자가 없는 것이 이상했다. 이에 대해 관리들은 다음과 같이 해석하였다. 泰帝때에 神鼎 하나를 만들었으며, 이것은 천하를 하나로 통일해야 한다는 뜻이라는 것이다. 그리고 黃帝는 寶鼎 세 개를 만들었는데 天·地·人을 상징한다고 하였다. 그리고 禹는 九牧의 金을 회수해 아홉 개의 정을 부었다는 것이다. 이와 같이 정은 聖君을 만날 때에만 나타난다는 것이다.[43]

---

40) 李熙德, 1999, 앞의 책, 47~48쪽.
41)『宋書』卷29, 符瑞 下.
42) 李熙德, 1999, 앞의 책, 46쪽.
43)『史記』卷12, 孝武本紀 第12.

그리고『송서』부서下는 神鼎의 의미에 대해 다음과 같이 기술하고 있다. 신정이란 것은 質文의 精이다. 이것은 吉과 凶을 알며, 무겁고 가벼운 것을 할 수 있다. 불을 때지 않아도 끓고 五味가 저절로 생긴다. 신정은 王者가 덕을 성하게 하면 나타난다는 것이다. 고구려 대무신왕이 얻은 신정은 不待火自熱이라고 하여『송서』의 不炊而沸와 같은 특성을 가지고 있다. 중국 漢代의 경우로 볼 때, 고구려의 신정 획득도 같은 범주에서 이해할 수 있다.[44] 이로 보아 솥은 중국의 영향을 받은 서상물로 보여진다.

또한 다)에서 보이는 金璽와 兵物을 주목해 보자. 대무신왕 4년 12월에 왕이 부여를 치러가다가 이물림에 이르러 묵었다. 그런데 밤에 쇳소리(金聲)가 들려, 밝을 무렵에 그곳을 수색하여 金璽와 兵物 等을 얻었다. 왕이 말하기를 "이것은 하느님이 주시는 것이다."라고 하면서 절을 하고 받았다는 것이다. 따라서 금새와 병물을 대무신왕은 서상물로 인식하였다.

먼저 金璽를 살펴보자. 중국에서는『사기』를 비롯한 사서에 금새가 기록되어 있지 않다.『송서』와『남제서』역시 서상물을 기록한 지에 금새는 기록되어 있지 않다. 그러나 이와 연관하여 玉璽가 주목된다. 옥새는 秦 이후 임금의 전용으로 왕권을 상징하였다.[45] 그리하여 漢代에 皇帝가 되기 위해서는 천자의 도장과 부절이 있어야 했다.[46] 또한『宋書』

---

44) 李熙德, 1999, 앞의 책, 217~219쪽. 대무신왕 24년 3월에 서울에 우박이 왔다. 7월에 서리가 내려 곡식을 해치고 8월에는 매화가 피었다. 여기에서 8월에 매화가 핀 것은 어떤 의미로 기술되었을까. 매화꽃은 4월에 잎보다 먼저 핀다. 매화나무는 추위가 덜 가신 초봄에 꽃이 피기 시작하므로 봄소식을 알려 주는 나무이다(李昌福, 1991,『한국민족문화대백과사전』7, 746~747쪽). 그런데 꽃의 變異는 華孽이다(李熙德, 1999, 앞의 책, 245쪽). 대무신왕 24년 8월에 매화가 핀 것은 제철에 피지 않은 것이다. 이것은 꽃의 變異로, 華孽이다.

45) 李家源, 安炳周 監修, 1998,『敎學大漢韓辭典』, 敎學社, 14499쪽.

29, 符瑞 下에는 玉璽가 서상물로 기록되어 있다. 그런데 동양에서 도장의 쓰임은 중국에서 비롯되었는데, 우리나라와 일본의 경우 그 상징하는 의미에 뚜렷한 차이는 나타나지 않는다고 한다.[47] 따라서 대무신왕대에 발견된 금새는 중국의 영향을 받은 서상물일 가능성이 있다.

그리고 兵物을 검토해 보자. 병물은 중국의 기록에 서상으로 기록된 것은 없다.[48] 그러므로 대무신왕대에 발견된 병물은 중국의 영향을 받은 서상물은 아니었다.[49] 따라서 병물은 고구려의 독자적인 서상물이 었다.

(4) 閔中王(44~48)

민중왕 4년 9월에 동해 사람인 高朱利가 고래의 눈(鯨魚目)을 바쳤는데 밤에 빛이 났다(『三國史記』14, 高句麗本紀 2).

민중왕대에 고주리가 고래의 눈(鯨魚目)을 바쳤다는[50] 표현으로 보아, 고래의 눈(鯨魚目)은 서상이었다. 그런데 중국에서 고래의 눈(鯨魚目)은

---

46) 『史記』卷10, 孝文帝本紀 10, "太尉乃跪上天子璽符."

47) 車柱環, 1992, 『한국문화상징사전』, 동아출판사, 219쪽.

48) 兵物이 서상으로 중국의 기록에 서술된 것은 없다. 그러나 병물과 관련된 기록은 있다. 崇鼎, 貫鼎은 정벌한 나라의 병물을 주조하여 새긴 것이라고 한 것이 그것이다(『周禮注疏』卷24).

49) 대무신왕은 밤에 쇳소리가 들려 금새와 병물 등을 사람을 시켜 수색하여 찾아내었다. 그리고 이때는 고구려가 부여를 치러가던 중이었다. 또한 이러한 물건들을 얻기 전에 솥을 얻었다. 부여를 치러가던 시기에, 금새와 병물을 왕이 찾았다는 것은 무엇을 말하는 것일까. 그것은 이러한 서상물이 인위적으로 만들어졌을 가능성을 시사한다. 금새와 병물은 대무신왕이 고구려군의 사기를 높이기 위해 인위적으로 만든 서상이었을 가능성이 있다.

50) 『三國史記』高句麗本紀에 고래의 눈을 바친 기록으로는 민중왕 외에 서천왕 19년 4월의 기록이 있다.

서상으로 파악되었을까. 고래의 눈(鯨魚目, 鯨睛)은 『史記』와 『漢書』, 『後漢書』에 나타나 있지 않다. 그리고 서상에 대해 志로 설정한 『宋書』 符瑞志와 『南齊書』 瑞祥志에도 없다.

중국에서 鯨魚目(鯨睛)이 처음 기록된 것은 『新唐書』이다. 이 책의 219, 列傳144 北狄에, 大拂涅이 開元, 天寶間에 와서 鯨睛과 貂鼠와 白兎皮를 바쳤다는 것이다. 그리고 『述異記』에, 南海에 밝은 구슬이 있으니 곧 鯨魚目으로 거울로 쓸 수 있어서 夜光이라 하였다고 기록되어 있다.[51] 이로 보아 경어목(경정)은 적어도 南朝의 宋代(420~479)와 南齊時代(479~502)까지 서상으로 인식되지 않았다. 그러므로 민중왕 4년의 경어목은 중국에서 영향을 받은 서상물이 아니었다.

그런데 『신당서』는 흑수말갈이 고구려의 북쪽에 있다고 하였다. 大拂涅은 흑수말갈에 속하는 부족이었다.[52] 따라서 高句麗와 大拂涅은 인접해 있었다고 할 수 있다. 이로 보아 민중왕 4년의 고래의 눈(鯨魚目)은 고구려의 독자적인 서상물이거나, 북방민족과 관련된 것으로 생각된다.

(5) 太祖大王(53~146)

가) 太祖大王 7년 여름 4월에 왕이 孤岸淵에 가서 물고기를 구경하다가 붉은 날개가 달린 白魚를 낚았다(『三國史記』 卷15, 高句麗本紀 3).

太祖大王이 붉은 날개가 달린 白魚를 낚았다는 내용으로, 먼저 백어와 관련된 중국의 기록을 검토해 보자. 『史記』에 백어와 관련된 내용이 있다. 武王 즉위 9년에 周는 殷의 紂王을 치기 위하여 황하를 건너려고

---

51) 『述異記』 卷上.
52) 『新唐書』 卷219, 北狄列傳 144, 黑水靺鞨.

중류까지 나아갔다. 이때 白魚가 왕의 배에 뛰어들어 와서 이를 잡았다. 이미 황하를 건너자, 불이 상류쪽에서 일어나 다시 내려와 무왕의 陣屋에 이르러 赤鳥가 되었다는 것이다. 여기에서의 백어와 적오는 모두 주 무왕이 은을 성공적으로 정복한다는 서상이다.[53] 『宋書』부서지下에는 武王이 孟津을 건널 때에 중류에 이르자 백어가 배에 뛰어들었다고 기록되어 있다. 그리고 역시 『南齊書』卷18, 祥瑞에도 백어가 보인다. 北魏의 昇明 3년에 물가에 배를 댄 福船 안으로 백어 두 마리가 뛰어들어 왔다는 것이다.

가)는 백어 기사로는 삼국시대에 유일한 것이다. 그리고 백어는 명확히 중국적인 서상물이다.[54]

　　나) 태조대왕 10년 가을 8월에 동쪽에서 사냥을 하여 흰 사슴을 잡았다(『三
　　國史記』卷15, 高句麗本紀 3).

위에서 태조왕대의 흰 사슴은 어떤 의미를 나타내고 있을까.[55] 먼저 중국의 기록을 보자. 白鹿은 이미 周나라 때에 귀하게 여겨졌던 것 같다. 周 穆王이 犬戎氏를 정벌하여 흰 이리 네 마리와 흰 사슴 네 마리를 얻어서 돌아왔다는 기록이 그것이다.[56] 그리고 後漢의 安帝 때에 木連理와 白鹿, 麒麟이 陽翟에서 보였다고 한다.[57] 이로 보아 흰 사슴은 후한대에도 서상물로 인식되었음을 알 수 있다. 이어 『송서』부서지에는 흰 사슴은

---

53) 李熙德, 1999, 앞의 책, 215쪽.

54) 李熙德, 1999, 위의 책, 46쪽.

55) 『三國史記』高句麗本紀에서 왕이 사냥을 하여 흰 사슴을 잡은 기록은 다음과
　　같다. 태조대왕 46년 봄 3월, 서천왕 7년 4월, 서천왕 19년 8월이다.

56) 『史記』卷4, 周本紀 4.

57) 『後漢書』卷5, 安帝紀 5, "潁川上言木連理白鹿麒麟見陽翟."

王者의 明惠가 아래에 미치면 이른다고 하였다. 그리고 흰 사슴이 漢代와 魏·晉時代에 보였다거나, 바쳤다는 기록이 있다.[58] 『남제서』 역시 상서지에 흰 사슴이 기재되어 있다.[59] 이로 보아, 흰 사슴은 중국에서 주나라 때부터 서상물로 인식되었다.

이에 비해 『新唐書』 5行 2 白眚白祥條에, 白鹿과 白狼은 白祥에 가깝다고 하였다. 白은 전쟁을 나타내는 妖祥이라는 것이다.[60] 따라서 중국에서 흰 사슴은 서상물로 이해되기도 하나, 재이로도 파악되었다.

한편 고구려에서 흰 사슴은 어떻게 인식되었을까. 동명왕대에 흰 사슴에 대한 기록이 있다. 다음을 보자.

> 東明王이 서쪽으로 순수할 때 우연히 눈빛 사슴을 잡았다(큰 사슴을 麂라 한다). 蟹原에 거꾸로 매달고 감히 스스로 저주하기를, "하늘이 沸流에 비를 내려 그 도성과 변방을 漂沒시키지 않으면 나는 진실로 너를 놓아주지 않을 것이다. 너는 내 분함을 풀어라" 라고 하였다. 사슴의 울음소리가 너무 슬퍼 위로 하늘의 귀를 뚫었다. 장마 비가 7일 동안 왔다. 큰비가 淮水와 泗水를 넘쳐나는 듯 하였다. 松讓이 지나치게 근심하고 두려워하였다. (중략) 東明이 곧 채찍으로 물을 그으니, 멈추었다. 松讓이 나라를 들어 항복하고 이후로는 우리를 헐뜯지 못하였다.[61]

이 사료는 고구려의 동명왕이 沸流國 松讓王을 정벌한 경위를 전하고 있다. 주몽은 수렵한 흰 사슴을 매개로 비류국을 치려는 자신의 뜻을 하늘에 전달하였다. 그리하여 호우가 이레 동안이나 쏟아져 비류국이 물에 잠김으로써, 송양왕은 고구려에 항복하였다는 것이다.

---

58) 『宋書』 卷28, 符瑞 中.
59) 『南齊書』 卷18, 祥瑞.
60) 이희덕, 1999, 앞의 책, 262~263쪽.
61) 『東國李相國全集』 卷3, 古律詩, 東明王篇.

이와 관련하여, 태조대왕대의 흰 사슴(白鹿)을 시베리아와 연관시키는
견해가 있다. 흰 사슴은 『삼국사기』에도 몇 차례 보이듯이, 하늘에 바치는
희생동물이다. 아울러서 그것은 시베리아 샤머니즘에서 샤먼을 도와주
는 이른바 '수호동물'이자, 샤먼의 우주여행에 동행하는 우주동물이라는
것이다.[62] 결국 고구려에서 백록은 인간과 하늘을 이어주는 신령스러운
매개자 또는 하늘의 사자인 宇宙鹿이었다.[63] 이와 같은 상서물로서의
백록에 대한 관념은 북방민족과의 관련성에서 이해되어진다.

앞에서 보았듯이, 태조대왕대에 사냥을 하다가 흰 사슴을 잡았다.
이것이 『삼국사기』에 기술된 것은 서상물이었기 때문이다. 그러나 흰
사슴에 대한 서상관이 중국의 영향을 받았는지, 북방민족의 서상관과
연관된 것인지는 잘 알 수 없다.

다) 태조대왕 25년 겨울 10월에 扶餘使臣이 와서 뿔 세 개 달린 사슴(三角鹿)
과 꼬리가 긴 토끼(長尾兎)를 바치니 왕이 상서로운 물건이라 하여
죄수들을 크게 사면했다(『三國史記』卷15, 高句麗本紀 3).

위의 기록에서 보듯이, 태조왕은 뿔 세 개 달린 사슴(三角鹿)과 꼬리가
긴 토끼(長尾兎)를 상서로운 물건이라 하였다. 먼저 뿔 세 개 달린 사슴(三
角鹿)과 관련하여 중국의 기록을 살펴보자. 三角鹿은 『藝文類聚』卷95,
獸部下 鹿條에는 『古今注』를 인용하여 기재되어 있다. 漢 明帝 永平 中에
삼각록이 江陵에서 나왔다는 것이다. 이 책에는 삼각록과 더불어 神鹿,
白鹿 등이 기록되어 있다.[64] 이로 보아 삼각록은 서상으로 파악되었다고

62) 김열규, 2003, 『동북아시아 샤머니즘과 신화론』, 아카넷, 147쪽.
63) 김영하, 2002, 앞의 책, 24쪽.
64) 『藝文類聚』95, 獸部下 鹿條. 『宋書』符瑞 中에는 三角獸는 先王의 法度가 닦아지면
이르게 된다고 하였다.

보여진다. 그러나 삼각록은 『史記』와 『漢書』, 『後漢書』에 그 기록이 없다. 그리고 서상물을 기록한 『宋書』符瑞志와 『南齊書』祥瑞志에도 삼각록은 없다. 또한 『唐書』에도 삼각록은 보이지 않는다. 이로 보아, 중국에서는 삼각록이 중요한 서상물로 인식된 것은 아니었다.

그런데 동명왕 신화에서 보듯이, 흰 사슴은 신령스런 영매구실을 하는 우주동물이었다. 그렇다면 사슴 뿔은 어떤 의미를 가지고 있을까. 상고대에 만들어진 경북 고령 지방 고분에서 사슴 뿔이 발굴되었다. 이것은 당시에 녹각 숭앙이 행해졌음을 시사한다. 부장품으로서의 사슴 뿔은 수사슴이 누리는 권위가 죽은 이에게 전이된 결과로 보여진다. 즉 사슴 뿔은 남권의 상징이자 家父長 및 공동체의 首長의 상징일 수 있다. 죽은 이의 부장품이라는 것을 강조해 생각해 본다면, 사슴은 영생 또는 재생을 상징한다는 것이다. 그리고 사슴 뿔은 왕권의 상징으로서 큰 의미를 지닌다. 신라의 일부 왕관은 나무와 새의 날개 및 사슴 뿔 모양으로 장식되어 있다. 퉁구스족의 무당은 등이나 어깨, 머리를 사슴 뿔로 장식한다. 이러한 퉁구스족 무당의 복장은 신라 왕관의 녹각과 직접적인 관련이 있는 것으로 추정된다.[65]

이로 보아, 태조왕 25년 10월에 부여사신이 바친 뿔 세 개 달린 사슴은 중국의 영향을 받은 서상물일 가능성이 있다. 그러나 그것은 고구려, 부여 또는 북방민족과의 관련성에서 그 의미가 살펴질 수도 있다.

한편 부여사신이 태조대왕에게 바친 꼬리가 긴 토끼(長尾兎)를 살펴보자. 여기에서 주목되는 것은, 중국의 기록에서 꼬리가 긴 토끼는 서상물로 기록되어 있지 않다는 것이다. 서상물을 기록하고 있는 『宋書』符瑞志와 『南齊書』瑞祥志에도 꼬리가 긴 토끼는 기록되어 있지 않다.

---

65) 김열규, 1992, 『한국문화상징사전』, 동아출판사, 393~395쪽.

그러나 꼬리가 긴 토끼는 三角鹿와 함께 태조왕이 대사령을 내렸을
정도의 서상물이었다.[66] 그러므로 꼬리가 긴 토끼는 중국의 영향을
받은 서상물이 아니었다. 이것은 부여와 고구려의 독자적인 서상물로
생각된다.

> 라) 태조대왕 53년 봄 정월에 부여사신이 와서 호랑이를 바쳤다. 길이가
> 1丈2尺으로 털빛은 매우 밝은데 꼬리가 없었다(『三國史記』卷15, 高句
> 麗本紀 3).

호랑이를 부여사신이 바쳤다는 것으로, 먼저 중국에서 호랑이는 어떻
게 인식되었는가를 살펴보자. 『史記』에 호랑이에 대한 내용이 있다.
大梁 사람인 國尉, 繚가 말한 내용 속에 호랑이가 있다. 요는 "秦王의
사람됨이 높은 콧등, 긴 눈, 猛禽같은 가슴, 승냥이 같은 목소리에, 인덕이
부족하고 호랑이와 이리 같은 마음을 가졌다. 그리하여 진왕은 곤궁한
때에는 쉽게 다른 사람의 아래에 거하지만, 일단 뜻을 얻으면 역시
쉽게 사람을 잡아먹을 것이다."라고 하였다.[67]

역시 『史記』 7, 項羽本紀 7에는 宋義가 군중에 영을 내리면서 호랑이를
사납다고 비유하고 있다.[68] 또한 漢나라와 楚나라의 대립 중에 호랑이를
비유한 구절이 있다. 한의 장량과 진평이 초나라를 공격할 것을 주장하면
서, 지금 공격하지 않으면 호랑이를 길러서 근심거리를 남기는 것이라고
한 말이 그것이다.[69]

또한 『宋書』 卷31, 五行 2에 호랑이와 관련된 기록이 있다. 晋 武帝

---

66) 이희덕, 1999, 앞의 책, 222쪽.
67) 『史記』 卷6, 秦始皇本紀 6.
68) 『史記』 卷7, 項羽本紀 7.
69) 『前漢書』 卷1上, 高帝紀 1上.

太康 6年에, 南陽에서 다리 두 개가 있는 호랑이를 보냈다. 이것은 毛蟲之孼이라는 것이다. 이에 대해 干寶는 다음과 같이 해석하였다. 호랑이는 陰精이면서 陽에 居하는 金獸이다. 南陽은 불 이름이다. 金의 精이 화로 들어갔으므로 그 모양(形)을 잃고 王室이 어지러울 妖라는 것이다.

唐代의 호랑이에 관한 인식을 살펴보자. 唐의 顯慶 2년에, 普州에서 사람이 호랑이가 되었다. 이에 대해, 호랑이는 사납고 삼키므로 어질지 못하다고 하였다.[70] 따라서 중국에서 호랑이는 대체로 서상물로 인식된 것이 아니었다.

그런데 태조왕 53년에 부여사신이 호랑이를 바쳤다. 이것은 부여와 고구려에서 공통적으로 호랑이를 서상으로 인식하였음을 말한다. 앞에서 본 것처럼, 부여와 고구려는 문화적 배경이 같았다. 이로 보아, 부여와 고구려는 중국과 달리 호랑이를 구징이 아니라 서상으로 인식하였던 것이다.

> 마) 태조왕 55년 가을 9월에 왕이 質山 남쪽에서 사냥을 하여 자줏빛 노루를 잡았다. 겨울 10월에 東海谷守가 붉은 표범(朱豹)을 바쳤는데 꼬리길이가 9尺이었다(『三國史記』 卷15, 高句麗本紀 3).

중국측 사료는 서상과 관련하여 자줏빛 노루(紫獐)에 관해 기록이 없다. 특히 서상을 기록하고 있는 『宋書』와 『南齊書』에도 그 기록이 없다. 다만 『冊府元龜』 卷971, 外臣部 朝貢 4에 唐 玄宗때에 火尋國에서 사신을 보내어 紫麞(獐)皮를 바쳤다는 기록이 보인다.[71] 이로 보아 중국에서는

---

70) 『新唐書』 卷36, 志 26, 五行志. 이에 비해 白虎는 서상물로 인식되고 있다. 『宋書』 卷28, 符瑞 中에 백호가 실려 있다. 白虎는 王者가 포학하지 않으니, 곧 백호는 어질며 사물을 해치지 않는다고 하였다. 그리고 『南齊書』 卷18, 祥瑞에 백호가 기재되어 있다. 이와 같이 백호는 중국에서 서상으로 인식되었다.

紫獐을 서상으로 인식하지 않았다.

고구려에서 白獐의 경우는 서상물로 여겨지고 있었으나, 자줏빛 노루(紫獐)도 서상으로 삼고 있었는지는 분명하지 않다. 그러나 진기한 자장의 수렵을 기록으로 남긴 것을 보면 서상적 분위기가 느껴진다.[72] 그러므로 太祖王代에 나오는 자장은 중국의 영향을 받지 않은 고구려의 서상물이었다.

다음으로 붉은 표범을 살펴보자. 붉은 표범 역시 중국의 사서에 서상으로 기록된 것이 없다. 특히 『송서』의 부서지와 『남제서』의 서상지에 붉은 표범은 없다. 이로 보아 붉은 표범 역시 중국의 서상관에 영향을 받지 않은 고구려의 독자적인 서상물이었다.

바) 태조대왕 69년 겨울 10월에 … 肅愼使臣이 와서 자줏빛 여우가죽옷과 흰 매와 흰 말을 바치니 왕이 잔치를 베풀어 위로하여 보냈다(『三國史記』 卷15, 高句麗本紀 3).

위의 사료에서 보듯이, 태조대왕 69년 겨울 10월에 숙신사신이 와서 자줏빛 여우가죽옷과 흰 매와 흰 말을 바치고 있다.

숙신사신이 중국의 서상에 대한 관념을 이해하고 있었는지는 잘 알 수 없다. 그러나 숙신은 이러한 물건들을 태조왕에게 바쳤다. 그리고 왕은 잔치를 베풀어 그들을 위로하였다. 이로 보아 숙신과 고구려에서 이러한 물건들이 진귀하였으며, 귀중한 것을 알 수 있다.

여기에서 숙신사신이 바친 자줏빛 여우가죽옷과 흰 매와 흰 말을 살펴보자.

우선 자줏빛 여우가죽옷(紫狐裘)을 검토해 보자. 숙신에서 자줏빛 여우

---

71) 『冊府元龜』 卷971, 外臣部 朝貢 4, "五月火尋國遣使獻紫䴏皮白生石密黑鹽."

72) 이희덕, 1999, 앞의 책, 222~223쪽.

는 진귀하게 인식되었을 것이다. 그러므로 자줏빛 여우가죽옷을 바쳤을
것이다. 먼저 중국에서 자줏빛 여우에 관한 인식은 어떠하였을까. 자줏빛
여우를 서상으로 본 것은 중국의 기록에 없다. 이로 보아 자줏빛 여우는
중국의 영향을 받은 것은 아니며, 숙신과 고구려에서 진기하게 여겨진
것이었다.

다음 흰 매에 관한 중국의 인식을 검토해 보자. 흰 매(白鷹)는『史記』와
『漢書』에 보이지 않는다. 또한『송서』의 부서지와『남제서』의 상서지에도
없다. 중국에서 백응기록이 처음 나오는 시기는 唐代이다. 당나라의
貞觀(627~649) 무렵에 師子國이 白鷹을 바쳤다는 기록이 있다. 그리하여
황제는 王波利에게 명하여 印山에서 살피게 했다는 것이다.[73] 그리고
開元(713~741)初에 백응을 잃은 시가 지어져, 당시에 絕唱되었다는 것이
다.[74] 그러나 이것은 국가에서 서상물로 인식한 것은 아니었다고 보여
진다. 왜냐하면 서상은 자연현상에서 四時가 조화되는 정상적인 상황보
다 한층 더 이상적인 경지에서 나타난다는 것이다.[75]

이어 開元시기에 백응에 관한 기록이 있다. 儀仗隊 內에 백응이 있었다.
그런데 백응을 잃어버리게 되자, 황제가 京兆에 백응을 찾을 것을 명령하
였다는 것이다. 흰 매가 野外에 있는 빽빽하게 우거진 가시나무 속에서
걸려 죽었다. 이에 관리들이 죄를 얻을까 두려워하였다는 것이다. 京兆尹
이 황제에게 이 사실을 보고하였다. 그러나 황제는 일체를 묻지 않았으며,
신하들이 모두 감복하였다는 것이다.[76] 이로 보아, 흰 매가 중국에 알려지
고 진기하게 여겨진 것은 당대에 들어오면서부터였다.

---

73) 『廣川畵跋』卷5, 王波利獻馬圖.
74) 『舊唐書』卷95, 列傳 45 睿宗諸子.
75) 이희덕, 1999, 앞의 책, 199쪽.
76) 『舊唐書』卷98, 列傳 48 源乾曜.

이와 관련하여 『新唐書』 卷219, 北狄列傳 144, 黑水靺鞨에 백응이 나온다는 점이 주목된다. 흑수말갈에는 白兎와 白鷹 등이 많이 있다는 것이다. 이로 보아 백응은 흑수말갈의 주요한 특산물이었다. 그런데 흑수말갈은 肅愼 땅에 있다고 하였다.[77] 태조왕 69년에 숙신 사신은 흰 매를 바쳤다. 그러므로 중국보다 훨씬 앞서, 숙신과 고구려는 태조왕대에 흰 매(白鷹)를 진기한 동물로 인식하였음을 알 수 있다.[78]

다음으로 흰 말에 대한 중국의 관념을 살펴보자.[79] 『史記』 卷1, 五帝本紀 1에서 堯와 관련된 기록에, 白馬가 보인다. 堯는 하늘처럼 인자하고 신처럼 지혜로웠다. 사람들은 마치 태양에 의지하는 것처럼 그에게 가까이 다가갔고, 만물을 촉촉이 적셔주는 비구름을 보듯이 그를 우러러보았다. 이와 같이 존경받는 요가 흰 말이 끄는 붉은 마차를 탔다는 것이다. 그리고 『宋書』 卷28, 符瑞 中에 붉은 갈기를 가진 백마는 王者가 賢良한 이를 쓰면 나타난다고 하였다. 이런 예로 보아, 백마는 중국에서 서상으로 파악되었다.

이에 비해 『南齊書』에서는 서상지에 흰 말(白馬)이 기록되어 있지 않다. 오히려 『南齊書』 卷19, 五行에 흰 말(白馬)이 재이로 기록되어 있다. 南齊의 永明(483~493) 初에, 白馬에 관해 백성들이 노래한 것에서 이를 알 수 있다. 여기에서 白이라는 것은 金色이요, 馬라는 것은 兵事라 하였다. 그리하여 妖賊인 唐寓가 일어났다는 것이다.[80] 이로 보아, 중국에서는 백마가 서상으로 파악되기도 하나, 그렇지 않은 예도 있었다는 것을

---

77) 『新唐書』 卷219, 北狄列傳 144, 黑水靺鞨.
78) 백제 비유왕은 신라 왕실에 백응을 보냈다. 그렇다면 백응은 진기한 선물이었다. 따라서 백응은 서상으로 파악된다(이희덕, 1999, 앞의 책, 225쪽).
79) 『三國史記』 高句麗本紀에 흰 말이 기록된 것은 다음과 같다. 장수왕 원년에 晉나라에 붉고 흰말을 보냈다는 기록이 그것이다.
80) 『南齊書』 卷19, 五行.

알 수 있다.

한편 5세기말 경으로 추정되는[81] 고구려 벽화무덤인 長川 1號墳에는 입에서 瑞氣를 뿜고, 가슴과 발에 羽毛가 돋고, 갈기와 꼬리를 휘날리며 천공을 나는 백마가 그려져 있다.[82] 그리고 신라에서 朴赫居世의 탄생을 알린 것은 흰 말이었다.[83] 태조대왕 69년 겨울 10월에 숙신 사신이 바친 흰 말은 이러한 관념에서 진기하게 여겨졌을 가능성이 있다.

이로 보아, 흰 말은 중국에서 서상으로 파악되기도 하고 재이로도 파악되었다. 그러나 숙신과 고구려에서는 서상으로 파악되었다.

(6) 次大王(146~165)

차대왕 3년 … 가을 7월에 왕이 平儒原에서 사냥을 하는데 흰 여우가 따라 오면서 울었다. 왕이 쏘았으나 맞추지 못하였다. 왕이 스승 무당(師巫)에게 물으니 무당이 말하기를 "여우란 것은 요사스러운 짐승이요, 吉하고 상서로운 것은 아닙니다. 하물며 그 빛깔이 희니 더욱 괴이합니다. 그러나 하늘이 말씀으로 거듭 일러줄 수 없습니다. 그러므로 요괴한 것을 보여주는 것은 임금으로 하여금 두려워하고 반성함으로써 스스로를 새로이 하게 하려는 것입니다. 임금이 만약 덕을 닦게 되면 화가 복으로 될 수 있습니다." 하였다. 왕이 말하기를 "흉하면 흉하고 길하면 길할 따름이다. 이미 요사스러운 것이라 하고, 또 복이 된다고 하니 어찌 속이느냐" 하고 드디어 그를 죽여 버렸다(『三國史記』 卷15, 高句麗本紀 3).

차대왕대에 나타난 흰 여우(白狐)를 살펴보자. 먼저 중국의 기록을 보자. 백호는 『史記』, 『漢書』, 『後漢書』에 기록되어 있지 않다. 백호가

---

81) 國立文化財研究所, 2001, 『韓國考古學事典(下)』, 1024쪽.

82) 林永周, 1992, 『한국문화상징사전』, 동아출판사, 263쪽.

83) 『三國遺事』 卷1, 紀異 新羅始祖 赫居世.

서상으로 기록된 것은 史書로는 『宋書』가 처음이다. 『宋書』符瑞 上에 백호가 기록되어 있다. 禹와 관련되어 백호가 나타나고 있는 것이다. 백호는 九尾의 瑞祥을 가진다는 것이다. 그리고 『宋書』符瑞 中에 白狐는 王者가 仁智하면 이르게 된다고 하였다. 이와 같이 중국에서 흰 여우(白狐)는 서상물로 인식되었다.

그러나 차대왕 3년 7월에 출현한 흰 여우(白狐)에 대해, 고구려에서는 오히려 妖祥으로 이해하고 있었다. 따라서 흰 여우(白狐)에 관한 서상관에서 고구려는 중국과 차이가 있었다.[84]

(7) 山上王(197~227)

산상왕 24년 여름 4월에 異鳥들이 王庭에 모였다(『三國史記』 卷16, 高句麗本紀4).

산상왕 24년 4월에 異鳥들이 대궐 뜰에 모였다. 이것은 서상이었을까.[85] 먼저 중국의 기록을 보자. 異鳥에 관한 기록은 『史記』에 없다. 그리고 『後漢書』에서는 桓帝때의 오색의 큰 새를 봉황이라 보고 이를 당시의 政治衰缺 등과 결부시켜 구징으로 해석하고 있다.[86] 그리고 서상을 기록하고 있는 『宋書』와 『南齊書』에, 이조가 서상으로 기록되어 있지 않다.

또한 『新唐書』에서는 咸通中에 吳越에서 異鳥가 나타났음을 기록하고

---

84) 이희덕, 1999, 앞의 책, 208쪽.
85) 『三國史記』 高句麗本紀에 異鳥들이 나타난 기록은 다음과 같다. 장수왕 2년 8월에 異鳥가 王宮에 모였다는 기록이 있다. 그리고 평원왕 3년 4월에 異鳥가 宮庭에 모였다는 것이다.
86) 이희덕, 1999, 앞의 책, 85~86쪽.

있다. 이조는 지극히 컸으며 네 개의 눈과 세 개의 발을 가졌으며, 山林을 울렸다는 것이다. 이에 대해 占은 나라에 전쟁이 있으며, 사람이 서로 잡아먹는다고 하였다.[87] 이로 보아, 이조는 중국에서 구징으로 해석되었다.

異鳥와 관련하여, 百濟 溫祚王代의 기록이 주목된다. 온조왕 20년 봄 2월에 왕이 큰 단을 세워 친히 天地에 제사하니 異鳥 다섯 마리가 날아왔다는 것이다.[88] 이것은 이조의 출현을 祥瑞로 기록한 것이다.[89] 그런데 백제의 始祖 溫祚王의 父는 고구려의 시조였던 鄒牟(朱蒙)이었다. 백제의 世系는 고구려와 같이 扶餘에서 나왔기 때문에, 扶餘로써 氏를 삼았다.[90] 그리하여『三國史記』는 北史를 인용하여, 백제의 의복은 고구려와 대략 같다고 하였다.[91] 백제의 예로 보아, 산상왕 24년의 이조는 서상으로 해석된다.

(8) 陽原王(545~559)

가) 양원왕 2년 봄 2월에 왕도의 배나무가 가지를 연하였다(『三國史記』 卷19, 高句麗本紀 7).

여기에서의 樹連理는 그루를 달리하는 나무가 가지에서 서로 엉켜 붙어 하나로 보이게 하는 현상을 말하는 것으로, 木連理와 같은 뜻이다.[92] 樹連理(木連理)에 관한 중국의 기록을 보자. 樹連理(木連理)가 중국의

87)『新唐書』卷34, 五行志, "咸通中吳越有異鳥極大四目三足鳴山林其聲曰羅平占曰國有兵人相食."
88)『三國史記』卷23, 百濟本紀 1.
89) 이희덕, 1999, 앞의 책, 85~86쪽.
90)『三國史記』卷23, 百濟本紀 1.
91)『三國史記』卷33, 雜志 2, 色服.
92) 이희덕, 1999, 앞의 책, 216~217쪽.

사서에 처음 등장하는 것은 後漢代(25~220)이다. 後漢의 安帝 元初 3년 봄 정월에 東平陸에서 나무가 연리하였음을 上言하였다.[93] 그리고 桓帝 2년 가을 7월에 河東에서 목연리를 말하였다는 것이다.[94]

그리하여 『宋書』 29, 符瑞 下에는 後漢의 章帝 元和 중에 나무가 郡國에 連理하여 생겼다고 기록되어 있다. 이어 後漢의 安帝, 桓帝, 吳의 孫權, 魏와 晉代에도 목연리를 기록하고 있다. 그리하여 『宋書』 29, 符瑞 下에, 나무가 연리하는 것은 王者의 德澤이 純治하여 八方이 합하여 하나로 되면 생긴다고 하였다.[95] 『南齊書』 역시 상서지에 昇明 2년 4월에 昌國縣의 徐萬年門 아래에 있는 팥나무가 연리하였다고 기록되어 있다. 이어 昇明 2년 9월, 建元 2년 9월, 永明 원년 5월 등에 나무가 연리하였다고 기록되어 있다.[96]

唐에서도 목연리는 서상으로 파악되었다. 『新唐書』 195, 列傳 第120, 孝友에 그 기록이 있다. 孝子인 許法愼이 부모의 무덤에 오두막집을 짓고 항상 거처하였다. 그리하여 甘露와 嘉禾와 靈芝와 木連理, 白兎의 서상이 있었다는 것이다. 이에 天寶 中에 그 마을에 기이함을 기려 표창하였다는 것이다.[97] 그리하여 樹連理(木連理)는 명확히 중국적인 서상물이라고 한다.[98]

　　나) 양원왕 4년 … 가을 9월에 丸都에서 嘉禾를 바쳤다(『三國史記』 卷19, 高句麗本紀 7).

---

93) 『後漢書』 卷5, 安帝紀 5.
94) 『後漢書』 卷7, 桓帝紀 7.
95) 『宋書』 卷29, 符瑞 下.
96) 『南齊書』 卷18, 祥瑞.
97) 『新唐書』 卷195, 列傳 120, 孝友.
98) 이희덕, 1999, 앞의 책, 46쪽.

嘉禾에 관한 중국의 기록을 살펴보자.『史記』에 가화가 보인다. 周公이 관숙과 채숙을 정벌한 지 3년이 지나자, 나라가 완전히 안정되었다. 그리하여 大誥, 微子之命, 歸禾를 짓고 嘉禾를 지었다는 것이다.[99] 따라서 嘉禾는 周時代에 서상으로 인식되었다고 보여진다. 그리고 嘉禾는『宋書』符瑞志下에, 五穀의 長으로 王者의 덕이 성할 때 생겨나는 것이라 하였다. 이와 같은 가화 역시 중국적인 서상물로 헤아려진다.[100]

Ⅲ. 맺음말

고구려의 서상물을 중국, 북방민족과 관련하여 살펴본 것을 정리하면 다음과 같다. 고구려의 서상물이 가진 특징은 크게 다음의 여섯 가지 유형으로 나누어진다.

첫 번째는 고구려의 서상물이 중국의 영향을 받은 것이다. 이러한 예로 黃龍, 慶雲, 神雀, 난새, 赤烏, 솥, 金璽, 白魚, 樹連理(木連理), 嘉禾 등이 있다. 이와 관련하여 유리왕대의 검은 개구리와 붉은 개구리 그리고 대무신왕대의 검은 까마귀와 붉은 까마귀의 예가 있다. 이러한 예는 중국의 오행사상에 영향을 받은 것이었다.

두 번째는 고구려 또는 북방민족의 독자적인 서상물이다. 이 점은 고구려에서 서상물로 인식된 것이 중국 보다 이른 시기에 파악되고 있는 예나, 중국에서 기록에 없는 것이『삼국사기』에 기록되어 있는 것에서 알 수 있다. 이러한 예로 흰 노루(白獐), 날개가 달린 사람, 兵物, 고래의 눈(鯨魚目), 꼬리가 긴 토끼(長尾兎), 자줏빛 노루(紫獐), 붉은 표범

---

99)『史記』周本紀 4.
100) 李熙德, 1999, 앞의 책, 46쪽.

(朱豹), 자줏빛 여우, 흰 매 등이 있다.

　세 번째는 중국에서 구징으로 인식된 것이 고구려에서는 서상물로 파악된 것이다. 예로써 호랑이, 異鳥를 들 수 있다.

　네 번째로 중국에서 서상물로 파악되기도 하고 재이로 파악되기도 한 것이 있다. 그러나 고구려에서는 서상물로 파악된 것이다. 이러한 예로 흰 사슴(白鹿), 白馬가 있다.

　다섯 번째로 중국에서 서상물로 파악되었으나, 고구려에서는 재이로 파악된 것이다. 그 예로 흰 여우(白狐)가 있다.

　여섯 번째로 중국의 영향을 받은 서상물일 가능성도 있으면서, 고구려나 북방민족과 관련된 서상물일 가능성도 있는 예이다. 예로써 神馬, 뿔 세 개 달린 사슴(三角鹿)을 들 수 있다.

　이상에서 보듯이, 고구려의 서상물들은 중국의 영향을 받은 것도 있었던 한편 고구려와 북방민족의 독자적인 서상물들도 있었다. 고구려나 북방민족의 서상물들이 중국보다 더 일찍 기록에 나타나는 예가 있다. 이 점은 고구려와 북방민족이 가졌던 특정한 서상물들에 대한 관념이 중국에 영향을 주었을 가능성을 나타내는 것이다.

　또한 중국에서 재이로 기록된 것이 고구려에서는 서상물들로 기록된 것도 있다. 이와 반대로 중국에서 서상물로 파악된 것이 고구려에서 재이로 인식되기도 하였다.

　이러한 고구려의 서상물들에 대한 파악은 다음을 의미한다. 고구려의 서상물들은 중국의 영향을 받은 것도 있었다. 그러나 북방민족과의 관계에서 살펴지거나, 고구려의 독자적인 서상물들도 있었다. 이로 보아, 고구려는 중국의 영향을 받으면서도, 독자적으로 서상물들에 대한 인식을 가지고 있었다.

제2장 고구려의 서상이 가진 정치적 의미

Ⅰ. 머리말

瑞祥은 占星的인 것이나, 麒麟·鳳凰·鳳·거북과 같이 靈物로 삼고 있는 짐승이다. 그리고 珍奇한 産物이나 기타 자연에 나타나는 진기한 현상 등이 포함된다. 서상은 군주가 이상적 덕치를 이룩하면 나타나는 현상으로 간주되었다. 서상에 대해서는 이미 선진시대부터 중국에서 통행되고 있던 것으로, 漢代 董仲舒에 이르러 더욱 명확해지게 되었다. 이 서상에 관해서는 『漢書』나 『後漢書』에서도 독자적인 편목을 설정하지 않고 있고, 다만 帝紀나 오행지 등에 부수적으로 기록되어 있을 따름이다. 그러다가 후대의 기록인 『宋書』 등에서 符瑞志로 편성되고 있다.[1]

이와 같은 서상이 高句麗, 百濟, 新羅의 역사를 기록한 『三國史記』에 기록되어 있다. 먼저 본 장의 주제인 고구려의 서상에 관한 연구동향을 검토해 보자. 고구려의 서상이 어디에서 영향을 받았는지를 검토한 연구가 있다. 고구려의 瑞祥觀은 중국의 영향을 받았다는 것으로, 고구려는 중국의 전형적인 서상관을 수용하여 王者의 盛德을 과시하였다는 것이다.[2] 한편 『三國史記』高句麗本紀 기사에 대한 분석을 통해, 고구려가

---

1) 李熙德, 1999, 『韓國古代自然觀과 王道政治』, 혜안.

고유의 서상적인 특징을 가지고 있음을 지적한 연구가 있다.[3]

　본 장에서는 高句麗의 瑞祥이 어떤 존재와 관련을 가지는가를 검토하고 이를 통해, 고구려에서 서상이 가진 의미를 밝혀보고자 한다. 또한 지금까지의 연구에서, 고구려의 전 시기를 대상으로 서상이 지닌 정치적 의미는 살펴지지 않았다. 본 장은 이 점을 분석하고자 한다. 이를 위해『삼국사기』본기의 기록에서 서상을 추출하고, 이들 기록이 이 무렵의 정치적 상황과 관련이 있는지를 검토하고자 한다.

　한편 고구려(기원전 37~서기 668)에서의 서상기록을 역사 전개과정을 따라 살펴보고자 한다. 고구려의 역사는 그 정치체제에 따라 초기와 중기, 후기의 3단계로 나눌 수 있다. 초기는 연맹체적인 부 체제 시기였다. 중기는 영역국가적인 중앙집권체제 시기였다. 이어 후기는 중앙권력의 운영이 귀족연립정권의 면모를 띠는 시기였다.[4] 고구려의 서상이 초기와 중기, 후기에 걸쳐 어떻게 변화되는지를 살펴볼 것이다. 이러한 분석을 통해, 고구려에서 서상과 왕권이 가지는 관계를 검토하고 고구려에서 서상설의 전개가 가지는 의미를 규명해 보려 한다.

Ⅱ. 고구려의 서상과 정치적 의미

　우선 고구려의 서상이 어떤 정치적 의미를 가지는가를 살펴보자. 이를 위해,『三國史記』의 高句麗本紀에서 서상이 나타난 예들을 추출해 보았다.

2) 李熙德, 위의 책, 1999 ; 韓國 古代의 瑞祥에 관한 研究動向과 高句麗의 瑞祥物들이 가지는 성격에 대해서는 본서 1장 1절,「高句麗의 瑞祥物이 지닌 性格」참고.
3) 徐永大, 1985,「《三國史記》와 原始宗敎」,『歷史學報』105, 27~29쪽.
4) 노태돈, 1999,『고구려사연구』, 사계절출판사, 489~491쪽.

(1) 東明聖王(기원전 37~기원전 19)

가) 동명성왕 3년 봄 3월에 黃龍이 鶻嶺에 나타났다. 가을 7월에 상서러운 구름(慶雲)이 골령 남쪽에 나타났는데, 그 빛이 푸르고 붉었다(『三國史記』卷13, 高句麗本紀 1).

위의 사료에서 황룡과 상서로운 구름(慶雲)은 어떠한 정치적 의미를 가지는 것일까. 고구려에서는 동명왕의 개국 이래 2년에 沸流國王 松讓이 내항하였다. 그리고 4년에 성곽과 궁실을 지었다. 이처럼 동명왕의 창업과 정복사업이 순조롭게 진행되는 가운데 황룡과 상서로운 구름(경운)의 상서가 잇따랐다.[5]

나) 동명성왕 6년 가을 8월에 神雀이 대궐 뜰에 모였다(『三國史記』卷13, 高句麗本紀 1).

위의 기사에서 보이는 神雀은 어떠한 의미를 가지고 있을까. 이 기사는 동명성왕 6년 10월에, 왕이 烏伊와 扶芬奴를 시켜 太白山 동남방에 있는 荇人國을 치고 그 땅을 빼앗아 城邑으로 만들었다는 내용[6]과 연관되었을 가능성이 있다.

다) 동명성왕 10년 가을 9월에 鸞새들이 王臺에 모였다(『三國史記』卷13, 高句麗本紀 1).

이 기록은 같은 해 겨울 11월에 王이 扶尉猒을 시켜 北沃沮를 쳐서

---

5) 李熙德, 1999, 앞의 책, 212~213쪽.
6) 『三國史記』卷13, 高句麗本紀 1.

없애고 그 지역을 고을로 만들었다는 것과 관련하여 이해될 수 있다.

(2) 琉璃明王(기원전 19~서기 18)

가) 유리명왕 2년 가을 7월에 多勿侯 松讓의 딸을 맞아 王妃를 삼았다.
  9월에 서쪽으로 사냥을 나가 흰 노루를 잡았다. 겨울 10월에 神雀들이
  王庭에 모였다(『三國史記』 卷13, 高句麗本紀 1).

유리명왕 2년 9월과 10월에 보이는 두 가지의 서상과 관련된 역사적
사실을 살펴보자. 이 시기 전인 유리명왕 2년 가을 7월에, 다물후 송양의
딸을 왕비로 삼았다는 것이 보인다. 그러므로 유리명왕 2년에 보이는
흰 노루와 神雀은 이 사실과 연관되었을 가능성이 있다. 이로 보아,
이는 고구려 왕실의 번영을 상징하는 서상들로 이해할 수 있다.[7]

한편으로 이들 서상은 유리왕과 직접적인 관련이 있을 가능성도 있다.
왕이 서쪽으로 사냥을 나가 흰 노루를 잡았다. 그리고 신작들이 왕이
공무를 보는 王廷에 모였던 것이다. 이 점은 이들 서상이 왕과 직접
관련이 있음을 말한다.

그런데 고구려에서 유리왕이 가진 정치적 위상이 주목된다. 유리왕은
善射者의 자질, 고통스런 등장 과정, 그리고 3인의 보좌관 수행 등 주몽과
똑같은 시조의 신빙성을 가지고 있었다.[8] 흰 노루와 神雀은 이러한
유리왕의 신성한 왕권과 관련되었을 가능성이 있다.

나) 유리명왕 24년 가을 9월에 왕이 箕山의 들에서 사냥하다가 異人을

---

7) 이희덕, 1999, 앞의 책, 219쪽.
8) 신형식, 2003, 『고구려사』, 이화여자대학교 출판부, 128~129쪽.

만났는데 양쪽 겨드랑이에 날개가 달려 있었다. 그를 조정에 불러올
려 羽氏로 성을 주고 왕의 딸로 아내를 삼게 했다(『三國史記』卷13,
高句麗本紀 1).

위의 사료에서 보듯이, 유리명왕은 양쪽 겨드랑이에 날개가 달린
사람을 상서롭게 생각하였다. 그런데 유리명왕은 東明王에서 太祖王에
이르는 고구려 초기의 왕 중에서 가장 많은 사냥을 실시하였다. 그는
이를 통하여 새로운 세력을 포섭할 수 있었다.[9] 유리명왕대의 異人은
이러한 과정에서 나타난 서상이었던 것이다.

  다) 유리명왕 29년 여름 6월에 矛川가에서 검은 개구리와 붉은 개구리가
     떼를 지어 싸우다가 검은 개구리가 이기지 못하고 죽었다. 논의하는
     사람이 말하였다. "검은 것은 북방의 색이니 北扶餘가 파멸하는 징조
     이다"(『三國史記』卷13, 高句麗本紀 1).

위의 기록에서, 검은 개구리는 북부여로 비유되었다. 그런데 뒤에
언급할 대무신왕 3년의 기사에서, 검은 것은 북방의 빛으로 붉은 것은
남방의 빛으로 인식되었다.[10] 따라서 붉은 개구리는 고구려로 비유되었
던 것이다.

  이 사료는 뒤에 언급할 대무신왕 3년 10월의 검은 까마귀, 붉은 까마귀
와 관련된 내용에서 언급된 것과 그 의미가 같다.

---

  9) 金龍善, 1980,「高句麗 琉璃王考」,『歷史學報』87, 58쪽. 유리왕대 羽氏는 국내지역의
     토착세력으로 추측된다고 한다(임기환, 2004,『고구려정치사연구』, 한나래, 72
     쪽).
 10)『三國史記』卷14, 高句麗本紀 2.

(3) 大武神王(18〜44)

가) 대무신왕 3년 가을 9월에 왕이 骨句川에서 사냥을 하다가 神馬를 얻어서 駏驤라고 이름 지었다(『三國史記』卷14, 高句麗本紀 2).

나) 대무신왕 3년 겨울 10월에 扶餘王 帶素가 사신을 시켜서 붉은 까마귀(赤烏)를 보냈는데, 머리는 하나요 몸은 둘이었다. 처음에 부여사람이 이 까마귀를 얻어서 왕에게 바쳤다. 어떤 사람이 부여 왕에게 말하기를 "까마귀는 검은 것인데 이제 변하여 붉게 되고, 또 머리는 하나인데 몸뚱이가 두 개인 것은 두 나라를 병합할 징조이니 왕께서 고구려를 병합하게 될지도 모릅니다"라고 하였다. 帶素가 이 말을 듣고 기뻐서 붉은 까마귀를 고구려에 보내면서 겸하여 어떤 사람의 말까지 전하였다. 왕이 여러 신하들과 의논하고 대답하여 말하기를 "검은 것은 북방의 色인데 이제 변하여 남방의 色으로 되었다. 그리고 붉은 까마귀는 상서로운 것인데 그대가 얻었으나 이를 가지지 못하고 나에게 보냈으니 두 나라의 흥망을 알 수 없구나"라고 하였다. 대소가 이 말을 듣고 놀라며 후회하였다(上同).

다) 대무신왕 4년 겨울 12월에 왕이 군사를 출동시켜 扶餘를 치러 가다가 沸流水 옆에 이르러 물가를 바라보았다. 마치 어떤 여인이 솥을 들고 노는 것 같으므로 가서 보니 솥만 있었다. 그 솥에 불을 때게 하였더니 불을 기다리지 않고 저절로 끓었다. 그로 인해 밥을 짓게 되어 전체군사들을 배부르게 먹일 수 있었다. 이때에 갑자기 어떤 건장한 사나이가 나타나서 말하기를 "이 솥은 우리 집 물건으로서 나의 누이가 잃었습니다. 왕께서 지금 얻었으니 솥을 지고 따라갈 것을 청합니다." 드디어 負鼎씨라는 성을 주었다. 利勿林에 이르러서 묵는데 밤에 쇳소리(金聲)가 들렸다. 밝을 무렵에 사람을 시켜 그곳을 찾아서 金璽와 兵物 等을 얻었다. 왕이 말하기를 "이것은 하느님이 주시는

것이다" 하면서 절을 하고 받았다. 길을 떠나려 할 때에 한 사람이 나타났는데 키는 9尺 가량 되며 얼굴이 희고 눈에 빛이 있었다. 그는 왕에게 절을 하고 말하였다. "臣은 北溟에 사는 怪由입니다. 대왕께서 북쪽으로 부여를 친다는 말을 들었습니다. 제가 따라가서 부여왕의 머리를 얻을 것을 청합니다" 하니 왕이 기뻐하며 허락하였다. 또 어떤 사람이 말하기를 "저는 赤谷에 사는 麻盧입니다. 긴 창을 가지고 인도할 것을 청합니다" 하니 왕이 또한 허락하였다(上同).

라) 대무신왕 5년 봄 2월에 왕이 부여국 남쪽으로 진군하였다. … 부여사람들이 이미 자기의 왕을 잃고 氣力이 꺾였으나 오히려 굴복하지 않고 여러 겹으로 에워쌌다. 왕은 군량이 다하고 군사들은 주려 근심하고 두려워하여 어찌할 바를 몰랐다. 이에 왕이 하늘에 영험을 빌었더니 갑자기 큰 안개가 끼어 지척에서 사람과 물건을 분별하지 못한 것이 7일이었다. 왕은 사람을 시켜 草偶人(짚으로 만든 사람)을 만들어 무기를 쥐어 陣營 내외에 세워 거짓 군사를 만들었다. 사잇길로 군사를 숨겨 밤에 탈출하다가 骨句川의 神馬와 沸流源의 큰 솥을 잃어버렸다. 利勿林에 이르러 군사가 움직이지 못하므로 野獸를 잡아 나눠 먹었다. 왕이 이미 나라에 이르러, 여러 신하들을 모으고 마시면서 말하기를 "내가 不德한데 가벼이 부여를 치다가 비록 그 임금을 죽였으나 그 나라를 멸망시키지 못하였다. 또 우리의 군사와 물자를 많이 잃었으니 이는 나의 허물이다"라고 하였다. 드디어 친히 전사한 자에게 문상하고 병든 자를 문병함으로써 백성들을 위로하였다. 이로써 국인들이 왕의 덕치에 감동하여 다 국사에 몸을 바치는 것을 허락하였다. 3월에 神馬 거루가 부여의 말 1백필을 데리고 鶴盤嶺 아래 車廻谷까지 함께 왔다(上同).

위의 대무신왕대에 나타난 서상에서 주목되는 것이 있다. 가)의 신기로운 말인 駏驤와 나)의 붉은 까마귀, 다)의 솥은 공통적으로 부여와의 전쟁과 관련이 있다. 거루와 솥은 부여와의 전쟁에 이용되었으며, 잃어버렸다. 붉은 까마귀는 고구려와 부여의 관계에서 해석되고 있는 것이며, 두 나라의 전쟁을 함축하고 있다.

다)에서 보이는 金璽와 兵物 등에 대해, 대무신왕은 하느님이 주시는 것이라고 하였다. 그리고 왕은 절을 하고 받았다. 그러므로 고구려 대무신왕대에, 금새와 병물은 서상물로 인식되었다. 이 서상물들 역시 부여를 치러가는 중에 발견된 것이다. 곧 대무신왕대의 서상기록은 공통적으로 부여와의 관계에서 나타나고 있는 것이다.

라)에서 보듯이, 대무신왕 5년 부여와의 전투 중에 서상인 신마까지 잃은 왕은 패전의 책임을 스스로의 부덕으로 돌렸다. 그리고 왕은 친히 전사자를 조문하고 부상자를 위문하는 한편 백성들도 위안하였다. 이에 國人이 왕의 德義에 감동하여 모두 살신의 태도로써 國事에 임하였고 그 뒤 3월에 신마 거루가 돌아왔다. 그러므로 신마의 득실을 대무신왕의 덕치와 관련하여 이해할 수 있다.[11]

(4) 閔中王(44~48)

가) 민중왕 3년 가을 7월에 왕이 동쪽으로 사냥을 나가 흰 노루를 잡았다(『三國史記』 卷14, 高句麗本紀 2).

위의 사료에 나타난 서상과 관련된 내용은 보이지 않는다. 그런데 동쪽이라는 방위명이 주목된다. 이와 관련된 기록을 살펴보자. 민중왕 4년에 동해사람인 高朱利가 고래의 눈을 바치고 있다.[12] 그리고 태조대왕

---

11) 이희덕, 1999, 앞의 책, 206~208쪽.

12) 『三國史記』 卷14, 高句麗本紀 2.

4년에 東沃沮를 공격하여 국경을 東으로 滄海에 이르게 하고 있다.[13]
이 점으로 보아, 민중왕 3년 7월에 왕이 동쪽으로 사냥을 나간 곳은
동옥저 방면일 가능성이 높다. 그러므로 민중왕이 동쪽으로 사냥을
나가 흰 사슴을 잡았다는 것은 단순한 사냥이 아니었다. 그것은 동옥저
진출을 위한 전초활동이었을 가능성이 있다.

> 나) 민중왕 4년 9월에 동해 사람인 高朱利가 고래의 눈(鯨魚目)을 바쳤는데
> 밤에 광채가 났다(『三國史記』 卷14, 高句麗本紀 2).

동해 지역의 고주리가 고래의 눈(鯨魚目)을 민중왕에게 바치고 있다.
대무신왕 이래 계루부 왕실의 정치적 위치가 크게 향상된 뒤라서, 이와
같이 동옥저의 세력자로 보이는 고주리가 고구려왕을 찾은 것이다.[14]

(5) 太祖大王(53~146)

> 가) 太祖大王 7년 여름 4월에 왕이 孤岸淵에 가서 물고기를 구경하다가
> 붉은 날개가 달린 白魚를 낚았다(『三國史記』 15, 高句麗本紀 3).

태조대왕 7년 4월에 백어를 낚시한 사실을 기록으로 남기고 있다.
이를 감안할 때, 이 사료는 분명히 어떠한 서상으로서 파악되고 있었다.
고구려는 태조대왕 4년에 東沃沮를 공격하여 국경을 동으로 滄海에 이르
게 하고 남으로는 薩水에 그 세력이 미치는 등 이미 왕성한 정복활동을
펼쳤다.[15] 이러한 상황에서 미루어 볼 때, 태조왕이 낚은 백어는 당시

---

13) 『三國史記』 卷15, 高句麗本紀 3.
14) 金基興, 1987, 「고구려의 성장과 대외교역」, 『한국사론』 16, 29~30쪽.
15) 『三國史記』 卷15, 太祖大王 4年 가을 7月.

고구려 정복전쟁의 왕성한 활력을 보여주는 서상으로서 파악되었을 것이다.16)

　나) 태조대왕 10년 가을 8월에 동쪽에서 사냥을 하여 흰 사슴을 잡았다.
　　　나라 남쪽지역에 나는 누리가 곡식을 해롭게 하였다(『三國史記』卷15,
　　　高句麗本紀 3).

　태조대왕 10년 8월에 왕은 동쪽에서 사냥을 하여 흰 사슴을 잡았다. 흰 사슴은 고구려에서 서상동물이었다.17) 여기에서 태조왕이 사냥한 동쪽을 살펴보자. 앞에서 보았듯이, 태조왕 4년에 東沃沮를 공격하여 국경을 동으로 滄海에 이르게 하였다. 그러므로 태조왕이 사냥을 한 동쪽지방은 동옥저일 가능성이 높다. 그러므로 이 서상물은 태조왕 4년에 이루어진 동옥저를 복속시킨 사실과 연관된 것으로 보인다.

　다) 태조대왕 25년 겨울 10월에 扶餘의 사신이 와서 뿔 세 개 달린
　　　사슴(三角鹿)과 꼬리가 긴 토끼를 바치니 왕이 이것을 상서로운 물건
　　　이라 하여 죄수들을 크게 사면했다(『三國史記』卷15, 高句麗本紀 3).

　위의 사료와 관련하여, 부여와 고구려의 관계가 주목된다. 동부여에서 출생하고 성장한 고주몽이 남하하여 고구려를 세웠다.18) 또한 『後漢書』와 『三國志』, 『魏書』의 기록을 보면, 『後漢書』에 고구려는 부여의 別種인 까닭에, 언어와 法則이 같은 것이 많았다고 기록되어 있다.19) 『三國志』

---

16) 이희덕, 1999, 앞의 책, 215~216쪽.
17) 金瑛河, 2002, 『韓國古代社會의 軍事와 政治』, 高麗大學校 民族文化研究院, 16쪽.
18) 『三國史記』卷13, 高句麗本紀 1.
19) 『後漢書』卷85, 東夷列傳 75 高句麗. 別種은 동일종족에서 갈라져 나온 종족이다(李
　　家源, 安炳周, 1998, 『敎學大漢韓辭典』, 敎學社, 368쪽).

역시 고구려는 부여의 別種으로 말과 여러 가지 일들은 부여와 같은 점이 많으며, 그 기질과 의복은 차이가 있다고 하였다.[20] 『魏書』는 고구려가 부여에서 갈라져 나왔음을 기록하고 있다.[21] 이들 기록은 부여와 고구려가 언어와 풍속이 같음을 말하고 있다. 따라서 부여와 고구려에서 서상물에 대한 인식 역시 동일하였을 것이다.

위의 사료에서, 태조대왕 25년 10월에 부여사신이 뿔 세 개 달린 사슴과 꼬리가 긴 토끼를 바치고 있다. 이것은 무엇과 관련되었을까. 이 무렵에는 일련의 영역확장이 나타나고 있다.

태조왕 16년 가을 8월에 葛思王의 손자 都頭가 나라를 바치고 항복하므로, 그를 于台로 삼았다. 그리고 태조왕 20년 봄 2월에 貫那部의 沛者 達賈를 보내 藻那를 쳐서, 그 나라 왕을 사로잡았다. 또한 태조왕 22년 겨울 10월에 왕이 桓那部 沛者 薛儒를 보내 朱那를 쳐서, 그 나라 왕자 乙音을 사로잡아 古鄒加를 삼았다.[22] 이와 같이 고구려는 태조왕대에 일련의 정복활동을 전개하였다. 이러한 태조대왕의 정복활동이 부여로 하여금 서상물을 바치게 하였을 것이다.

라) 태조대왕 46년 봄 3월에 왕이 동쪽으로 柵城을 순행하다가 책성의

---

20) 『三國志』卷30, 魏書 30, 高句麗.

21) 『魏書』卷100, 列傳 88 高句麗.

22) 『三國史記』卷15, 高句麗本紀 3. 이 무렵에 高句麗에 대한 漢과 扶餘의 대응은 어떠하였을까. 서기 49년(모본왕 2) 봄에, 모본왕은 장수를 보내어 漢의 北平, 漁陽, 上谷, 太原을 침습하게 하였다. 이에 漢의 遼東太守 蔡彤이 恩誼와 信義로써 고구려에게 대하므로 다시 漢과 화친하였다는 것이다(『三國史記』卷14, 모본왕 2년 봄). 후한은 고구려의 저돌적인 공격에 충격을 받고 부여와 적극적인 상호 제휴관계를 모색하였다. 한편 부여는 이러한 漢세력과의 일정한 관계를 유지하면서 서기 77년(태조왕 25) 이후에 고구려와의 관계개선을 위하여 외교사절을 파견하였던 것이다(박경철, 1994, 「부여사의 전개와 지배구조」, 『한국사』 2, 한길사, 85쪽). 이러한 배경 하에서, 부여가 서상물을 바친 듯하다.

서쪽 闓山에 이르러 흰 사슴을 잡았다. 다시 책성으로 와서 여러 신하들과 함께 잔치를 베풀어 술을 마시면서 柵城守史들에게 물품을 차등이 있게 하사하고 그들의 공적을 바위에 새겨놓고 돌아왔다. 10월에 왕이 柵城에서 도착하였다(『三國史記』卷15, 高句麗本紀 3).

마) 태조대왕 53년 봄 정월에 부여사신이 와서 호랑이를 바쳤는데, 길이가 한발 두자요 털빛은 매우 선명한데 꼬리가 없었다(『三國史記』卷15, 高句麗本紀 3).

바) 태조왕 55년 가을 9월에 왕이 질산 남쪽에서 사냥을 하여 자줏빛 노루를 잡았다. 겨울 10월에 東海谷守가 붉은 표범(朱豹)을 바쳤는데 꼬리길이가 아홉자였다(『三國史記』卷15, 高句麗本紀 3).

사) 태조대왕 69년 겨울 10월에 … 숙신사신이 와서 자줏빛 여우가죽옷과 흰 매와 흰 말을 바치니 왕이 잔치를 베풀어 그들을 위로하여 보냈다 (『三國史記』卷15, 高句麗本紀 3).

위 라), 마), 바), 사)의 사료를 보자. 태조대왕 46년, 53년, 55년, 69년에 서상물이 기록되어 있다. 그런데 태조왕은 94년의 긴 재위기간과 함께, 119년을 생존하였다. 그리고 태조왕의 아버지로서 대무신왕의 동생이라는 再思에 관한 의문스러운 기록이 나온다. 또한 『三國遺事』에서는 慕本王까지의 왕실의 성을 解氏라 하였고, 『三國史記』에서도 그러한 면이 보여 태조왕 이후 高氏와 차이를 나타낸다. 이는 곧 모본왕과 태조왕과의 사이에 왕계상의 큰 변동이 있었음을 뜻한다. 그 뒤에 태조왕대 이후와 그 전대를 왕계 상 일원화하려고 할 때, 모본왕과 태조왕을 연결시키려함에서 태조왕의 재위기간이 길어지는 등의 부자연스러운 행태가 나타나게 되었다.[23] 이러한 점과 관련하여 주목되는 것이, 태조왕 26~45년까지 기록이『三國史記』에 보이지 않는다는 점이다. 약 20년간의 기록이 없다는 것은 태조왕대에 중요한 정치적 변화가 있었다는 것을 시사한다. 이러한 이유로 태조왕 26~45년까지의 서상기록도 보이지 않는다. 그리고 라)에서 보듯이, 태조왕 46년 봄 3월에 다시 서상이 나타나고 있다. 서상기록을 보아서도 태조왕대가 중요한 정치적 분기점이라는 것을 알 수 있다.

라)의 기사에서 주목되는 것은 책성이다. 왕이 책성을 순행하다가, 책성 서쪽 계산에 이르러 서상물인 흰 사슴을 잡았다. 그리고 다시 왕은 책성으로 와서, 여러 신하들과 함께 잔치를 베풀었다. 또한 책성 관리들에게 물품을 차등이 있게 하사하고 그들의 공적을 바위에 새겨놓고 돌아갔던 것이다. 이로 보아 흰 사슴이라는 서상물은 책성을 순수하였다는 사실과 관련하여 이해되어진다.[24]

마), 바), 사)의 기사에서 호랑이, 자줏빛 노루, 붉은 표범, 자줏빛 여우가 죽옷, 흰 매와 흰 말 등의 서상물이 나타나고 있다. 사실 고구려 전시기에 걸쳐 서상물이 나타난 횟수 가운데, 태조왕대에 고구려의 서상물이 가장 많이 나타나고 있다. 10회의 서상기록이 보이고 있는 것이다.

태조왕대에, 고구려는 대내적으로 高氏 王權이 확립되었다. 그 뿐만 아니라, 대외적으로는 東明王代 이래 추진된 주변의 小國에 대한 지속적인 복속과 중국세력과의 효과적인 항쟁을 통하여 고대국가를 형성할 수

---

23) 노태돈, 1999,『고구려사연구』, 사계절출판사, 199~201쪽.
24) 고구려왕은 2~7개월에 걸쳐 수도를 떠나 지방을 순수하였다. 순수는 비교적 장기간에 걸쳐 실시되었다. 그러므로 고구려왕은 순수지에서 지방 관리의 위로, 상서동물의 수렵, 외국사신의 접견 등 중앙에서 수행하던 고유한 통치행위를 계속하였다. 특히 고구려왕(태조왕)은 흰 사슴을 수렵하였다. 이것은 상서동물의 수렵이 일차적 목적이 아니었다. 고구려왕은 柵城과 新城 같이 전략적으로 중요한 변경지방에 대한 장기간의 순수에 전렵을 함께 실시함으로써, 군사훈련은 물론 군사통수권을 부단히 확인하였다(金瑛河, 앞의 책, 142쪽).

있었다.[25] 그러한 강화된 왕권과 대외적인 복속활동을 배경으로, 위의
서상물들이 나타났다고 해석된다.

(6) 山上王(197~227)

산상왕 24년 여름 4월에 異鳥들이 王庭에 모였다(『三國史記』卷16, 高句
麗本紀 4).

『삼국사기』에는 왕위계승관계가 산상왕대를 경계로 하여, 이전에는
형제상속 이후에는 부자상속으로의 경향이 뚜렷이 나타난다. 이것은
왕권강화와 연관된다.[26] 따라서 산상왕 24년에 나타난 이조는 이와
관련된 서상으로 해석된다.

(7) 中川王(248~270)

중천왕 15년 가을 7월에 왕이 기구에서 사냥하다가 흰 노루를 잡았다(『三
國史記』卷17, 高句麗本紀 5).

중천왕 15년 가을 7월의 서상과 관련된 기록은 없다.

(8) 西川王(270~292)

가) 서천왕 7년 여름 4월에 왕이 新城(혹자는 말하기를 "신성은 나라
    동북에 있는 큰 진이라 한다")에 나가서 사냥을 하다가 흰 사슴을

---

25) 金瑛河, 1997, 「高句麗의 發展과 戰爭」, 『大東文化硏究』32, 8쪽.
26) 孔錫龜, 1998, 『高句麗 領域擴張史 硏究』, 書景文化社, 19쪽.

잡았다. 가을 8월에 왕이 신성으로부터 돌아왔다. 9월에 神雀이 宮庭
에 모였다(『三國史記』卷17, 高句麗本紀 5).

　나) 서천왕 19년 여름 4월에 왕이 신성에 갔다. 海谷太守가 고래의 눈을
　　　바쳤는데 밤에 광채가 있었다. 가을 8월에 왕이 동쪽지방에서 사냥을
　　　하다가 흰 사슴을 잡았다. 9월에 지진이 있었다. 겨울 11월에 왕이
　　　신성으로부터 돌아왔다(『三國史記』卷17, 高句麗本紀 5).

　가)와 나)에서 보듯이, 서천왕대의 서상은 新城과 관련하여 나타나고
있다. 가)를 보자. 서천왕 7년 여름 4월에, 왕이 신성에 나가서 사냥을
하다가 흰 사슴을 잡았다. 왕이 7년 8월에, 신성으로부터 돌아온 1개월
후인 9월에 神雀이 宮庭에 모였다.

　그런데 이러한 흰 사슴과 神雀은 신성과 관련된 서상물로 생각된다.
흰 사슴과 神雀이 신성과 관련된 것은 나)를 보면 잘 알 수 있다. 나)의
서상들이 신성과 관련하여 나타나고 있는 것이다. 서천왕 19년 4월에
왕이 신성에 갔다. 이때에 해곡태수가 고래의 눈을 바쳤다. 또한 서천왕
19년 11월에 왕이 신성으로부터 돌아왔다. 그렇다면 왕은 19년 4월부터
11월 무렵까지 신성에 있었던 것이 된다. 따라서 8월에 왕이 동쪽지방에
서 사냥을 하다가 흰 사슴을 잡았다는 것은 어느 지방을 말하는 것일까.
아마도 이곳은 신성과 가까운 지방이었을 것이다. 이로 보아 서천왕
19년 4월의 고래의 눈과 19년 8월의 흰 사슴 역시 신성과 관련된 서상물이
었다.

(9) 長壽王(413~491)

　가) 장수왕 원년 長史 高翼을 晉나라에 보내 표문을 바치고 붉고 흰 말을

보내니 安帝가 왕을 고구려왕 낙랑군공으로 봉하였다(『三國史記』卷18, 高句麗本紀 6).

고구려는 장수왕 원년에 진나라에 붉고 흰 말을 보냈다. 이것은 고구려에서 붉고 흰 말이 진기한 것으로 인식되었음을 말한다.

나) 장수왕 2년 가을 8월에 異鳥가 王宮에 모였다. 겨울 10월에 왕이 蛇川벌판에서 사냥을 하다가 흰 노루를 잡았다(『三國史記』卷18, 高句麗本紀 6).

장수왕 2년에 나타난 異鳥와 흰 노루라는 서상들과 관련된 기록은 보이지 않는다. 그러나 여기에서 주목되는 것이 있다. 그것은 유리명왕대의 서상기록이다. 유리명왕 2년 9월에 왕이 서쪽으로 사냥을 나가 흰 노루를 잡았다. 그리고 2년 10월에 神雀들이 王廷에 모였던 것이다.

장수왕 2년에 유리명왕대의 서상기록들과 비슷한 시기에 서상이 나타나고 있다. 그리고 서상이 공통적으로, 왕과 관련되어 있는 것이다. 이 점은 장수왕 역시 유리명왕이 지니는 신성한 왕자적 성격을 가지고 있었음을 보여준다.

(10) 陽原王(545~559)

가) 양원왕 2년 봄 2월에 왕도의 배나무가 가지를 연하였다(『三國史記』卷19, 高句麗本紀 7).

위의 사료에서 왕도의 배나무가 가지를 연하였다는 것은 樹連理로 표현된다. 樹連理는 그루를 달리하는 나무가 가지에서 서로 엉켜 붙어 하나로 보이게 하는 현상이다. 삼국에서는 고구려와 신라에 각기 하나씩의 樹連理(木連理) 사례밖에 없다. 신라의 예를 보자. 내물왕 7년 신라에 樹連理 현상이 있었다. 이것은 내물왕 즉위 3년 시조묘에 친사한 뒤에 나타난 紫雲盤旋廟上 神雀集於廟庭 등의 서상과 함께 내물왕대의 정치적 전환에 부응하는 조짐으로도 해석될 수 있다.[27]

그러므로 양원왕 2년 2월의 樹連理는 서상으로 파악된다. 그러나 서상과 관련된 국가나 왕실의 경사는 『삼국사기』에 보이지 않는다. 다만 앞 시기에는 치열한 정쟁이 일어났었다. 安臧王·安原王代는 정치적 정쟁이 일어나 왕이 시해되었던 것이다.[28] 그러므로 양원왕 2년에 나타난 수련리는 이 시기에 이르러 정치적 상황이 어느 정도 안정되었음을 나타내는 서상물일 가능성이 있다.

　　나) 양원왕 4년 9월에 丸都에서 嘉禾를 바쳤다(『三國史記』19, 高句麗本紀
　　　7).

嘉禾란 王者의 德이 성할 때 생겨나는 것으로, 한 줄기의 벼에서 두개 이상의 이삭이 패어나는 현상이다. 고구려, 백제, 신라는 모두 각 지방에서 가화를 왕에게 헌상하였다. 이로 보아 삼국이 가화를 서상으로 인식하였음을 알 수 있다.[29]

나)의 가화를 고구려의 국내정치 동향과 연결하여 해석하는 견해가 있다. 『三國史記』에서 가화를 진상한 몇 예를 보면 복속의례의 의미도 담겨 있다는 것이다. 그러므로 이 기사도 이때 丸都 지역이 중앙정부에

---

27) 李熙德, 1999, 앞의 책, 216~217쪽.
28) 李弘稙, 1954,「日本書紀所載 高句麗關係記事考」,『東方學志』1 ; 1971,『韓國古代史의 研究』, 新丘文化社, 156~158쪽.
29) 이희덕, 1999, 앞의 책, 212쪽.

대한 순종적 태도를 표한 것으로 해석된다는 것이다.[30] 그러므로 왕을 중심으로 한 중앙정부는 이 사건을 중요시하였을 것이다. 이것이 記事化되어 전해졌다고 생각된다. 그런데 환도는 평양천도 이전 고구려의 수도였다. 따라서 이때 복속의례의 뜻을 표했다는 사실은 상당한 정치적 의미가 담겨 있다. 아마도 그 이전에는 양원왕 내지 중앙정부와 환도지역 세력 사이에 상당히 심각한 정치적 정세가 놓여 있었던 것으로 여겨진다. 특히 양원왕 13년 10월 丸都城 干朱里의 반란기사를[31] 유의하면, 그러한 가능성에 대해 확신할 수 있다. 따라서 나)기사는 상당한 정치적 갈등 대립관계에 있었던 환도지역 정치세력과 중앙정권 사이에 이때 일정한 정치적 타협이 있었음을 보여주는 것이다.[32]

(11) 平原王(559~590)

평원왕 3년 여름 4월에 異鳥가 宮庭에 날아들었다. 6월에 큰물이 있었다 (『三國史記』 卷19, 高句麗本紀 7).

평원왕 3년 4월에 異鳥가 궁정에 날아들어 왔다는 것이다. 이 서상과 관련된 정치적 의미는 무엇일까. 그런데 1년 전인 평원왕 2년 2월에, 평원왕은 卒本에 행차하여 始祖廟에 제사지냈다. 3월에 졸본에서 돌아오면서 지나가는 州郡의 옥에 갇힌 죄수 중에서 두 가지 사형죄를 제외하고는 모두 풀어주었다.[33] 이러한 귀경길의 큰 사면은 陽原王 13年(557)의 환도성 반란 기사와 관련시켜 볼 때, 반란에 가담한 국내계 세력에

---

30) 徐永大, 1981, 「高句麗 平壤遷都의 動機」, 『韓國文化』 2, 133쪽.
31) 『三國史記』 卷19, 高句麗本紀 7.
32) 임기환, 2004, 『고구려정치사연구』, 한나래, 262~265쪽.
33) 『三國史記』 卷19, 高句麗本紀 7.

대한 일종의 정치적 사면의 성격을 갖는다는 것이다. 즉 평원왕의 졸본행차와 사면은 환도성의 반란을 진압한 이후 국내계 귀족세력의 반발을 무마하면서, 다시금 그들과 일정한 타협을 시도한 정치적 조치로 이해된다.[34]

이로 보아, 평원왕의 졸본행차와 사면에 이은 이조라는 서상물은 이러한 중앙정권과 국내계 귀족세력과의 타협을 보여주는 서상물일 가능성이 있다.

Ⅲ. 고구려의 서상에 대한 해석

먼저 고구려의 서상이 어디에서 영향을 받았는가를 살펴보고자 한다. 그리고 그 영향이 어떤 의미를 가졌는가를 검토해 보자.

고구려의 서상관이 중국의 영향을 받았다는 관점이 있다. 이러한 견지에서 본다면, 고구려의 서상관은 어떤 의미를 가지고 있을까. 중국에서 서상설의 내용을 구체적으로 전하는 것은『白虎通』卷5, 封禪編이다. 여기에서는 王者의 德이 天, 地, 文表, 草木, 鳥獸, 山陵, 淵泉, 八方에 미칠 때에 나타나는 구체적인 서상물을 제시하고 있다.『三國史記』의 고구려, 백제, 신라의 서상기사도 이『白虎通』의 기사와 대부분 일치한다.[35]『삼국사기』에 실린 삼국의 서상기사를 통하여 볼 때, 삼국은 각기 중국의 전형적인 서상관을 수용하여 왕자의 盛德을 과시하려 하였다. 그리하여 서상설을 통해, 고대국가의 왕권을 천명설에 의해 정당화하였다. 그와 동시에, 삼국은 왕권강화를 위한 상징성을 증대시켰던 것이다. 이와

---

34) 임기환, 2004, 앞의 책, 286쪽.
35) 이희덕, 1999, 앞의 책, 200~201쪽. 중국에서 서상설은 漢代에 이미 널리 전개되어 君主의 德治를 이끄는 방법으로 통용되었다(이희덕, 1999, 위의 책, 282쪽).

같이 瑞祥은 高句麗, 百濟, 新羅에서 적용되어졌으며, 王者의 盛德의 결과로 간주되었다. 三國에서는 王者가 서상물을 소유하게 됨으로써, 그의 德治가 天에 의해서 보장되었던 것이다.[36] 이것은 결국 고구려에서 독자적이고 신성한 王者의 존재가 있었다는 것을 의미하는 것이다.[37]

한편 서상을 고구려 고유의 전통과 연관시키는 견해가 있다. 다음을 보자.『삼국사기』고구려본기에는 고구려 고유의 서상적인 특징이 나타나고 있음을 볼 수 있다. 고구려왕들이 사냥을 나가 白獐(흰 노루)을 직접 포획하고 있는 것이다. 그것은 중국의 서상을 기록한『宋書』符瑞志의 예들과 다르다.『송서』부서지에는 백장의 출현에 대한 41개의 사례가 제시되어 있다. 그렇지만 백장이 나타났다던지 잡아서 왕에게 바쳤다는 기사만 있을 뿐, 왕이 직접 이것을 잡았다는 사례는 보이지 않는다. 이것은 고구려왕의 백장 포획이 聖君 名君의 治世에 출현하는 상서라는 의미 이상인 것이다. 그런데 李奎報의「東明王篇」에 인용된『舊三國史』所傳의 고구려 건국신화에 의하면, 동명왕은 서쪽으로 사냥을 나가 白鹿을 사로잡아서 蟹原이란 곳에 거꾸로 매달아 놓고 일정한 儀禮를 거행했다

---

36) 이희덕, 1999, 위의 책, 227쪽. 董仲舒는 王朝가 天命을 받을 자격이 있는가는 하늘에 의해서 비로소 부여된다고 하였다. 그는 하늘이 受命의 증거인 서상을 보여주어야만, 비로소 새로운 왕조와 군주로 인정받는다고 하였다(金東敏, 2004, 「董仲舒 春秋學의 天人感應論에 대한 고찰－祥瑞, 災異說을 중심으로」,『東洋哲學研究』36, 323~324쪽).

37) 고구려의 서상에서 주목되는 점이 있다. 그것은 시해된 왕(모본왕, 차대왕, 봉상왕, 안장왕, 안원왕, 영류왕)은 공통적으로 서상이 없다는 것이다. 모본왕과 차대왕, 봉상왕, 영류왕은 시해된 기록이『三國史記』에 나온다. 그리고 안장왕과 안원왕이 시해되었다는 것은『日本書紀』에『百濟本記』를 인용하여 그 내용이 나오고 있다(이홍직, 1971, 앞의 책, 155~157쪽). 앞에서 보았듯이, 서상은 왕자의 성덕을 나타내는 징표이다. 고구려에서 시해되었거나 그럴 가능성이 있는 왕들은 공통적으로 서상기록이 없다. 위의 왕들의 예들이 그것이다. 이 점은 고구려의 역사가 일정 시기에 와서 改修되었을 가능성을 시사한다.

고 한다. 또『三國史記』卷45, 溫達傳에 의하면 고구려에서는 매년 3월 3일 樂浪之丘에서 사냥대회를 개최하여 포획한 사슴과 돼지로서 하늘과 山川의 神에게 제사를 지냈으며, 이때 왕 또한 群臣들과 더불어 사냥에 참가했다고 한다. 이러한 사실들은 고구려의 경우, 국가적 차원의 祭儀를 거행함에 있어 왕이 직접 사슴을 사냥하는 것이 중요한 절차의 하나임을 보여주고 있다. 그렇다고 할 때 고구려왕의 白獐捕獲 기사도 이러한 제의절차와 무관한 것은 아니라고 생각된다. 따라서『삼국사기』소재의 백장을 포획한 기사는 고구려의 제의에 관한 사실들을 中國的 祥瑞思想에 입각하여 윤색하였을 가능성을 보여준다. 결국 고구려왕이 백장을 포획한 기사는 고구려 고유의 전통을 나타내고 있다.[38]

다음으로 고구려의 전 시기에 걸친 서상의 변화는 어떠하였을까가 궁금해진다. 그리고 이러한 변화가 있었다면, 그 의미는 무엇인가를 살펴보고자 한다.

이를 위해, 고구려 역대 왕들의 기록에서 서상이 나타난 횟수를 살펴보자. 건국 초기인 東明聖王(기원전 37~기원전 19)－太祖王代(53~146)까지 서상기록이 집중되어 있다. 東明聖王(4회), 琉璃明王(기원전 19~18, 4회), 大武神王(18~44, 5회), 閔中王(44~48, 2회), 太祖王代(10회)의 기록이 그것이다. 이어 山上王(197~227, 1회), 中川王(248~270, 1회), 西川王代(270~292, 4회)에 서상이 기록되어 있다. 그런데 烽上王(292~300)부터 寶藏王代(642~668)까지는 長壽王(413~491, 3회), 陽原王(545~559, 2회), 平原王(559~590, 1회)을 제외하고는 서상기록이 나타나 있지 않다.

---

38) 徐永大, 1981, 앞의 논문, 27~29쪽. 고구려와 백제는 儒敎的 名分論에 의하면 天子만이 거행할 수 있는 祭天이나 祀地를 하였다. 이것이『三國史記』의 여러 곳에서 언급되고 있다. 그리하여『三國史記』편찬자는 고구려와 백제에 대해서는 中國에 事大를 잘 하지 못하는 나라들로 간주해, 비판적인 입장을 취하고 있다(徐永大, 1981, 위의 논문, 17쪽).

이와 관련하여 고구려의 역사 전개과정을 살펴보자. 앞에서 보았듯이, 고구려의 역사는 그 정치체제에 따라 초기와 중기, 후기의 3단계로 나눌 수 있다. 초기는 기원전 1세기~서기 3세기(동명성왕~봉상왕)까지로, 연맹체적인 부 체제 시기였다. 중기는 4세기~6세기 중반(미천왕~안원왕)까지로, 영역국가적인 중앙집권체제 시기였다. 이어 후기는 6세기 중반~668년(양원왕~보장왕)까지로, 중앙권력의 운영이 귀족연립정권의 면모를 띠는 시기였다.[39]

그런데 고구려의 역사 전개과정과 서상물의 진헌이 연관을 가지고 있다는 점이 주목된다. 앞에서 보았듯이, 고구려에서 초기에는 서상물이 집중적으로 바쳐졌었다. 그리고 중기에는 장수왕(3회)을 제외하고 서상 기록이 보이지 않는다. 더욱이 장수왕대에 진나라에 보낸 붉고 흰 말은 외국에 보낸 것으로, 이를 제외하면 2회에 그치고 있다. 이 점은 중기에 서상물이 바쳐지는 것이 예외적이었음을 말한다. 이어 후기에는 양원왕(2회), 평원왕(1회)가 바쳐지고 있다. 후기 역시 그 횟수로 보아, 서상설이 적극적으로 영향을 준 것은 아니었다.

이 점으로 본다면, 고구려에서는 초기에 서상설이 적극적인 영향력을 미치고 있었다. 그러나 중기와 후기에는 서상설이 정치적으로 큰 영향을 준 것은 아니었다. 그 원인은 무엇일까.

여기에서 고구려의 서상이 가진 의미가 주목된다. 고구려를 포함한 삼국은 왕권을 서상설을 통해, 정당화하려 하였다. 그리고 서상관을 통해, 왕권강화를 위한 상징성을 증대시켰다.[40] 서상은 왕권과 밀접한 관련이 있었던 것이다.

이로 보아, 우리는 고구려에서 초기에 서상물이 집중적으로 바쳐지고,

---

39) 노태돈, 1999, 앞의 책, 489~491쪽.
40) 이희덕, 1999, 앞의 책, 227쪽.

중기와 후기에 서상물이 바쳐진 것이 예외적이었던 이유를 찾아볼 수 있다. 그것은 왕권의 동향과 밀접한 연관이 있었던 것이다.

초기에 고구려는 왕실을 중심으로 연맹체를 형성한 5부와 그 아래 예속되어 있는 피정복민 집단들로 구성되어 있으나, 기본적으로 자치체였다. 초기 고구려국은 자치체들의 연합체로서의 성격을 지녔다.41) 그런데 고구려에서 서상이 초기에 자주 나타나고 있다. 특히 동명성왕~태조왕 시기에 서상이 집중적으로 보이는 것이다. 이것은 왕권을 강화해나가는 배경 하에서 이해된다.

그런데 고구려에서 중기는 영역국가적인 중앙집권체제 시기로, 왕권이 강화되었던 것이다.42) 이와 함께, 서상설을 통해 왕권강화를 하겠다는 정치적 목적이 축소되었다. 다시 말해 왕권의 강화로 인해, 서상설의 필요성이 줄어들었다.

이와 관련하여, 다음이 주목된다. 미천왕대에는 중국의 분열을 틈타 12년(311) 西安平을 점령하였다. 이어 미천왕 14년(313)에 낙랑군을 축출하였다. 이로써 고구려는 북방의 왕자로 군림하였다.43) 그렇지만 미천왕이 재위한 기간 동안에 서상은 보이지 않는 것이다.

그리고『삼국사기』에는 고구려의 전성기였던 광개토왕 때에 서상기록이 없다. 장수왕대에 세워진「廣開土王陵碑文」역시, 광개토왕의 업적이나 활동과 관련된 서상이 기록되지 않았다.『삼국사기』와「廣開土王陵碑文」모두에 광개토왕과 관련된 서상기록은 보이지 않는 것이다.

그렇다면 후기에 들어와, 서상이 적극적으로 활용되지 못한 이유는 무엇일까. 고구려는 후기에 들어와, 유력 귀족들이 권력을 분점하는

---

41) 노태돈, 1999, 앞의 책, 485~486쪽.
42) 노태돈, 1999, 위의 책, 489~491쪽.
43) 신형식, 2003, 앞의 책, 152쪽.

귀족연립정권 체제가 등장하였다.[44] 이러한 귀족연립정권 하에서 왕권
이 견제를 받아, 왕의 성덕을 상징하는 서상설은 크게 활용되지 못하였던
것이다.

Ⅳ. 맺음말

서상은 이상적인 경지에서 나타난다. 이와 같은 서상은 王者가 盛德을
행하면 나타나는 현상으로 간주되었다.『삼국사기』기사를 분석하면,
고구려에 있어서 서상은 단순한 자연현상이 아니라 정치적인 의미를
가지고 있었다. 본 장에서 분석한 내용을 정리하면, 다음과 같이 요약할
수 있다.

고구려의 서상은 정치적인 과정 속에서, 왕권과 관계를 가지고 있다.
그것은 서상물이 王宮에 모였다든가, 왕이 직접 사냥을 하거나, 낚시를
하여 서상물을 잡았던 것에서 알 수 있다. 또한 서상물이 왕에게 바쳐지는
예도 있다. 서상이 왕과 관련하여 나타나고 있는 것이다.

이와 같은 서상설이 중국의 영향을 받았다는 관점에서 본다면, 그것은
무엇을 말하는 것일까. 서상은 고대국가의 왕권을 天命說에 의해 정당화
하는 것이었다. 이 점은 고구려에서 독자적이고 신성한 왕권과 왕자의
존재가 있었음을 보여주는 것이다. 한편『삼국사기』고구려본기는 고구
려 고유의 서상적인 특징을 나타내고 있다. 고구려왕들이 직접 사냥을
나가 白獐(흰 노루)을 포획하고 있는 것이다. 이것은 중국의 서상을 기록한
『송서』부서지의 예들과 다르다. 이 점은 고구려가 고유의 서상적인
특징을 가지고 있었음을 의미한다.

---

44) 노태돈, 1999, 앞의 책, 487~488쪽.

이와 관련하여, 扶餘의 서상이 주목된다. 현재 중국은 부여사를 중국사에 넣고 있다. 그러나 『삼국사기』에는 동부여에서 출생하고 성장한 고주몽이 남하하여 고구려를 세웠다고 기록되어 있다. 중국의 사료 역시 부여와 고구려는 같은 종족임을 기록하고 있다. 『後漢書』에, 고구려는 扶餘의 別種인 까닭에, 言語와 法則이 같은 것이 많았다고 기록되어 있다. 여기에서 별종은 동일종족에서 갈라져 나온 종족이라는 뜻이다. 『三國志』역시 고구려는 부여의 別種으로 말과 여러 가지 일들은 부여와 같은 점이 많다고 하였다. 『魏書』는 고구려가 부여에서 갈라져 나왔음을 기록하고 있는 것이다. 이들 기록은 부여와 고구려가 언어와 풍속이 같음을 말하고 있다. 따라서 부여와 고구려에서 서상물에 대한 인식은 동일하였을 것이다. 이 점은 부여사가 한국사에 속하는 근거가 될 것이다.

앞에서 보았듯이, 고구려에서는 초기인 기원전 1세기~서기 3세기까지 서상물이 집중적으로 보인다. 이것은 왕권의 확립을 위해 서상설이 활용되었던 것을 의미한다. 그러나 중기인 4세기~6세기 중반에 들어와 長壽王을 제외하고는 서상기록이 보이지 않는다. 이 점은 고구려에서 서상설의 중요성이 줄어든 것으로, 왕권이 강화되었음을 보여준다. 후기인 6세기 중반에서 寶藏王代까지도 그 횟수로 보아, 서상설이 적극적으로 이용된 것은 아니었다. 그 이유는 후기에는 유력한 貴族들이 권력을 분점하였기 때문이었다. 왕권이 견제를 받아, 왕의 성덕을 상징하는 서상설은 크게 활용되지 못하였던 것이다. 이로 보아, 고구려에서 서상은 왕권의 동향과 관계를 가지고 있었다.

제3장 백제의 서상과 왕권

Ⅰ. 머리말

瑞祥은 王者가 盛德을 행하면 나타나는 현상이다. 백제에서의 서상설은 군주의 도덕정치 구현과 밀접한 관계를 가지면서 수용되었다.[1] 그러므로 백제에서 나타난 서상을 파악한다는 것은 그 정치적 상황을 검토하는데 도움을 줄 것이다.

먼저 백제의 서상과 관련된 연구를 살펴보자. 이와 같은 서상은 『三國史記』에 기록되어 있다. 그러므로 그 연구도 『삼국사기』 서상기록을 분석하면서 이루어졌다. 백제의 瑞祥觀은 중국의 영향을 받았다. 백제는 중국의 전형적인 서상관을 수용하여 王者의 盛德을 과시했다는 것이다.[2]

지금까지 백제의 서상이 가진 의미를 정치적인 추이와 관련하여 검토한 연구는 없었다. 이와 관련한 검토를 통해 백제에서 왕권의 추이를 밝혀보려 한다.

또한 백제 정치사의 시기구분이 주목된다. 이 문제에 대해서는 몇

---

1) 李熙德, 1999, 『韓國古代自然觀과 王道政治』, 혜안, 199~227쪽.

2) 李熙德, 1999, 위의 책. 韓國 古代의 瑞祥에 관한 연구동향은 신정훈, 2005, 「高句麗의 瑞祥物이 지닌 性格」, 『中央史論』 21 ; 신정훈, 2008, 「新羅 下代의 瑞祥이 가진 정치적 의미」, 『동양학』 44 참고.

가지의 견해가 제시되고 있다. 이를 종합하면 수도의 이동을 중심으로
한 시기구분 방법과 지배세력의 변천을 중심으로 구분하는 방법, 그리고
『삼국사기』 기록의 내용을 계량사학적 입장에서 분석하여 시기구분을
해 보는 방법이 있다. 한편으로 소국·소국연맹단계와 중앙집권적 고대국
가단계로 양분하고, 후자를 다시 한성시대와 사비시대로 나누는 견해가
있다.3) 본 장에서는 서상을 통해, 백제의 정치를 시기 구분할 수 있는지를
살펴보려 한다.

한편 백제에서 서상이 왕권과 관련을 가진다면, 서상이 전혀 나타나지
않는 시기에 왕권은 허약할 수밖에 없을 것이다. 이런 체제로는 격심한
고대 삼국의 주도권 다툼에서 효율적으로 대비할 수 없을 것이다. 실제로
백제는 멸망할 무렵에 서상기록이 전혀 나타나지 않는다. 본 장에서는
백제 멸망의 원인을 서상기록의 분석을 통해서 규명해 볼 것이다.

Ⅱ. 백제의 서상과 정치적 의미

백제의 서상은 어떤 정치적 의미를 가졌을까.『삼국사기』백제본기에
나타난 서상들을 보자.

(1) 始祖 溫祚王(기원전 18~서기 28)

> 가) 온조왕 5년 10월에 북변을 巡撫하다가 神鹿을 사냥하여 잡았다(『三國
> 史記』卷23, 百濟本紀 1).

---

3) 노중국, 1988,『백제정치사연구』, 서울, 일조각, 302~309쪽. 백제정치사의 시기구
   분에 대한 연구동향은 노중국, 1988, 위의 책 ; 신형식, 1992,『백제사』, 이화여자
   대학교 출판부, 133~144쪽 참고.

온조왕 5년 10월의 신록 출현은 어떤 역사적 의미를 가질까. 온조가 이끈 집단은 철기문화를 바탕으로 북방민족의 활발한 기동력과 우세한 騎馬 기술을 바탕으로 남하하여 漢山 및 강북일대에서 토착세력을 지배하여 十濟를 세웠다. 이곳은 이미 마한의 백제국이 자리잡고 있었으나 온조 집단이 백제국의 주도권을 잡았으니, 십제가 곧 백제로 생각된다.[4] 백제 온조왕은 개국한 이후 처음 神鹿을 사냥했다.[5] 이것은 온조왕의 왕권을 대내외에 과시하는 수단이 되었을 것이다.

한편 온조왕 5년 10월에 신록을 사냥한 북변은 어디인지 확인할 수 없다. 그러나 뒤 시기의 왕들인 古爾王과 多婁王·比流王은 각각 西海 大島와 橫岳·狗原에서 전렵을 행하여 통치권을 확인했다.[6] 이로 보아 백제를 개국한 온조왕대의 신록 사냥은 북변지역에 대한 통치권을 확보하는 차원에서 이루어졌을 것이다.

　나) 온조왕 10년 9월에 왕이 사냥을 나가서 神鹿을 잡아 馬韓에 보냈다(『三國史記』 卷23, 百濟本紀 1).

나)의 사료는 온조왕이 사냥한 神鹿을 馬韓에 보냈다는 것이다. 그런데 온조왕 8년 2월에 靺鞨이 침입했으며, 동왕 8년 7월에 樂浪과 不和하게 되었다. 이어 동왕 10년에 신록을 마한에 보냈다. 이는 말갈·낙랑과의 관계 악화로 우호적인 대외관계의 구축이 필요했기 때문이다.[7] 주목되는

4) 신형식, 1992, 위의 책, 145쪽.
5) 중국에서는 神鹿이 어떻게 인식되었을까. 『후한서』卷116에 머리 두 개를 가지고 독을 먹는 신록이 있다. 이것이 황제의 성덕을 나타내는 서상으로 기록된 것은 아니다. 왜냐하면 雲南縣의 西部都尉라는 관리와 관련되어 나타나기 때문이다. 그리고 서상지가 있는 『송서』와 『남제서』에 신록이 없다. 한편 『天中記』卷54, 鹿條에는 神鹿이 夏禹의 때에 河水에서 놀았다고 기록되어 있다.
6) 최윤섭, 2006, 「4세기 말 백제의 왕위계승과 귀족세력」, 『靑藍史學』14, 21쪽.

점은 백제 역사상, 왕이 사냥한 신록을 외국에 보낸 것은 이 예가 유일하다. 왕권을 상징하는 신록을 마한에 보낸 것으로 보아, 백제는 이 무렵에 마한에 대해 열세의 입장에 있었다고 판단된다.

　다) 온조왕 20년 봄 2월에 왕이 大壇을 設하고 천지에 친히 제사지냈는데, 이상한 새(異鳥) 다섯 마리가 와서 날았다(『三國史記』卷23, 百濟本紀 1).

　온조왕 20년에 왕이 대단을 설하고 천지에 친히 제사지냈다는 의미는 무엇일까. 온조왕대는 미추홀을 아우른 단계 정도의 미미한 國邑 단계로 여겨진다. 이때는 祭天이 처음 성립되는 단계로서 백제의 왕은 國邑의 天君이라는 祭天行事의 主宰者로서 탄생되었다고 한다.[8] 그런데 백제에서는 異鳥의 출현을 다분히 상서로 기록하고 있다.[9] 이상한 새(異鳥) 다섯 마리가 대단에 날아왔다는 서상기사는 백제 전 기간에 걸쳐 유일하다. 왕이 大壇을 設하고 천지에 친히 제사지낼 때 나타난 이상한 새(異鳥) 다섯 마리는 제천행사의 주재자로서 왕의 신성함과 관련된 것으로 이해할 수 있다.[10]

　라) 온조왕 25년 2월에 왕궁의 우물물이 갑자기 넘쳤다. 漢城 인가의 말이 소를 낳았는데 머리는 하나이며 몸은 둘이었다. 日官이 말하기를, "井水가 갑자기 넘친 것은 대왕이 발흥할 징조요, 소가 一首二身인 것은

---

　7) 박승범, 2002, 『삼국의 국가제의연구』, 단국대학교 대학원 박사논문, 98쪽.
　8) 차용걸, 1994, 「百濟의 崇天思想」, 『백제의 종교와 사상』, 충청남도, 19~20쪽.
　9) 이희덕, 1999, 앞의 책, 85~86쪽.
10) 온조왕 20년 봄 2월에 大壇을 設하기 전에, 궁실의 축조가 이루어졌다. 온조왕 15년에 새 宮室을 지었는데 검소하되 누추하지 않았으며, 호화롭되 사치하지 않았다고 하였다(『三國史記』卷23, 百濟本紀 1).

대왕이 이웃나라를 병합할 징조"라고 하였다. 왕이 듣고 기뻐하여 드디어 辰馬를 병탄할 생각을 품게 되었다(『三國史記』卷23, 百濟本紀 1).

위의 기사는 王宮井水溢, 馬生牛 一首二身의 기사이다.『송서』卷33, 오행 4에 의하면, 우물물이 넘친다거나 머리 하나에 몸이 둘 달린 소와 같은 변이는 분명히 구징이다. 그러나 백제 건국 초에는 위와 같은 자연의 변이를 미래지향적인 방법으로 해석하여 오히려 서상적 의미로 돌리고 있음을 알 수 있다. 한편으로는 중국적 자연관에 미숙했던 점도 생각할 수 있다.[11] 그런데 실제로 이듬해인 온조왕 26년 10월에, 왕이 군사를 내어 마한을 쳐서 국읍을 아우르고 있다.[12] 그러므로 위의 王宮井水溢, 馬生牛 一首二身의 기사는 마한을 쳐서 국읍을 아우른 사실과 연관시켜 해석될 수 있다.

마) 온조왕 43년 8월에 왕이 牙山原에서 5일 동안 사냥을 하였다. 9월에 큰 기러기(鴻鴈) 100여 마리가 왕궁에 모였다. 日官이 말하기를 큰 기러기는 백성의 상징이니, 장차 멀리 있는 사람 중에 來投者가 있을 것이라고 하였다. 10월에 南沃沮의 仇頗解 등 20여家가 斧壤에 이르러 귀의하니 왕이 이를 받아들여 漢山 서쪽에 안치하였다(『三國史記』卷23, 百濟本紀 1).

먼저 온조왕이 아산원에서 5일 동안 사냥을 하였다는 전렵을 보자. 『삼국사기』백제본기에서 가장 많이 사냥을 나간 왕은 온조왕과 동성왕이다.[13] 백제는 전쟁 수행이라는 측면에서 전렵을 이용하였다. 그것은

11) 이희덕, 1999, 앞의 책, 224쪽.
12)『三國史記』23, 百濟本紀 1.
13) 최윤섭, 2006, 앞의 논문, 16쪽.

온조왕 26년 10월에 왕이 군대를 출동시키면서 겉으로는 전렵을 한다고 말하고는 몰래 마한을 습격하여 드디어 그 국읍을 병탄하였다[14]는 기사에 잘 나타난다.[15]

그런데 온조왕 43년 9월에 100여 마리의 큰 기러기(홍안)가 왕궁에 모였다. 이에 대한 日官의 점에 걸맞게 동왕 10월에 남옥저인의 내투가 있었다고 한 것으로 보아, 큰 기러기(홍안)를 서상적 예조로서 설명하고 있음을 알 수 있다.[16] 이러한 큰 기러기들이 모여든 장소는 왕궁이다. 이 점은 온조왕 43년에 이르러 강화된 왕권을 상징하고 있다고 보여진다.

(2) 多婁王(28~77)

다루왕 4년 9월에 왕이 橫岳 아래에서 사냥을 하였는데, 한 쌍의 사슴을 연달아 맞히니 여러 사람들이 탄복하여 크게 칭찬하였다(『三國史記』 卷23, 百濟本紀 1).

다루왕은 온조왕의 태자였다. 위의 기록과 관련하여, 다루왕 2년 봄 정월과 2월의 기록을 보자. 2년 정월에 始祖 東明廟에 拜謁하였으며, 2년 2월에 南壇에서 天地에 제사지냈다.[17] 다루왕이 시조 동명묘에 배알

---

14) 『三國史記』 卷23, 百濟本紀 1, 온조왕 26년
15) 이도학, 1995, 『백제고대국가 연구』, 일지사, 290쪽. 백제에서 전렵은 전투를 위한 군사훈련과 직접 결부지어 해석하는 것이 가능하다. 전렵을 통해 여기에 동원된 여러 집단 간에 일체감이 조성되고, 또 전렵을 주도하는 국왕을 중심으로 한 무력의 일원화가 서서히 진행되어 간 것으로 보인다(이도학, 1995, 위의 책, 290쪽).
16) 이희덕, 1999, 앞의 책, 224~225쪽. 동양문화에서, 기러기는 임금과 신하, 친구, 부부 간의 신의를 생명처럼 지키는 큰 인물을 상징한다고 한다(한국문화상징사전 편찬위원회, 1992, 『한국문화상징사전』, 동아출판사, 356쪽).

한 것은 정통왕위 계승자로서 부여계 지배집단 내에서 왕실의 권위를 확인하는 절차였다. 그리고 백제국의 군주로서 복속민에 대한 지배의 당위성을 南壇에서 천지에 제사지내는 행위를 통해 보장받았다고 한다.[18]

위의 사료에서 보듯이 다루왕 4년 9월에, 왕이 한 쌍의 사슴을 맞히자 여러 사람들이 탄복하여 크게 칭찬하였다.[19] 백제 기록을 보면, 왕이 주로 사슴을 사냥한 것이 기록되어 있다.[20] 이 점은 백제에서 사슴이 보통의 동물과는 다른 의미로 받아들여졌음을 말한다. 여기에서 고구려의 사슴에 대한 인식이 주목된다. 왜냐하면 백제는 그 기원이 고구려와 같이 扶餘에서 출발했기 때문이다.[21] 따라서 고구려에서의 사슴에 대한 관념을 통해, 백제에서의 사슴에 대한 의미를 파악할 수 있다. 고구려에서는 3월 3일에 국가적인 규모로 사냥을 했는데, 그 때 잡힌 멧돼지와 사슴으로 하늘에 제사를 지냈다. 이로 미루어, 사슴은 신에게 바치는 제물이었다.[22]

---

17) 『三國史記』 卷23, 百濟本紀 1.

18) 박승범, 2002, 앞의 논문, 104쪽.

19) 다루왕이 사냥을 한 장소를 보자. 왕이 사냥을 한 장소는 橫岳 아래였다. 김정호의 『大東地志』에 따르면, 한성부의 북쪽 15里 되는 지점에 三角山이 있고 이를 백제에서는 負兒岳 또는 橫岳·擧山으로 불렀다는 기사가 있다. "三角山距北十五里 百濟稱負兒岳又云橫岳 又云擧山"(김정호, 『대동지지』 권1, 漢城府 山水條). 위의 기사와 더불어 진사왕 7년 8월에 다시 횡악의 서쪽에서 전렵하였다는 기사가 있다. 횡악 일원은 왕실의 전렵지였던 것이다. 횡악은 왕실의 전렵지였지만, 여름에 크게 가물어 볏모가 타서 마르므로 왕이 몸소 횡악에서 제사지냈더니 이내 비가 왔다(『삼국사기』 권25, 백제본기 3, 아신왕 11)라고 하였듯이, 기우제를 지내던 祭儀處이기도 하였다(이도학, 1995, 앞의 책, 289~290쪽).

20) 다루왕 28년 봄과 여름에 가물었다. 죄수를 寬省하고 死罪를 赦하여 주었다(『삼국사기』 권23, 백제본기 1). 이것은 중국의 천인감응설의 영향을 받은 것으로 해석된다.

21) 『三國史記』 卷23, 百濟本紀 1.

백제 역시 고구려와 같이, 사슴을 상서롭게 여겼다. 다루왕은 한 쌍의 사슴을 사냥했고, 여러 사람들이 탄복하여 크게 칭찬했다는 것은 이를 잘 보여준다. 고대에 사슴은 우주동물로서 재생력을 갖춘 상서로운 동물로 숭앙받으며 永生力을 상징하였다.[23] 사람들이 탄복하여 크게 칭찬한 것도 사슴의 이러한 특성 때문이었을 것이다. 결국 다루왕이 사냥한 한 쌍의 사슴은 이 시기 왕권의 안정을 나타낸다고 해석된다.

(3) 己婁王(77~128)

가) 기루왕 21년 4월에 두 용이 漢江에 나타났다(『三國史記』 卷23, 百濟本紀 1).

위의 기사에서 용이 보이고 있다. 그런데 삼국은 개국에 즈음하여 용이라는 서상 출현을 기록하고 있다. 고구려의 경우 개국 3년 만에 鵲嶺에 黃龍이 나타났다. 뒤이어 그 해 7월에는 靑赤 빛의 慶雲 즉 상서로운 구름이 나타났으며 이를 왕조의 창업과 성군의 출현을 표징하는 서상으로 보았던 것이다. 백제의 경우는 시조 왕 때 異鳥나 鴻雁 등의 서상은 있으나 용은 보이지 않았다. 3대 기루왕 21년에 와서 두 용이 한강에 나타났다고 하였다.[24] 이와 관련하여, 6년 뒤인 기루왕 27년에 왕이 신록을 잡았다는 기사가 주목된다. 온조왕의 예에서 보듯이, 신록은 왕권을 상징한다. 시기적으로 보아, 기루왕 21년 4월에 한강에 나타난 두 용은 왕권과 관련을 갖는다고 생각된다.

---

22) 한국문화상징사전 편찬위원회, 1992, 앞의 책, 395쪽.
23) 한국문화상징사전 편찬위원회, 1992, 위의 책, 395쪽.
24) 이희덕, 1999, 앞의 책, 202~203쪽.

나) 己婁王 27년에 왕이 漢山에서 사냥하여 神鹿을 잡았다(『三國史記』
   卷23, 百濟本紀 1).

『삼국사기』백제본기에 있는 漢山을 분석하면, 그 위치는 삼각산(북한
산)이 소재한 한강 이북지역이라고 한다.[25] 기루왕은 漢山 일대에서
神鹿을 잡아 왕권을 과시하고, 사냥을 통해 군사훈련을 하였을 것이다.

(4) 肖古王(166~214)

48년 7월에 西部人 茴會가 흰 사슴을 잡아서 바쳤다. 왕이 상서롭다
하여 곡식 100석을 주었다(『三國史記』卷23, 百濟本紀 1).

『宋書』符瑞 中에는 흰 사슴(백록)은 王者의 明惠가 아래로 미치게
되면 이르게 된다고 하여, 治者의 명혜가 미치게 될 때 백록이 출현한다고
하였다. 백제에서는 肖古王이 흰 사슴(백록)을 瑞物이라 하여 헌상자에게
곡식 100석을 내리고 있어 서상으로 이해되었음이 확실하다.[26]

---

25) 이도학, 1995, 앞의 책, 263~266쪽. 기루왕 40년 4월에 황새(鸛)가 도성 문
   위에 집을 지었다(『三國史記』卷23, 百濟本紀 1)는 기록이 있다. 여기에서 황새는
   어떤 의미가 있을까? 황새는 중국의 『宋書』와 『南齊書』의 瑞祥志에 기록되어
   있지 않다. 그런데 신라에서 황새와 관련된 기록이 보인다. 訖解尼師今 41년(350)
   3월에 황새가 月城의 한 모퉁이에 집을 짓고 깃들었다. 4월에 큰 비가 10일
   동안이나 와서 평지의 물이 3, 4척이나 불었고 관청과 개인의 집들이 떠내려가고
   산이 13개소나 무너졌다. 흘해이사금 41년 3월의 황새기사에 이어 4월에 천재지
   변이 일어나고 있다. 이 기사에서는 황새가 서상적 의미로 나타나 있지 않다.
   이로 보아, 기루왕 40년 4월에 나타난 황새는 서상적 의미와 관련된 것이 아닌
   것으로 해석된다.
26) 이희덕, 1999, 앞의 책, 209쪽.

(5) 古爾王(234~286)

> 가) 고이왕 3년 10월에 왕이 서해의 大島에서 사냥을 하였는데, 손수 40마리의 사슴을 쏘았다(『三國史記』卷24, 百濟本紀 2).

고이왕대(234~286)에 와서 백제는 연맹체에 참여한 세력들의 독자적인 활동을 억제하고 약화시키기 시작하였다.[27] 가)에서 고이왕이 사냥한 사슴 40마리는 백제 역사상 최다의 숫자이다. 이 기록은 고이왕대에 강화된 왕권을 상징적으로 보여준다.

> 나) 고이왕 5년 정월에 천지에 제사지내는데 북과 피리를 사용하였다. 2월에는 釜山에서 사냥하고 50일 만에 돌아왔다. 4월에 왕궁 門柱에 낙뢰가 있더니 黃龍이 그 문에서 날아 나왔다(『三國史記』卷24, 百濟本紀 2).

고이왕 5년의 祭天행사에서 북과 피리를 사용한 것은 제례의 정비를 통한 집권력의 강화라고 할 수 있다.[28] 한편 고이왕 5년 4월에 왕궁 문주에 낙뢰가 있더니 황룡이 그 문에서 날아 나왔다는 것은 상징적인 의미가 있다고 생각된다. 백제의 경우를 살펴보면 왕궁의 문에서 황룡이

---

27) 盧重國, 1996, 「百濟의 政治」, 『百濟의 歷史와 文化』, 학연문화사, 98~99쪽. 고이왕 3년 10월에 왕이 서해의 大島에서 몸소 40마리의 사슴을 쏘았다는 기사는 앞 시기 왕인 蓋婁王·仇首王과 대비된다. 개루왕은 4년 4월에, 왕이 漢山에서 사냥하였으나, 사슴을 쏘았다는 기사는 없다. 그리고 구수왕은 16년 10월에 왕이 寒泉(龍仁?)에서 사냥을 하였다고 하였으나, 사슴을 사냥했다는 기록은 없다. 더욱이 蓋婁王은 재위한 기간이 39년인데 일체의 서상이 없다. 仇首王 역시 재위한 기간인 21년 동안에 서상이 없다. 이로 본다면, 고이왕대에는 서상으로 보아 분명히 변화가 나타났다. 그리고 이러한 변화는 서상으로 대변되는 왕권의 강화라고 파악된다.

28) 노중국, 1996, 위의 논문, 98~99쪽.

날아갔다든가 흑룡이 한강이나 웅진 등의 강에 나타나고 있다. 이 점은
신라에서 용이 주로 우물에서 나타나고 있는 점과 대비를 이룬다.29)
고이왕 5년 4월에 나타난 黃龍은 이전인 고이왕 3년 10월의 사슴 사냥기사
와 이후인 7년 7월의 기러기 기사와 연결시켜 해석할 수 있다. 앞에서
보았듯이, 사슴과 기러기는 모두 서상으로 파악된다. 시기적으로 보아,
고이왕 5년 4월의 황룡은 서상이 분명하다. 그리고 황룡이 왕이 거주하는
왕궁의 문에서 날아 나왔다고 하였다. 이 점은 황룡이라는 서상이 왕과
관련되어 있음을 상징한다.

> 다) 고이왕 7년 4월에 眞忠을 左將으로 삼아 內外의 兵馬事를 맡겼다.
> 7월에 石川에서 군사를 大閱할 때 한 쌍의 기러기(雙鴈)가 川上에서
> 날아오르므로 왕이 쏘아 모두 맞혔다(『三國史記』卷24, 百濟本紀 2).

앞에서 온조왕 43년 9월에 나타난 큰 기러기들(홍안)은 서상으로 파악
되었다. 그러므로 고이왕 7년 7월에 나타난 한 쌍의 기러기도 서상으로
파악된다. 여기에서 주목되는 것은 군사를 대열할 때 한 쌍의 기러기가
나타났다는 것이다. 고이왕 7년(240)에는 左將을 설치하고, 眞忠을 좌장으
로 임명하여 내외병마사를 관장하도록 하였다. 이를 통해 종래 우보가
관장하였던 군사권을 왕권 하에 일원화시킬 수가 있었다.30) 이로 본다면,
고이왕이 7년 7월에 石川에서 군사를 大閱할 때 왕이 한 쌍의 기러기(雙鴈)
를 쏘아 맞혔다는 것은 무엇을 의미할까? 그것은 군사권을 왕이 장악했음
을 보여주는 상징이라고 생각된다.

29) 이희덕, 1999, 앞의 책, 204쪽.
30) 노중국, 1996, 앞의 논문, 99쪽.

라) (고이왕) 26년 9월에 궁성 동쪽에 靑紫色의 구름이 일어났는데 마치
누각과 같았다(『三國史記』 卷24, 百濟本紀 2).

『宋書』 符瑞 下는 구름에 5색이 나타나면 태평성대를 드러내는 표징으
로 慶雲이라 하였다. 위의 고이왕 26년 9월의 靑紫雲은 경운과 같은
서상으로 파악된다.[31] 그런데 고이왕 26년 9월에 궁성 동쪽에 나타난
청자색의 구름은 이 무렵 정치제도의 정비와 관련되었을 가능성이 있다.
다음해인 고이왕 27년 정월에 內臣佐平을 두어 宣納에 관한 일을 맡고,
內頭佐平은 庫藏(재정)에 관한 일을 맡고, 內法佐平은 禮儀에 관한 일을
맡고, 衛士佐平은 宿衛兵에 관한 일을 맡고, 朝廷佐平은 刑獄에 관한 일을
맡고, 兵官佐平은 外方의 兵馬에 관한 일을 맡게 하였다. 또 達率·恩率·德率·
扞率·奈率 및 將德·施德·固德·季德·對德·文督·武督·佐軍·振武·克虞를 두었
다고 하였다.[32] 고이왕 26년 9월에 보인 청자색의 구름은 이와 같은
고대국가의 체제 정비와 연관된 서상으로 보인다.[33]

---

31) 이희덕, 1999, 앞의 책, 212~213쪽.
32) 『三國史記』 卷24, 百濟本紀 2.
33) 고이왕대는 주요한 정치적 변화가 있었다. 고이왕은 지배체제의 정비를 통해
중앙집권력의 강화를 도모하였다. 이를 위해 고이왕은 이제까지 독자적인 세력
을 유지하던 각 지역의 수장들을 중앙의 귀족으로 轉化시키고, 이들을 왕도
내의 일정 지역에 거주하도록 했다. 왕도 내의 지배자집단의 거주지가 바로
5部이다(노중국, 앞의 논문, 1996, 100~101쪽). 이러한 5부체제의 성립은 각
부의 지배세력이 중앙귀족화되어 고대국가로 도약하게 되는 전기가 되었다
(신형식, 1992, 앞의 책, 148~149쪽). 『삼국사기』에는 고이왕이 27년(270)에
6좌평 16관등이라는 정연한 관등제를 만든 것으로 기록되어 있으나 이는 사비도
읍기의 사실이 고이왕 26년 조에 붙여진 것이다. 이 시기의 관등은 좌평과
솔·덕과 좌군·진무·극려의 하위관등이었던 것 같다. 관등 체계 내에 편제된
귀족들 중 솔·덕의 관등을 받은 자들은 귀족회의체를 구성하여 중요한 국사를
논의 결정하였는데 좌평이 의장의 기능을 하였다(노중국, 1996, 앞의 논문,
101~102쪽).

(6) 比流王(304~344)

가) 비류왕 13년 4월에는 王都의 우물물이 넘치더니 黑龍이 그 속에서
나타났다(『三國史記』卷24, 百濟本紀 2).

비류왕은 즉위한 후 9년(312)에 자신이 즉위하는 데 공로를 세운 해구를
병관좌평으로 임명하여 지지기반으로 삼고, 17년(320)에는 궁중에 활
쏘는 대(射臺)를 만들어 매월 초하루와 보름에 활쏘기 연습을 하는 등
군사훈련도 강화하였다. 비류왕은 18년(321)에, 서제인 우복을 내신좌평
으로 삼는 등 지배세력을 재편성하여 자신의 정치적 기반을 확대하여
나갔다.[34]

이와 관련하여 比流王 10년 봄 正月의 기사가 주목된다. 南郊에서
天地에 제사지내고 왕이 친히 희생을 베었다는 것이다.[35] 비류왕은 仇首
王의 둘째 아들이며 오랫동안 民間에 있다가 이른바 臣民의 추대에 의해
왕위에 올랐다. 그에 앞선 汾西王은 樂浪에서 보낸 자객에게 살해되었으
며, 이보다 앞선 責稽王도 전쟁터에서 적병에게 살해되었다. 어수선한
국가를 이끄는 왕이 祭天行事에서 몸소 희생을 베었다는 것은 백제왕이
한강 유역의 覇者가 되려는 雄志에 걸맞는 행사 주관자—主祭天神者임을
드러낸 기록이다.[36]

이로 보아 비류왕 13년 4월에 나타난 흑룡은[37] 위의 정치적인 사실과

---

34) 노중국, 1996, 위의 논문, 103쪽.
35) 『三國史記』卷24, 百濟本紀 2.
36) 차용걸, 1994, 앞의 논문, 12~14쪽.
37) 중국에서 용의 출현은 길, 흉 양면으로 해석된다. 그런데 黑龍은 水德의 상서라고
한다. 중국사에서 秦은 水德의 시대이며, 한국사에서 고려는 水德의 왕조라고
한다(이희덕, 1999, 앞의 책, 94쪽, 348쪽, 356쪽).

관련된 서상으로, 왕권의 강화와 연관되었을 가능성이 있다. 왕권과
연관되었을 가능성은 다음 비류왕 22년 11월의 사료를 보면 추측할
수 있다.

  나) 비류왕 22년 11월에 왕이 狗原 북쪽에서 사냥을 하여 손수 사슴을
    쏘았다(『三國史記』 卷24, 百濟本紀 2).

비류왕 22년 11월에 왕이 狗原 북쪽에서 사냥을 하여 손수 사슴을
쏘았다. 이때의 사슴은 온조왕, 다루왕의 예로 보아 서상이 분명하다.
  그런데 비류왕 때는 중국의 통일왕조인 晉이 匈奴·鮮卑 등 騎馬遊牧民族
의 침략을 받아 揚子江 이남으로 남천했다(316~317). 이에 상응하여
樂浪·帶方의 두 郡이 고구려의 공격을 받아 멸망했다(313~314). 이와
같이 동아시아 전역에 걸쳐 변혁이 있던 시기였다. 비류왕대(304~344)에
백제는 동아시아의 복잡한 국제정세 속에서 새로운 존재로 각광을 받기
시작했던 것으로 짐작된다.
  이 같은 사실은 선비족이 세운 前燕의 記室參軍이었던 封裕의 상소로
알 수 있다. 345년(백제 契王 2)에, 봉유는 국왕인 慕容皝에게 戶數 10만에
달하는 고구려·백제·宇文部·段部의 徙民을 國都로부터 西境의 여러 城으
로 옮겨 감독할 것을 건의하고 있다.[38] 이로 보아 당시 백제의 존재는
북중국의 강자였던 전연의 주요 공격대상 국가들이었던 고구려·우문부·
단부와 병칭될 정도로까지 성장했음을 짐작할 수 있다.[39] 비류왕 22년
11월에 왕이 사냥을 하여 사슴을 쏜 기사는 이 무렵의 변화된 국제
정세 속에서 왕권을 과시하려는 의도로 해석된다.

---

38) 『晉書』 卷109, 慕容皝載記.
39) 李基東, 1996, 『百濟史研究』, 一潮閣, 203~204쪽.

한편 비류왕대의 사슴사냥은 또 다른 의미가 있다. 그것은 왕통의 변화와 연관된다고 해석된다. 고대사회는 왕통으로 계승된 시기였다. 따라서 왕의 계보는 중요한 의미를 지닌다. 백제의 왕통은 『삼국사기』에 따르면, 溫祚直系(1온조왕~7사반왕), 古爾系(8고이왕~12계왕), 比流系(11비류왕~23삼근왕), 東城直系(24동성왕~27위덕왕), 惠王系(28혜왕~31의자왕) 등으로 구분된다.[40] 그런데 고이계의 왕들은 8대 고이왕, 9대 책계왕, 10대 분서왕, 12대 계왕이다. 이 중에서 사슴을 사냥한 왕은 고이왕이 유일하다. 그러므로 비류왕이 사슴을 사냥한 것은 고이계에서 비류계로의 왕통변화와 맥락을 같이한다고 해석된다.[41]

---

[40] 신형식, 1992, 앞의 책, 140쪽.

[41] 비류왕의 아들인 近肖古王代에 백제는 왕족이 지방의 담로에 파견되어 실질적인 통치력이 크게 신장되었다(차용걸, 1994, 앞의 논문, 20쪽). 그럼에도 『三國史記』 백제본기에는 근초고왕대에 왕권을 상징하는 서상이 보이지 않는다.

이와 관련하여 『三國史記』 백제본기에 기록된 근초고왕 2년 춘 정월에 왕이 천지신명에게 제사를 지냈다는 기사가 주목된다. 백제에서 祭天을 지낸 왕을 『三國史記』의 백제본기에서 보면 다음과 같다. 溫祚王·多婁王·古爾王·比流王·近肖古王·腆支王·東城王이 그 예이다. 그리고 『三國史記』의 祭祀志에서는 古記를 인용하여, 天地에 제사지낸 왕들을 기록하였다. 여기에 따르면, 위의 왕들 외에 阿莘王과 牟大王이 기록되어 있다. 모대왕은 동성왕의 이름이므로(『삼국사기』 권26, 백제본기 4, 동성왕), 『삼국사기』 제사지에서는 아신왕이 더 기재되어 있는 것이 된다.

그렇다면 백제의 역대 31명의 왕들 가운데 8명의 왕이 천지에 제사지낸 것이 된다. 이 가운데 서상기록이 보이지 않는 왕은 근초고왕과 아신왕·전지왕이다. 이로 보아, 8명의 천지에 제사지낸 왕들 가운데 5명이 서상기록이 보인다고 해석된다. 천지에 제사지낸 왕들 가운데 반수가 넘는 왕들이 서상기록이 보이는 것이다. 그렇다면 서상이 보이지 않는 근초고왕과 아신왕, 전지왕도 실제로는 서상이 있었을 가능성이 있는 것은 아닐까?

특히 근초고왕대는 주목된다. 근초고왕은 체제정비를 통해, 왕권강화를 보다 굳건히 하였다. 그는 왕위계승을 형제상속에서 부자상속으로 바꾸어 왕권의 안정을 도모하고, 유교정치이념을 받아들여 강화된 왕권을 사상적으로 뒷받침 해주는 이념으로 활용하였다(노중국, 1994, 「삼국의 통치체제」, 『한국사』 3, 한길사, 136~137쪽). 이로 보아, 근초고왕대에 서상기록이 있었을 개연성이

(7) 辰斯王(385~392)

진사왕 7년 7월에는 나라 서쪽의 大島에서 사냥하였는데 왕이 친히 사슴을 쏘았다. 8월에 또 橫岳의 서쪽에서 사냥을 하였다(『三國史記』 卷25, 百濟本紀 3).

위의 사료는 진사왕이 사냥을 해, 사슴을 쏘았다는 기사이다. 이때 진사왕의 사슴 사냥은 왕위계승에서 라이벌의 위치에 있었던 아신 측에 대한 왕권과시로 이루어졌다고 파악된다.[42]

(8) 毗有王(427~455)

비유왕 8년 봄 2월에 사신을 신라에 보내어 良馬 2필을 주었다. 9월에 또 白鷹(흰 매)을 보냈다. 10월에 신라가 良金(新羅紀에는 황금이라 함)과 明珠로써 보빙하였다(『三國史記』 25, 百濟本紀 3).

백제 비유왕이 신라 왕실에 보낸 것이라면 백응은 진기한 선물이었을 것이다. 따라서 백응은 서상으로 파악되었을 것이다.[43] 그런데 백응은 고구려에서 태조왕대에 이미 진기한 동물로 인식되었다.[44] 백제의 先代는 고구려에서 나와[45] 언어와 복장은 고구려와 거의 같다고 하였다.[46]

크다고 보여진다. 이렇게 본다면 근초고왕대 서상기록의 부재는 무엇 때문이었을까? 그것은 백제 시대에 편찬된 사료의 근초고왕대에 서상기사가 있었으나, 뒤 시기인 『구삼국사』나 『삼국사기』의 편찬과정에서 누락되었기 때문으로 생각된다.

42) 진사왕의 사슴 사냥과 관련한 정치적 배경은 신정훈, 2011, 「百濟 枕流王·辰斯王代의 정국과 高句麗의 동향」, 『백산학보』 90을 참고할 것.

43) 이희덕, 1999, 앞의 책, 225쪽.

44) 신정훈, 2005, 「고구려의 서상물이 지닌 성격」, 『중앙사론』 21, 73~74쪽.

이로 보아 백웅에 대한 백제의 인식도 고구려와 동일하였으리라 판단된다.

　주목되는 것은 백제가 비유왕 8년 2월과 9월에 良馬와 白鷹을 보내자, 10월에 신라가 良金과 明珠[47)로써 보빙한 것이다. 이것이 고구려를 의식한 나제동맹의 시발점이었다. 백제와 신라의 동맹이 진기한 선물을 주고받는 것으로 체결되고 있다.[48)

---

45) 『隋書』 東夷列傳 百濟.
46) 『南史』 東夷列傳 百濟.
47) 구슬 장식은 고대 동아시아의 무덤에서 부장품으로 흔히 발견된다. 이는 구슬이 한·중·일에서 공통적으로 辟邪와 呪物을 상징했다는 것이다. 백제 무령왕릉에서는 유리구슬이 대량 출토되었고, 신라 미추왕릉 지구에서는 여러 가지 모양의 구슬이 목걸이로 출토되었다. 모두 불사영생을 비는 부장품이라고 한다(한국문화상징사전 편찬위원회, 1992, 앞의 책, 74~76쪽).
48) 비유왕 29년 3월에 왕이 漢山에서 사냥을 하였다. 9월에 黑龍이 漢江에 나타났는데 잠깐 동안 雲霧가 끼어 캄캄하더니 날아가 버렸다. 왕이 돌아갔다(『三國史記』 卷25, 百濟本紀 3). 이 사료에서 나타난 흑룡은 어떤 성격을 띠고 있을까. 용이 나타나는 현상은 서상과 구징 양면으로 해석되고 있다(이희덕, 1999, 앞의 책, 129쪽). 그런데 天候의 다스림이 절대적으로 요청되는 농경문화권에서 군왕과 용은 자연스럽게 결합되었다. 양자 간의 동질감이 더욱 확대됨에 따라, 군왕과 관련되는 사물이나 비범한 인물에까지 용은 상징적으로 작용하였다. 毗有王 29년 9월의 기록은 용이 왕과 결부된 예다. 여기서 흑룡이 왕의 죽음의 전조가 되는 것은, 검은 색이 북방 및 암흑 등과 아울러 喪服를 나타내는 상징성 때문일 것이다(한국문화상징사전 편찬위원회, 1992, 앞의 책, 486쪽). 이 기사에 나타난 흑룡은 서상이 아니라 용과 관련된 구징으로 해석된다(이도학, 2003, 『살아있는 백제사』, 169~170쪽).
　한편 文周王代에도 흑룡이 보인다. 다음의 사료를 보자. 문주왕 3년 4월에 王弟 昆支를 拜하여 內臣佐平으로 삼고, 長子 三斤을 封하여 태자로 삼았다. 3년 5월에 흑룡이 웅진에 나타났다(『삼국사기』 권26, 백제본기 4). 문주왕 3년 5월에 나타난 흑룡은 앞의 毗有王의 예로 보아, 구징일 가능성이 있다. 흑룡이 출현한 다음 해인 문주왕 4년 9월에, 兵官佐平 解仇가 몰래 도둑을 시켜 사냥을 나간 문주왕을 해하게 하여 돌아갔던 것이다(『삼국사기』 卷26, 백제본기 4). 그런데 백제는 한강을 상실한 후 웅진으로 천도하였다(『삼국사기』 卷26, 백제본기 4). 그 이후 문주왕대에 왕권의 실추로 정정불안이 있었다(梁起錫, 1995, 「웅진천도와 중흥」,

(9) 東城王(479~501)

가) 동성왕 5년 4월에 熊津 북쪽에서 사냥을 하여 神鹿을 잡았다(『三國史記』 26, 百濟本紀 4).

위의 사료에 나타난 神鹿은 온조왕 5년 10월의 신록으로 보아, 왕권과 관련된 서상으로 판단된다. 백제는 蓋鹵王代에 한강 유역에 있던 수도인 한성을 상실하였다.[49] 이후인 文周王·三斤王代에 서상이 없다. 그런데 東城王 5년 4월에 神鹿을 잡았다. 이로 보아, 백제의 한강 상실로 인한 정치적 혼란과 왕권의 쇠약이 동성왕 5년에 어느 정도 회복되었다고 판단된다.

나) 동성왕 11년 가을에 크게 풍년이 들었다. 나라 남쪽의 海村人이 이삭이 합쳐 있는 벼를 바쳤다. 10월에 왕이 壇을 베풀고 천지에 제사지냈다. 11월에 南堂에서 군신에게 연회를 베풀었다(『三國史記』 卷26, 百濟本紀 4).

위의 이삭이 합쳐 있는 벼란 한줄기에서 두 개의 이삭이 뻗어난 벼를 말한다. 이러한 벼를 嘉禾라고 한다. 가화란 왕자의 덕이 성할 때 생겨나는 현상을 말한다. 周德三苗, 夏德異本同秀라 하여 이미 戰國時代 이전의 고대부터 가화를 서상의 상징으로 여기는 전통이 있었던 듯싶다. 위의 사료에서 가화는 왕에게 헌상되고 있다. 그러므로 백제에서 가화는

『한국사』 6, 국사편찬위원회, 58~60쪽). 이런 정치적 정세로 보아, 문주왕 3년 5월에 출현한 흑룡은 이듬해인 문주왕 4년 9월에 왕이 돌아간 것과 연관되었을 가능성이 있다(이도학, 2003, 앞의 책, 169~170쪽).

49) 『삼국사기』 卷25, 백제본기 3, 개로왕 21년 9월.

서상으로 인식되었다.[50] 주목되는 점은 가화현상이 백제에서 동성왕대
에만 발견된다는 점이다.

그런데 동성왕 11년 무렵의 정치적 정세는 어떠하였을까. 동성왕은
6년(484) 이후부터 신진세력들을 적극 등용하여 자신의 세력기반을 확대
하였다. 부여지방에 기반을 둔 사씨세력, 웅진지역에 기반을 둔 백씨세력,
연기지방에 기반을 둔 연씨세력 등은 그의 이러한 정책에 의해 등용되었
던 것이다. 신진세력의 등용으로 지배층의 폭을 넓힌 동성왕은 신진귀족
들과 한성에서 남하해 온 구 귀족들과의 세력균형 위에서 정치적 안정을
도모하였다. 동성왕은 이에 따라 웅진 천도 후의 정치적 불안을 일정하게
해소시키고, 왕실의 권위를 어느 정도 확립할 수 있게 되었다.[51] 따라서
동성왕 11년 가을에 나타난 가화기사는 이 무렵의 정치적 안정을 보여준
다고 생각된다.

이와 관련하여 동성왕 11년 10월에 왕이 壇을 베풀고 천지에 제사지냈
다는 점이 주목된다. 백제는 앞서 溫祚王·多婁王·古爾王·比流王·近肖古王·
阿莘王·腆支王代에 왕이 천지에 제사지냈다. 그런데 주목되는 점은 백제
가 한강 유역을 상실한 후 처음으로 동성왕 11년 10월에 왕이 천지에
제사를 지냈다는 것이다. 이 점은 동성왕 11년 가을의 가회기사와 아울러
생각해 보면 의미가 드러난다. 그것은 이 무렵에 왕권이 어느 정도
회복되었음을 나타낸다고 보여진다.

> 다) 동성왕 14년 3월에 눈이 왔다. 4월에는 큰 바람이 불어 나무를 뽑았다.
> 10월에 왕이 牛鳴谷에서 사냥하며 친히 사슴을 쏘았다(『三國史記』
> 卷26, 百濟本紀 4).

50) 이희덕, 1999, 앞의 책, 211~212쪽.
51) 노중국, 1996, 앞의 논문, 120~122쪽.

동성왕 5년 4월에 왕이 사냥을 하여 神鹿을 잡은 데 이어, 동성왕 14년 10월에 다시 왕이 사슴을 잡았다. 이때의 사슴은 다루왕·고이왕대의 기사로 보아 서상이 분명하다. 주목되는 점은 동성왕대의 서상기사는 이것이 마지막이라는 점이다. 또한 백제사에 있어서 서상기사도 이때가 마지막이다.

서상은 왕권을 상징한다. 서상으로 보아 동성왕 14년 10월을 기점으로 백제의 왕권은 쇠퇴해져갔다고 판단된다. 그런데 왕권이란 곧 중앙집권력을 의미한다. 왕의 권력이 강화되면 중앙집권력이 강화되고, 약화되면 중앙집권력이 약화되기 때문이다. 결국 왕권의 쇠퇴는 왕권에 대칭하는 귀족권의 강화를 의미한다고 해석된다.

서상기사로 보아, 동성왕 14년 10월은 백제사에서 중요한 역사적 의미를 갖는 시기였다. 개로왕대의 한강 유역 상실 이후 문주왕·삼근왕대의 약화된 왕권이 동성왕이 즉위한 이후 회복되는 듯하였다. 이는 서상기록의 존재로 알 수 있다. 그러나 동성왕 14년 10월 이후 나타난 서상기록의 부재는 이 시기 이후의 왕권 약화를 잘 보여준다고 하겠다.

그런데 동성왕 23년(501) 11월 苩加가 자객을 보내 사비지역에서 사냥 중이던 왕을 찌르게 하였다. 동성왕은 12월에 죽어 무령왕이 즉위하였다. 이듬해 정월 백가는 加林城에 웅거하여 반란을 일으켰으나, 무령왕이 군대를 거느리고 牛頭城에 이르러 扞率 解明을 시켜 이를 토평하게 하였다.[52] 이 반란은 왕권과 신·구세력간의 역관계를 단적으로 보여주는 사례이다. 난을 일으킨 백가는 웅진에 세력기반을 둔 유력한 신진세력이었고, 반면 이를 평정한 해명은 남천해 온 구 귀족세력이었다. 동성왕은 구 귀족세력을 견제하기 위해 대거 기용한 금강유역의 신진세력에 의해

---

52) 『三國史記』 卷26, 百濟本紀 4.

오히려 견제당하다가 시해되었다.[53]

　그러므로 동성왕대에 보이는 서상으로 대변되는 왕권강화의 시도는 결국 실패하고 말았다고 보여진다. 서상으로 보아 동성왕 14년 10월 이후부터 23년 11월까지 정국은 왕권과 신·구세력간의 갈등이 있었다고 판단된다.[54]

Ⅲ. 백제의 서상에 대한 해석

　지금까지『三國史記』에 나타난 백제의 서상 기록을 분석하였다. 이로 볼 때, 백제의 서상은 왕권과 관련하여 나타나고 있다. 왕권이 확립되고 정치적 안정이 이루어졌을 때 서상이 나타나고 있는 것이다. 이 점은 백제를 건국한 溫祚王과 고대국가로 도약한 古爾王, 어느 정도 왕권을 회복한 東城王代에 서상기록이 다수 보이는 점에서 알 수 있다. 이와 관련하여, 백제의 서상을 통해 시기를 구분할 수 있다.

---

53) 양기석, 1995, 앞의 논문, 73~74쪽.
54) 동성왕대와 관련하여 사비 천도가 주목된다. 사비 천도는 동성왕 때부터 시도되었다고 한다. 동성왕은 여러 차례 사비로 사냥을 나갔다. 동성왕 23년 10월 사비의 동원에서 사냥하였다. 이어 한 달 후인 11월에 웅천 북원에서 사냥을 하였고, 또 사비 서원에서 사냥을 하였다(『三國史記』卷26, 백제본기). 동성왕이 여러 차례 전렵지로서 사비를 택했던 것은 그의 사비 천도 의지를 반영하고 있었다고 보아야 할 것이다(노중국, 1978,「백제왕실의 南遷과 지배세력의 변천」,『한국사론』4, 서울대 국사학과, 93~94쪽 ; 金周成, 1995,「사비천도와 지배세력의 재편」, 『한국사』6, 국사편찬위원회, 81쪽).
　　주목되는 것은 동성왕이 사비에서 전렵할 때에 사슴을 사냥한 기록이 없다는 점이다. 동성왕은 앞 시기인 5년 4월에 웅진 북쪽에서 사냥을 하여 신록(사슴)을 잡았다. 이어 14년 10월에 왕은 牛鳴谷에서 사냥하며 친히 사슴을 쏘았다. 그런데 23년 10월 사비의 동원에서 사냥하고, 11월에 웅천 북원과 사비 서원에서 사냥을 할 때에는 사슴을 사냥한 기록이 없다. 사비에서 왕이 두 번 사냥을 할 때에 사슴을 사냥한 기록이 보이지 않는 것이다. 이 점은 동성왕 23년에, 사비 천도와 관련하여 상당한 물의가 있었음을 보여주는 것으로 해석된다.

溫祚王(기원전 18~서기 28)(5회)과 古爾王(234~286)代(4회)·東城王(479 ~501)代(3회)에 백제에서 서상기록의 대부분이 집중되어 있다. 먼저 온조왕을 보자. 온조왕대에는 5회의 서상이 나타나 있다. 백제사에서 가장 많은 서상기록이 보이고 있는 것이다.

온조왕대에 백제의 역대 왕들 중 가장 많은 서상기록이 보인다는 점은 무엇을 말하는 것일까.[55] 이 점은 온조왕대에 서상으로 대변되는 왕권이 태동하고 있음을 나타낸다. 온조왕대 이후 多婁王·己婁王·蓋婁王· 肖古王·仇首王·沙伴王代에는 0회~2회 정도의 서상이 보일 뿐이다.

그러나 고이왕대에 다시 4회의 서상이 나타난다. 주목되는 점은 고이왕 대 서상기록이 가진 특징이다. 고이왕이 서해의 大島에서 사냥을 하였는 데, 손수 40마리의 사슴을 쏘았다고 한다. 백제 역사상 이렇게 많은 사슴을 사냥한 것은 고이왕이 유일하다. 앞에서 보았듯이, 왕이 사냥한 사슴은 왕권과 관련된다. 그러므로 이 점은 고이왕대에 왕권이 강력해졌 음을 나타내는 것이다.

또한 한 쌍의 기러기(雙鴈)가 川上에서 날아오르므로 고이왕이 쏘아 모두 맞혔다고 한다. 그런데 온조왕 43년에 나타난 큰 기러기(홍안)는 서상으로 파악되었다. 온조왕대에 100여 마리의 큰 기러기(홍안)가 보인 후, 다시 고이왕대에 한 쌍의 기러기(쌍안)가 나타났던 것이다. 기러기가 나타난 왕은 백제사에서 온조왕과 고이왕의 두 왕뿐이다. 이로 보아, 고이왕대에 기러기(쌍안)의 등장은 고이왕이 온조왕과 더불어 백제에서

---

55) 서상기록이 많이 나타나는 온조왕대에, 제천행사가 2회에 걸쳐 기록되어 있다. 『삼국사기』 백제본기에 기록된 제천행사가 10회이므로 1/5이 온조왕대의 것이 다. 온조왕은 3회가 기록된 고이왕 다음으로 제천행사를 베풀었다. 온조왕대는 十濟라고 불리는 시기로 미추홀을 아우른 단계정도의 미미한 國邑단계로 여겨진 다. 이때는 祭天이 처음 성립되는 단계로서, 백제의 왕은 國邑의 天君이라는 祭天行事의 주재자로서 탄생되었다(차용걸, 1994, 앞의 논문, 19~20쪽).

매우 중요한 역할을 한 왕이었음을 나타내 준다.

더욱이 고이왕 26년 9월에 궁성 동쪽에 靑紫色의 구름이 일어났는데 마치 누각과 같았다고 한다. 이것은 경운이다. 백제사에 있어 경운은 이 사료가 유일하다. 이러한 서상이 가진 특성은 고이왕대에 중요한 정치적 변화가 있었음을 보여준다.

고이왕대의 서상 기록으로 보아, 이 시기에 백제에서 커다란 변화가 있었음을 알 수 있다. 이와 같이 고이왕을 새로운 사회의 첫 走者로 등장시킨 것은 『삼국사기』 본기기록의 변화에서 볼 수 있다. 고이왕 본기에는 전왕(仇首王)과 달리 정치기사가 천재지변보다 배 이상으로 나타나고 있다.[56] 그리고 『삼국사기』에서 일련의 제도와 문물에 관한 정비의 내용들을 고이왕 27~29년의 사건으로 일괄 기재하고 있다. 이 점은 이 시기가 앞선 시기와 구분되는 하나의 획기라고 인식하였기 때문이다.[57]

그런데 고이왕(234~286)대 이후 比流王(304~344)·辰斯王(385~392)대에 다시 서상기록이 간헐적으로 보인다. 그러다가 毗有王(427~455)대를 마지막으로 한성시대에는 더 이상 서상기록이 보이지 않는다.

백제는 비유왕을 이은 蓋鹵王(455~475)代에 고구려의 남하로 수도인 한성을 잃었다. 그 후 웅진과 사비를 도읍으로 한 시대가 전개되었다. 이 시대에는 동성왕대만 예외적으로 서상기록들이 보인다. 그러나 서상으로 대변되는 왕권강화는 동성왕의 시해로 실패했다고 보여진다. 동성왕 이후 웅진과 사비시기의 역대 백제왕들은 서상기록이 없다.

그러므로 백제의 역사는 개로왕대에 결정적인 왕권 쇠퇴의 전기가 나타났다고 보인다. 여기에서 개로왕대의 왕권을 주목할 수 있다. 개로왕

---

56) 신형식, 1981, 『삼국사기연구』, 일조각, 150~151쪽.
57) 권오영, 1995, 「백제의 성립과 발전」, 『한국사』 6, 국사편찬위원회, 33쪽.

은 고구려 승려 道琳의 제안으로 나라 사람들을 모두 징발해 흙을 쪄서
성을 쌓고 그 안에 궁궐과 누각과 크고 높은 전망대와 건물을 지었는데,
모두 웅장하고 화려하였다. 또 욱리하에서 큰 돌을 가져다 덧널을 만들어
아버지의 뼈를 묻고, 강을 따라 둑을 쌓았다. 동시다발적으로 이루어진
공사에 창고가 텅 비고 백성들이 곤궁해졌다.[58] 이런 공사의 추진은
강력한 왕권을 전제로 한다. 이로 미루어 보아, 개로왕대는 왕권이 귀족권
에 대해 우위에 있었다고 판단된다.[59] 그러나 그는 고구려의 남진으로
수도를 잃고 전사했다.[60]

　백제는 王都인 한성 함락으로 인해 치명적인 인적·물적 자원의 손실을
입었다. 뿐만 아니라 왕권과 귀족권의 문제를 웅진시기까지 물려주었다.
이 사건을 계기로 백제의 왕권은 급격한 쇠퇴를 겪게 되었다고 보여진다.
그것은 다음의 사건 전개로 알 수 있다. 개로왕의 뒤를 이어 문주가
웅진으로 도읍을 옮겼다. 그러나 웅진 천도 이후의 정치적 상황은 심각했
다. 천도 초기의 백제는 한성의 함락과 한강유역의 상실로 일대 위기를
맞이한 가운데 군신의 발호와 세력다툼, 이로 인한 왕권의 실추가 이어졌
다. 文周王(475~477)은 당시 정치 실권을 장악하던 兵官佐平 解仇의 발호
를 제어하지 못하다가 재위 3년 만에 피살되었다. 해구는 13살에 불과한
三斤王(477~479)을 옹립하여 국정을 전단하였다.[61]

　해구가 전권을 당악하고 국사를 전단하자 여타 귀족들이 그의 전횡에
반발하였다. 이에 위기의식을 느낀 해구는 大豆城에 據하여 반란을 일으

58) 『三國史記』 卷25, 百濟本紀 3, 蓋鹵王.
59) 이도학, 2010, 『백제 한성·웅진성 시대 연구』, 일지사, 290~291쪽.
60) 『三國史記』 卷25, 百濟本紀 3, 蓋鹵王 21年.
61) 노중국, 1988, 『백제정치사연구』, 일조각, 146~151쪽 ; 이도학, 2010, 앞의 책, 296~300쪽 ; 양기석, 1995, 「웅진천도와 중흥」, 『한국사』 6, 국사편찬위원회, 60쪽.

켰으나 德率 眞老가 그 반란을 평정하였다.62)

그런데 삼근왕의 뒤를 이어 즉위한 동성왕과 무령왕의 왕위계승은 부자계승의 원리라기보다는 일정 가계의 범위 안에 있는 왕족들이 유력한 정치귀족들과 정치적으로 제휴하여 이루어졌다. 이러한 정치적 현상은 웅진 천도로 인한 것이었다. 웅진 천도 이후 내부정쟁의 불안으로 인해 왕권의 귀족 통제력이 이완되었던 것이다.63)

삼근왕대의 정치적 혼미 속에서 즉위한 동성왕은 재위 초기에 眞老 등으로 대변되는 진씨 세력의 정치적 영향을 받았다.64) 그러나 동성왕은 신진세력을 등용하여 왕권강화를 시도하였다. 그렇지만 거듭된 자연재해의 발생과 진휼대책의 불비 및 무모한 토목공사의 실시 등으로 대규모 유민들이 발생하였고, 그 결과 왕권의 지배력이 약화되었다. 웅진시대의 水·旱災 등 자연재해와 토목관계 공사는 거의 동성왕대에 집중되고 있었다.65) 결국 동성왕은 측근이었던 백가에게 살해당하고 말았다.66) 이렇게 웅진으로 천도한 이후의 왕들인 문주왕(475~477)·삼근왕(477~479)·동성왕(479~501)은 모두 극심한 왕권의 불안을 겪고 있었다.

동성왕의 경우 왕권으로 대변되는 서상기록들이 나오기도 하나, 이와 대조적으로 천재지변이 빈번하게 나타나고 있다. 주목되는 것은 민생과 관련된 한재(가뭄), 기근, 홍수와 같은 천재지변이 자주 나타나고 있다는 점이다.67)

---

62) 『三國史記』 卷26, 百濟本紀 4, 三斤王 2年 봄.
63) 양기석, 1995, 앞의 논문, 61~62쪽.
64) 노중국, 1996, 「백제의 정치」, 『백제의 역사와 문화』, 119쪽.
65) 양기석, 1995, 앞의 논문, 61~65쪽.
66) 『三國史記』 卷26, 百濟本紀 4, 東城王 23年.
67) 동성왕대의 민생과 관련된 한재(가뭄), 기근, 홍수, 전염병 등의 천재지변과 관련된 기록을 보면 다음과 같다. 동성왕 13년 6월에 웅천의 물이 넘쳐서 서울의 2백여 호가 표몰되었다. 같은 해 7월에는 굶주린 백성 6백여 호가 신라로 도망하였

그런데 천재지변을 王者의 不德한 정치에 대한 天譴으로 보는 기능은 중국은 물론 삼국에도 영향을 주고 있었다.[68] 이로 보아, 동성왕대에 천재지변으로 상징되는 왕자의 부덕이 있었다고 해석된다.

특히 동성왕대에는 천재지변에 대한 대책이 주목된다. 한재(가뭄)의 예를 보자. 한재(가뭄)가 발생할 때, 군주의 自責, 減膳, 善政과 寬刑 등은 중국은 물론 삼국에서 가장 보편적으로 취해졌다. 그것은 王者가 天命에 순응하는 길이었다.[69] 이러한 군주의 태도는 하늘의 견책에 대한 응답이 었다.[70] 그런데 동성왕 21년 여름의 사건은 이러한 군주의 한재에 대한 대책과 완전히 반대되는 것이었다. 동성왕 21년 여름에, 큰 한재가 들고 백성들은 굶주려 서로 잡아먹는 지경에 이르고 도둑이 많이 일어났다. 군신들은 창곡을 풀어내어 구제할 것을 청하였으나 왕은 듣지 않았다. 이때 한산 사람들이 2천 명이나 고구려로 도망하여 들어갔다.

동성왕은 한재에 대해 신하들의 구제요청을 거절하고 있다. 왕은 한재라는 하늘의 견책에 대해, 자책, 감선, 선정 등의 어떠한 조치도

다. 19년 6월에 큰 비가 와서 민가가 표류 파괴되었다. 이어 21년 여름에 큰 한재가 들고 백성들은 굶주려 서로 잡아먹는 지경에 이르고 도둑이 많이 일어났다. 군신들은 창곡을 풀어내어 구제할 것을 청하였으나 왕은 듣지 않았다. 이때 한산 사람들은 2천 명이나 고구려로 도망하여 들어갔다. 같은 해 10월에 나쁜 병이 크게 유행하였다. 22년 5월에 한재가 들었는데, 왕은 군신들과 임류각에서 잔치를 베풀고 밤새도록 즐겨 놀았다. 23년 3월에 서리가 내려 보리가 상하였다. 5월부터 가을에 이르기까지 비가 오지 않았다.

동성왕대의 천재지변과 관련된 기록에서 특징적인 사실이 있다. 동성왕이 재위한 기간인 479~501년 동안에 백제의 백성이 한재(가뭄), 기근으로 신라와 고구려로 도망한 기록이 보인다. 이에 비해 이 기간 동안에 고구려와 신라의 백성들이 가뭄, 기근 등으로 백제로 도망한 기록은 없다. 이 사실은 동성왕대에 백제가 심각한 민심과 민생의 이반을 겪고 있음을 보여준다.

68) 이희덕, 1999, 앞의 책, 343쪽.
69) 이희덕, 1999, 위의 책, 104쪽.
70) 이희덕, 1999, 위의 책, 258쪽.

취하지 않았다. 동성왕은 이 시기에 와서 정치를 포기하고 있었다고
해석된다.

　동성왕 21년 여름의 한재와 이에 대한 무대책은 웅진 천도 이후의
정치적 불안정을 상징하고 있다. 결국 동성왕 5년과 14년의 사슴사냥에서
보여주었던 왕권을 강화하기 위한 시도는 그의 말년에 실패하고 말았던
것이다.[71]

　그렇다면 동성왕 14년 10월 이후에 무엇 때문에 서상기록이 보이지
않을까? 이와 관련하여 동성왕 11년 10월의 제천행사 이후 제천에 관한
기록이 소멸되고 있다는 점이 주목된다. 제천의식은 왕의 의도적 정치행
위이고, 여기에 연동하여 서상기록도 왕의 의도적 정치행위로 볼 수
있다. 즉 서상의 등장이 당시 정치 상황에서 영향력을 가지고 있었다는
것이다.[72]

　이와 같이 서상기록이 정치적 상황과 관련하여 나타난다고 볼 때,
백제에서 동성왕 14년 10월 이후 멸망할 때까지 서상기록의 부재는
무엇을 의미하는 것일까? 그것은 백제에서의 정치적인 변화와 관련된다
고 생각된다.

　구체적으로 동성왕 이후의 정세는 어떠하였을까. 동성왕의 뒤를 이은
武寧王(501~523)은 왕권안정을 위한 시책으로 22개의 담로에 왕족을

---

71) 백제는 웅진으로 천도한 이후, 유일하게 동성왕대에 서상기록이 나타난다.
　　서상으로 보아, 동성왕은 웅진 천도 이후 문주왕이 시해되고 삼근왕대에 왕권이
　　쇠약할 때와 다른 상황을 이끌었다고 보인다. 그러나 그의 왕권강화 시도는
　　동성왕 14년 10월 이후 나타난 서상기록의 부재로 보아, 실패했다고 보여진다.
72) 양정석, 2012, 「'백제의 서상과 왕권'에 대한 토론문」, 『동아시아고대학회 제
　　46회 학술대회』, 19~20쪽. 동성왕 이후 서상이 등장하지 않는 것은 이전 시기
　　서상이 가지고 있던 의미가 더 이상 필요하지 않은 시기, 또는 왕권의 상징이
　　다른 것으로 변화하였음을 방증하는 것으로 생각된다(양정석, 2012, 위의 토론
　　문).

파견하여 지방에 대한 중앙통제력을 강화하였다. 또한 수리시설을 확충하고 유민들을 귀농시키는 정책을 시행하여 왕정의 물적인 기반을 강화하였다.[73)]

　그러나 주목되는 점은 무령왕대에 백제가 이전 수도였던 한강유역의 한성을 회복하지 못했다는 점이다.[74)] 백제가 이 지역을 일시적으로 회복했던 것은 뒤 시기인 聖王代(523~554)였다.[75)] 백제는 개로왕대에

---

73) 양기석, 1995, 앞의 논문, 74~80쪽.

74) 웅진시기 백제의 (동)북계는 개로왕대 한성이 함락됨에 따라 한강 이남지역에 설정될 수밖에 없었다. 그런데 동성왕 말년, 특히 무령왕대에 다수 등장하는 漢城, 漢山, 漢水, 水谷城(신계), 高木城(연천), 馬首柵(연천 부근) 등 한강유역과 그 이북의 지명에 대해서는 합리적인 해명이 필요하다(김영심, 2003, 「웅진·사비시기 백제의 영역」, 『고대 동아세아와 백제』, 서경, 116~117쪽). 여기에 대해, 무령왕대에 한강유역을 회복했으나, 안정되게 확보하지 못했다는 견해가 있다(김현숙, 2003, 「웅진시기 백제와 고구려의 관계」, 위의 책, 160~162쪽). 또는 이는 이때에 이르러 백제가 이전에 상실한 한강유역의 일부 지역을 수복했음을 말하는 것이라고 한다(양기석, 1995, 앞의 논문, 78쪽). 무령왕대에 한강유역 일대의 영토를 일시 되찾은 듯하다는 것이다. 무령왕은 고구려 공략에 적극적이었다. 이것은 한강유역 등 고토수복에 대한 깊은 관심 때문이었다. 그 까닭으로 무령왕 21년(521) 梁에 사신을 보내어 고구려를 여러 차례 격파하고 다시 강국이 되었다고 통보할 수 있었다는 것이다(주보돈, 2003, 「웅진도읍기 백제와 신라의 관계」, 『고대 동아세아와 백제』, 서경, 214~215쪽).
　한편으로 무령왕대의 지명은 한성시기의 지명을 영역 상실 후에 北邊이나 錦江으로 옮겼다는 입장에서, 그 실체를 부정하는 견해가 있다(今西龍, 1934, 『백제사연구』, 國書刊行會, 126쪽). 南遷 후 한성 도읍기 지명의 웅진성 도읍기 王都 주변의 이전으로 보는 것이다. 이는 한성 도읍기의 직계계승 왕통과 영토로의 회귀라는 사비성 도읍기 왕실의 현실적인 염원을 반영한 것이라는 견해로 이어진다(이도학, 1984, 「한성말 웅진시대 백제왕계의 검토」, 『한국사연구』 45 ; 2010, 앞의 책, 280~281쪽). 그런데 고구려가 한강유역을 영역화했던 시기는 475~551년 사이라고 한다. 고구려가 한강유역을 영유했음은 한강유역 일대와 충북지역 등에 남아 있는 고구려계 유적과 유물들로 알 수 있다고 한다(김현숙, 2005, 『고구려의 영역지배방식연구』, 모시는 사람들, 224~226쪽).

75) 『三國史記』卷44, 居柒夫傳, "十二年辛未 王命居柒夫 … 八將軍 與百濟侵高句麗 百濟人先攻破平壤 居柒夫等乘勝取 竹嶺以外高峴以內十郡."

한성 일대를 고구려에게 빼앗긴 후, 무령왕대에 되찾지 못했던 것이다.

여기에서 백제가 무령왕 21년 11월에 양에 조공을 한 기록과 관련된 다음의 내용을 보자. "이보다 앞서 고구려에 패한 바 되어 여러 해 동안 쇠약해 있더니 이때에 이르러 글월을 보내어 고구려를 자주 파했다고 일컫고 처음으로 우호를 통하였는데 다시 강국이 되었다."[76]

이 글에서 "누차 고구려를 공파했다"는 것은 국지적인 전투의 승리를 말한 것으로 보인다. 만약 백제가 강성해져 고구려를 공략하려 했다면, 그 일차적인 목표는 백제의 수도였던 한성 일대가 분명하다. 그렇지만 무령왕대에 백제는 한성 일대를 회복하지 못했다.

그리고 국서에 표현된 "다시 강국이 되었다"는 글은 스스로에 대한 평가라는 점에 주목할 수 있다. 이 무렵 고구려와 신라가 백제를 강국으로 인식한 기록이 『삼국사기』의 고구려본기와 신라본기에 보이지 않는 것이다. 다시 말해 백제가 양에 보낸 글은 자신의 국력을 과시하기 위한 것으로 헤아려진다.

무령왕대와 관련하여 주목할 사실은 왕권을 견제하는 귀족의 힘이다. 무령왕은 동성왕이 말년에 비대해진 신진세력을 견제하려다가 도리어 시해되었던 경험을 거울삼았다. 그는 세력이 증대된 신진세력의 권한을 일정하게 견제하면서 신·구세력 간의 세력균형을 유지하는 가운데 왕권의 안정을 추구하였다.[77] 무령왕대의 사회적 안정은 웅진시대 귀족들의 정치세력을 인정한 기반 위에서 출발하였던 것이다.[78] 이렇게 무령왕대는 귀족들의 세력을 인정한 바탕 위에서 왕권이 존재할 수 있었다.

---

76) 『三國史記』 卷26, 百濟本紀 4, 武寧王 21年 11月, "冬十一月 遣使入梁朝貢 先是 爲高句麗所破 衰弱累年 至是 上表 稱累破高句麗 始與通好 而更爲强國."

77) 양기석, 1995, 앞의 논문, 74~75쪽.

78) 김주성, 1995, 앞의 논문, 82쪽.

이와 관련하여 무령왕 22년 9월을 보자. 여기에서, 무령왕이 狐山原에서 사냥을 했다는 기록이 있다.[79] 그러나 사냥 대상인 신록, 사슴이 나타나 있지 않다. 온조왕과 고이왕의 예에서 보듯이, 왕이 잡은 신록(사슴)은 왕권을 과시하는 수단이었다. 무령왕대에 왕이 사슴을 사냥한 기록이 없는 점은 왕권의 한계를 보여준다고 해석된다. 무령왕대에 서상이 보이지 않는 것은 왕권이 귀족권에 비해 우위에 있지 않았음을 의미한다.

무령왕의 뒤를 이은 聖王은 사비로 천도하였다. 성왕은 중앙의 행정관부인 22部의 기능 강화, 지방통치조직인 5方의 실시, 16관등제의 확립 등을 단행하였다. 이러한 정치제도의 개혁으로, 그는 왕권을 강화시켜 나갔다. 성왕은 일 처리에 결단성이 있었다고 한다. 결단성 있게 일을 처리하기 위해서는 무령왕대처럼 귀족들의 세력 균형 위에서는 이루어지기 어려웠다. 곧 성왕의 즉위 이후 국왕과 귀족세력과의 갈등이 재현되고 있었다고 추측된다.[80]

그런데 이와 관련하여 살펴보아야 할 사실이 한강유역의 회복을 위한 전투이다. 성왕이 전투를 하려 했을 때 원로들이 합의에 의해 반대했었다. 이 합의에 참여하였던 원로들은 아마 최고관등이었던 좌평들이 그 핵심을 구성하고 있었을 것이다. 성왕이 한강유역에서 전투를 결행하고자 했을 때, 원로들의 반대는 성왕대까지 좌평 중심의 합의기구에 의한 국왕에 대한 견제기능이 여전히 존속하고 있었음을 보여준다. 성왕대에 귀족세력의 대표자라고 할 수 있는 佐平은 대성8족이 역임하였고, 이들은 합의기구를 구성하여 국왕을 견제하였다.[81] 성왕대에 서상기록이 보이지 않는 것은 귀족세력의 강력함을 나타내는 예라고 생각된다.

---

79) 『三國史記』卷26, 百濟本紀 4, 武寧王.
80) 김주성, 1995, 위의 논문, 83~87쪽.
81) 김주성, 1995, 위의 논문, 92~93쪽.

　이러한 원로들의 존재는 성왕이 신라와의 전투인 관산성에서 패배한
이후 다시 나타난다. 원로들의 패전에 대한 책임추궁으로 인하여 威德王
(554~598)은 즉위할 때부터 심각한 곤경상태에 빠져들었다. 원로들의
정치적 발언권은 강해졌던 반면에 국왕의 정치적 입지는 상당히 좁아지
고 있었다. '南夫餘'에서 '百濟'로의 국호 복고, 시호제의 일시 중단, 惠王
(598~599)과 法王(599~600)의 짧은 재위기간 등은 왕권이 약화된 중요한
반증이었다. 威德王 이후 惠王·法王이 뒤를 이으며 약 50년 이상 국왕은
정치권력에서 소외되고 있었다. 한편 좌평은 국가의 중대사를 그들
간의 합의를 통하여 결정하였다.[82] 이와 같이 위덕왕과 혜왕, 법왕대까지
백제는 관산성 전투의 패배로 인한 후유증을 겪고 있었다. 이 시기
왕권의 약화와 귀족권의 강화를 잘 보여주는 것이 서상기록의 부재라고
해석된다. 더 나아가 무령왕대에 나타나는 사냥기록마저 없다는 점은
왕권의 쇠약을 나타낸다고 해석된다.

　그 후 武王(600~641)이 즉위하였다. 薯童說話에서 상징되듯이, 무왕은
그 가계조차 불명확하다. 그것은 무왕의 즉위과정에 있어서 우여곡절이
많았던 것을 의미한다. 또한 무왕의 즉위과정은 무왕의 전왕인 혜왕,
법왕의 각각 2년이라는 짧은 재위기간과 깊은 관련이 있다. 무왕은
즉위 초기에 왕권을 제대로 행사하기 어려웠을 것이다.[83]

　그런데 무왕이 왕위에 오를 수 있었던 것은 당시 백제의 정치적 상황과
연관된다고 한다. 무왕은 왕위에 오르기 전에 익산에서 마를 캐며 생활한
薯童이었다. 그는 본래 서울(京師)에서 출생하였는데 아버지가 池龍으로
표현된 것에서 보듯이 왕족출신이었다. 그렇지만 언제인가 그 가문은

82) 김주성, 1995, 「지배세력의 분열과 왕권의 약화」, 『한국사』 6, 국사편찬위원회,
　　93~98쪽
83) 김주성, 1998, 「백제 무왕의 치적」, 『백제문화』 27, 82쪽.

몰락했다. 그가 마를 캐는 서동으로 나오고 있다는 것이 바로 그의
가문의 몰락을 보여주는 것이다. 무왕이 즉위할 무렵에 대성8족을 중심으
로 한 실권귀족들은 자신들의 정치적 입지를 강화하려 하였고 이를
위해 자신들이 조종하기 쉬운 왕족을 찾아 왕위를 잇게 하려고 하였다.
무왕이 몰락왕족이어서 그를 지지하는 세력이 없었던 것이, 이들에게는
크게 고려되었던 것 같다. 이리하여 실권귀족들은 비록 왕족이지만
정치적 기반이 없이 익산지역에서 流寓하고 있던 무왕을 옹립하여 왕위
에 오르게 하였다. 따라서 무왕의 즉위는 정략적 목적의 결과였다.84)

　무왕과 관련하여 익산 천도 추진이 주목된다.『觀世音應驗記』에는 백제
武廣王이 枳慕密地에 천도하였다고 한다. 이 기사의 무광왕은 武王에
비정되고 지모밀지는 익산에 비정된다. 그러나 무왕의 익산으로의 천도
는 단행되지 못하였기 때문에 이 기사는 무왕의 익산으로의 천도 추진을
보여주는 것으로 이해된다.85)

　그렇지만『三國史記』를 보면 무왕 31년(630)에, 무왕은 사비궁을 중수
하면서 웅진성으로 거동하였다가 공사가 중지되자 웅진성에서 사비로
환궁하고 있다. 이는 이 시기까지 사비가 백제의 왕도였음을 보여주는
것이다. 또 백제가 나당연합군의 공격을 받아 망하게 되었을 때의 수도도
부여였다. 이러한 사실에서 미루어 볼 때 무왕의 익산으로의 천도는
이루어지지 못한 것으로 보아야 한다. 무왕이 익산으로 천도를 추진하였
지만, 결국 이루지 못한 것은 사비지역을 기반으로 한 귀족들의 반대를
극복하지 못하였기 때문이다.『삼국사기』무왕조에 의하면 무왕은 35년
(634) 이후 궁남지를 축조하고 대왕포에서 유연을 하는 등 연락에 빠지고

---

84) 노중국, 2001,「익산지역 정치체의 사적전개와 백제사상의 익산세력」,『마한백제
　　문화』15, 31쪽.
85) 노중국, 2001, 위의 논문, 36~37쪽.

있다. 말년에 보이는 무왕의 이러한 모습은 익산으로의 천도가 뜻대로 되지 못한 것에 대한 반작용이라고 할 수 있다.[86]

이로 보아 무왕대에 왕권을 제약하는 귀족세력의 존재를 알 수 있다. 이와 관련하여 주목되는 사료가 있다. 그것은 무왕 33년 7월에 왕이 生草原에서 사냥을 했을 뿐, 신록(사슴)을 사냥한 기록은 없다는 점이다.[87] 무왕의 사냥기록은 무령왕과 같은 양상을 보이고 있다.

무왕 이후인 義慈王代(641~660)의 정치적 정세는 어떠하였을까? 의자왕 2년(642) 7월에, 왕이 직접 군사를 이끌고 신라를 쳐 獼猴城 등 40여 성을 빼앗았다. 이는 성왕의 전사 이후 백제가 단일 시기의 전투에서 신라의 성을 가장 많이 빼앗은 사건이다. 이어 같은 해 8월에 장군 允忠을 파견하여 군사 1만 명으로 신라의 대야성을 공격해 점령하였다.[88] 백제의 신라에 대한 큰 승리는 백제에서 의자왕의 왕권강화에 유리하게 작용하였을 것이다.

또한 의자왕 15년 8월에, 백제는 高句麗·靺鞨과 함께 신라의 북쪽 경계에 있는 30여 성을 함락시켰다.[89] 의자왕이 신라 북계 30여 성을 쳐부수었다는 것은 왕권확립에 중요한 계기를 마련하였다.[90] 이와 관련하여 의자왕 15년을 전후하여 佐平 관등에 있었던 인물들의 동향이 주목된다. 의자왕 15년에, 좌평 任子는 백제의 일을 전담했음에도 불구하고 신라의 金庾信과 내통하였다.[91] 成忠은 의자왕 16년에 의자왕의 음란하고 탐락함을 간언하다가 옥에 갇혀 죽었다.[92] 이들이 의자왕 15년

---

86) 노중국, 2001, 위의 논문, 38~39쪽.
87) 『三國史記』卷27, 百濟本紀 5, 武王.
88) 『三國史記』卷28, 百濟本紀 6, 義慈王.
89) 『三國史記』卷28, 百濟本紀 6, 義慈王.
90) 김주성, 1995, 앞의 논문, 105쪽.
91) 『三國史記』卷42, 列傳 2, 金庾信 中.

무렵에 크게 정치적으로 위기를 맞았던 것은 의자왕과의 정치적 대립관계에서 비롯되었다고 생각된다. 성충이 의자왕에게 간언하다 투옥되었으며, 임자가 김유신과 내통하였다는 점은 이를 잘 말해 준다.[93]

이와 같이 외견상 의자왕 2년 이래 15년 무렵까지 왕권은 귀족권을 누르고 있었다고 보여진다. 그렇다면 무엇 때문에 왕권을 상징하는 서상이 의자왕대에 보이지 않는 것일까? 사실 성왕의 신라에 대한 패전을 설욕한 점에서, 의자왕은 위덕왕때부터 무왕때까지 역대 왕들이 할 수 없었던 업적을 성취했다.

이러한 의자왕의 왕권강화는 재위 17년에 왕서자 41명을 좌평으로 임명한 것에서 알 수 있다.[94] 그로 인해 의자왕은 대성8족의 세력기반이었던 좌평을 무력화시킬 수 있었다.[95] 이와 같은 의자왕의 정치적 행위는 웅진 천도 이후 강력하게 존재한 귀족세력을 무시하는 행위였다. 그로 인해 왕권은 외견상으로 강화된 듯하였으나, 실제적으로 웅진 천도 이래로 전통과 힘을 가지고 있던 귀족들의 불만을 불러왔다고 보여진다.

이런 점을 보여주는 사실이 의자왕 19년(659) 2월부터 천재지변이 잇따른 사실이다.[96] 천재지변은 군주의 부덕과 정치적 혼란을 나타낸다.[97] 이와 같은 천재지변의 발생은 이 무렵에, 의자왕의 왕권이 견고하지

---

92) 『三國史記』 卷28, 百濟本紀 6, 義慈王 16년 3월.
93) 김주성, 1995, 앞의 논문, 103~104쪽.
94) 『三國史記』 卷28, 百濟本紀 6, 義慈王.
95) 김주성, 1995, 앞의 논문, 99쪽.
96) 의자왕 19년 2월에 여러 마리의 여우가 宮中으로 들어왔는데 한 마리의 흰 여우가 上佐平의 책상 위에 앉았다. 4월에 太子宮의 암탉이 참새와 교미하였다. 5월에 왕도 서남의 泗沘河에 큰 고기가 나와 죽었는데, 길이가 3丈이었다. 8월에 여자 시체가 生草津에 떠올랐는데, 길이가 18尺이었다. 9월에 궁중의 槐木이 사람의 곡성과 같이 울었으며, 밤에는 귀신이 궁성 남쪽 길에서 哭했다.
97) 이희덕, 1999, 앞의 책, 335~343쪽.

못했음을 보여준다.

　이러한 백제의 분열을 신라는 파악하고 있었던 것 같다. 신라는 백제의 내정을 좌평이었던 임자를 통해 파악하고 있었던 것이다.98) 결국 백제는 의자왕대에 당과 신라의 협공으로 멸망했다(660).99) 패망한 왕조의 마지막 왕에 대한 역사적인 평가는 가혹하게 마련이다. 왕조 멸망의 근본적인 책임이 모두 그에게 주어지는 것이다.100) 이런 까닭에 의자왕 당대 기록에 서상이 있었더라도 뒤 시기의 편찬과정에서 삭제되었을 가능성이 높다고 보인다.

Ⅳ. 맺음말

　지금까지 백제의 서상이 가진 정치적 의미를 살펴보았다. 맺음말은 지금까지의 내용을 정리하는 것으로 대신하고자 한다.

　백제에서 서상기록은 漢城時代에 집중되어 있다. 그 중에서도 溫祚王代(기원전 18~서기 28)에 5회의 서상기록이 있다. 온조왕은 백제왕들 중 가장 많은 서상이 나타났다. 이 점은 서상으로 대변되는 왕권이 이 무렵에 태동하고 있었음을 보여준다. 이어 고이왕대에 서상기록으로 보아, 두 번째로 많은 횟수인 4회가 보인다. 고이왕대에는 백제에서 일련의 제도와 문물에 관한 정비가 이루어졌다.

　그렇다면 한성시대에 두 왕을 제외한 서상기록을 보자. 多婁王(28~77 : 1회), 己婁王(77~128 : 2회), 肖古王(166~214 : 1회), 比流王(304~344 : 2

　98)『三國史記』卷42, 列傳 2, 金庾信 中.
　99)『三國史記』卷28, 百濟本紀 6, 義慈王 20年.
100) 양종국, 2002,「7세기 중엽 義慈王의 정치와 동아시아 국제관계의 변화 : 의자왕에 대한 재평가(1)」,『백제문화』31, 191쪽.

회), 辰斯王(385~392 : 1회), 毗有王(427~455 : 1회)이 그것이다. 여기에서 주목되는 것이 있다. 그것은 서상기록이 간헐적으로 보인다는 점이다. 앞에서 보았듯이, 서상은 왕권을 의미한다. 서상기록으로 보아, 한성시대의 백제는 전체적으로 왕권이 강력하게 지속되지 못했다.

백제는 蓋鹵王代(455~475)에 들어와, 고구려의 침입으로 수도인 한성을 잃었다. 그 후 웅진과 사비를 도읍으로 한 시대가 전개되었다. 이 시기의 서상기록은 東城王代(479~501)에 유일하게 나타난다. 동성왕대에 나타난 3회의 서상기록은 웅진으로 천도한 이후에 벌어졌던 문주왕과 삼근왕대의 정치적 혼란이 가시어졌음을 의미한다. 그러나 서상기록 못지않게 천재지변 기록이 빈번하게 나타난다. 천재지변은 왕자의 부덕을 상징하는 것이다. 이 점은 동성왕대의 정치적 상황이 혼미했음을 반영하는 것이다.

더욱이 동성왕대는 백성들이 기근으로 신라와 고구려로 투항하는 사건이 있었다. 이에 비해 고구려와 신라의 백성이 백제로 도망하는 예는 없다. 동성왕대에 백제는 백성들의 기근으로 신라, 고구려와는 전혀 다른 상황을 맞고 있었다.

동성왕은 결국 시해되었다. 동성왕 이후로는 웅진과 사비시대에 어느 왕도 서상기록이 보이지 않는다. 웅진과 사비시대의 서상기록 부재는 한성시기에 비해, 왕권의 쇠퇴를 나타낸다고 파악된다.

서상으로 보아, 백제의 왕권은 웅진으로 천도한 이후에 한성에 있을 때와 비교해 급격하게 약화되었다. 이러한 왕권의 쇠퇴는 귀족권의 강화를 의미하는 것이다. 결국 왕권의 쇠퇴와 귀족권의 강화라는 백제의 상황은 고대 삼국의 격렬한 다툼 상황에 효율적으로 대처하지 못하게 했다. 서상기록의 추이로 보아, 백제의 정치는 한성시기와 천도한 이후인 웅진과 사비시기로 나누어진다고 파악된다.

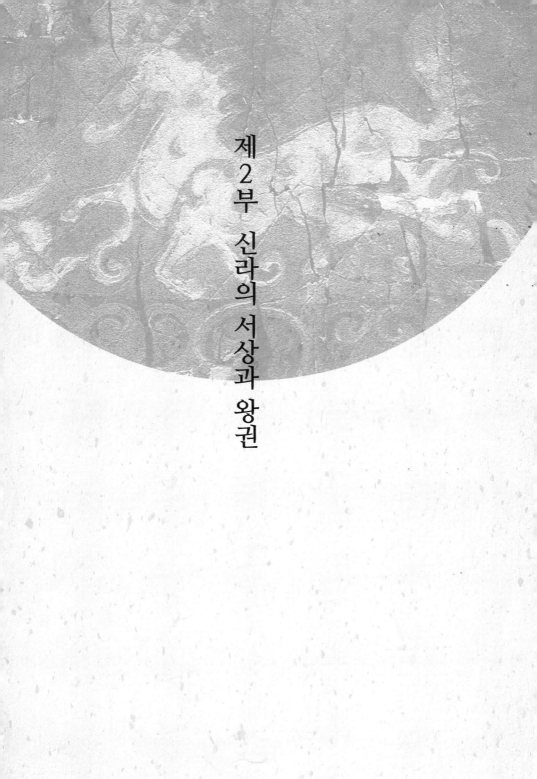

제2부 신라의 서상과 왕권

제1장 신라 중대의 서상과 정치적 의미

I. 머리말

新羅 中代(654~780)는 한국 고대사에 있어서 커다란 변화가 나타난 시기였다. 신라는 高句麗와 百濟를 멸망시키고, 중대를 출범시켰던 것이다. 본 장에서는 신라 중대에 기록되어 있는 瑞祥을 주목하고자 한다.

그런데 서상은 고대에 있어 단순한 자연현상이 아니었다. 통일신라에서의 서상설은 삼국시대에 이어 군주의 도덕정치 구현과 더욱 밀접한 관계를 가지면서 수용되었던 것이다.[1] 그러므로 신라 중대의 서상 파악은 곧 이 시기의 정치적 상황을 분석하는데 도움을 줄 것이다.

먼저 신라의 서상과 관련된 연구를 살펴보자.[2] 이와 관련하여 三國時代의 서상이 가진 의미를 파악한 연구가 있다. 三國은 각각 중앙집권적인 국가체제를 발전시키는 과정에서 王權强化를 위한 상징적 시책의 하나로 五行說에 의한 天人合一說을 수용하였다. 여기에서 서상설이 큰 몫을

---

1) 李熙德, 1993, 「新羅時代의 天災地變」, 『東方學志』82 ; 1999, 『韓國古代自然觀과 王道政治』, 혜안, 282쪽.

2) 본 장의 대상이 되는 시기는 신라 중대이다. 이 시기에 나타난 서상물을 중국의 서상물과 관련하여 검토할 것이다. 그런데 중국의 서상물이 검토되는 대상 시기는 신라 중대와 관련하여, 唐代까지 한정하기로 한다.

차지하고 있었다는 것이다.[3]

이어 統一新羅時期의 서상에 관한 연구가 이루어졌다. 『삼국사기』에 기록된 통일신라시기 서상물의 출현기사를 검토해 보면, 中國的 五行思想에서 유래된 서상설의 전형이 신라사회에 수용되었다는 것이다.[4] 이와 같은 연구를 통해 신라의 서상이 가진 의미를 파악할 수 있었다.

주지하듯이, 『三國史記』의 서상기록들은 대부분 고립된 기사로 되어 있다. 그러나 신라 중대에는 서상이 나타날 무렵에, 王者나 國家의 慶事와 관련된 정치적 기록이 나타나고 있는 예들이 있다. 지금까지의 연구에서, 新羅 中代에 나타난 태자책봉과 왕비책봉, 국가의 경사 등과 서상기록이 어떠한 관계를 가졌는가는 검토되지 않았다. 본 장에서는 이를 밝혀보고자 한다.

Ⅱ. 태자책봉과 서상

신라 중대에 태자로 책봉된 인물은 7명이다. 태자를 책봉할 무렵에 서상이 바쳐지는가를 살펴보자. 다음의 사료를 보자.

　　가-1) (武烈王) 2년 3월에 … 元子 法敏을 세워 太子로 하였다. 庶子 文王을 伊飡으로, 老且(旦)를 海飡으로, 仁泰를 角飡으로, 智鏡과 愷元을 각각 伊飡으로 삼았다(『三國史記』 卷5, 太宗武烈王 2年).

　　가-2) (武烈王) 2년 겨울 10월에 牛首州에서 흰 사슴(白鹿)을 바쳤다. 屈弗郡에서 흰 돼지(白猪)를 바쳤는데, 하나의 머리에 두 개의 몸과 여덟 개의 다리를 가졌다(『三國史記』 卷5, 太宗武烈王 2年).

---

3) 이희덕, 1999, 앞의 책, 200쪽.
4) 이희덕, 1999, 위의 책, 288~289쪽.

가-1)에서 보듯이, 무열왕 2년 3월에 무열왕의 원자인 법민을 태자로, 서자인 문왕과 노차, 인태, 지경, 개원 등에게 관등을 주고 있다. 이어 무열왕 2년 10월에 牛首州에서 흰 사슴과 흰 돼지를 바쳤다는 것이다. 백제와 신라의 경우에는 흰 사슴을 왕에게 헌상하였다. 이로 보아, 흰 사슴은 서상물이었다.[5] 그리고 같은 시기인 무열왕 2년 10월에, 屈弗郡에서 흰 돼지를 바쳤다. 흰 돼지는 하나의 머리에 두 개의 몸과 8개의 다리를 가졌다. 바쳤다는 것으로 보아, 흰 돼지는 서상으로 인식되었을 것이다.[6]

가-2)의 무열왕 2년 10월에 있은 흰 사슴과 흰 돼지의 헌상은 시기적으로 보아, 그 7개월 전에 법민이 태자로 책봉되고, 무열왕의 여러 아들들이 관등을 받은 사실과 관련되었을 것이다.

　　나) (문무왕) 5년 가을 8월에 … 왕자 政明을 세워 태자로 삼고 大赦하였다
　　　　(『三國史記』 卷6, 文武王 5年).

---

　5) 이희덕, 1999, 위의 책, 209쪽. 白鹿은 『宋書』 符瑞에 王者의 明惠가 아래에 미칠 때 이른다고 한다. 백록은 『宋書』 符瑞와 『南齊書』의 祥瑞에 서상물로 기록되어 있다. 이에 비해 『新唐書』 5行 2 白眚白祥條에 白鹿은 白祥에 가깝다고 하였다. 白色은 戰祥 등 불길한 조짐으로 이해되고 있다(이희덕, 1999, 위의 책, 262~263쪽).

　6) 白猪(豕)는 王者와 관련된 서상으로 『宋書』와 『南齊書』에 없다. 『隋書』와 『唐書』 역시 서상으로 기록되어 있지 않다. 백저(시)가 중국에서 隋, 唐代까지 서상으로 파악된 예는 보이지 않는다.
　　한편 중국에서는 돼지의 기형출산을 재이로 파악하고 있다. 『晋書』 卷29, 五行 下에 奇形産 돼지의 妖가 기록되어 있다. 그것은 宰相의 政事 不安 등으로 국가의 기강이 문란해지고 마침내 크게 무너짐에 이르게 되었다는 것이다. 중국 역대 사서에서 奇形産 돼지의 출현에 상응되는 재이는 반란의 음모나 君主에 의한 정치적 불안 등으로 이해되었다고 추측된다(이희덕, 2000, 『高麗時代 天文思想과 五行說 研究』, 一潮閣, 221쪽).

나)의 사료를 보면, 문무왕 5년 8월에 왕자 政明을 세워 태자로 삼고 大赦를 하였다. 그런데 대사는 중앙정부에서 천재지변에 대한 유교적 덕치차원뿐 아니라, 卽位·勝戰·冊封·立太子 등 경사에 따르는 은전이었다. 신라는 대사가 7·8세기에 집중되고 있다. 그것은 武烈王室의 유교정치 구현과 광범위한 위민정책의 구체적 표현이라고 한다.[7] 이로 보아, 대사는 政明(神文王)이 태자로 된 사실과 관련되었을 것이다. 그런데 태자로 될 무렵에 서상은 바쳐지지 않았다.[8]

> 다) (神文王) 11年 봄 3月 1日에 왕자 理洪을 封하여 태자로 삼았다. 13일에 大赦하였다. 沙火州에서 흰 참새(白雀)를 바쳤다(『三國史記』 8, 神文王 11年).

다)에서 보듯이, 신문왕 11년 3월 1일에 理洪(孝昭王)을 태자로 삼고 있으며,[9] 3월 13일에 대사와 함께 사화주에서 흰 참새(백작)를 바치고 있다. 흰 참새(백작)는 백색을 지닌 조류로 왕에게 헌상되고 있으므로, 서상물이다.[10] 神文王 11年 3月 13일에 시행된 大赦는 理洪의 태자책봉을

---

7) 申瀅植, 1984, 『韓國古代史의 新研究』, 一潮閣, 104쪽.

8) 政明(神文王)이 태자로 책봉된 문무왕 5년(665) 무렵에는 정치적인 격변이 진행되고 있었다. 新羅는 唐의 힘을 빌려 무열왕 7년(660)에 百濟를 멸망시켰다(『三國史記』 卷5, 태종무열왕). 그러나 문무왕이 즉위한 이후에, 百濟遺民들은 줄기찬 저항을 하였다(『三國史記』 卷6, 文武王 元年, 2年, 3年, 4年). 또한 新羅는 文武王 2年(662)에, 唐과 함께 高句麗를 공격하였다(『삼국사기』 卷6, 문무왕 2년). 이어 문무왕 5년 8월에, 왕은 唐의 칙사 劉仁軌, 의자왕의 아들로 웅진도독이었던 扶餘隆과 더불어 웅진 就利山에서 맹약을 하였다(『삼국사기』 卷6, 문무왕 5년 8월). 그리고 문무왕 6년에, 신라는 고구려를 멸망시키고자 당나라에 군사를 청하였던 것이다(『삼국사기』 卷6, 문무왕 6년 4월). 이렇게 급박한 정치적 배경 때문에, 태자책봉과 관련된 서상물 진헌이 없었던 것으로 보여진다.

9) 理洪은 神文王에 이어 즉위한 孝昭王이다(『三國史記』 卷8, 孝昭王 卽位年).

10) 李熙德, 1999, 앞의 책, 285쪽. 白雀은 『宋書』 符瑞 下에 서상물로 기록되어 있다.

축하하기 위한 것이었다고 보여진다. 그리고 시기로 보아, 신문왕 11년 3월 13일의 백작은 3월 1일에 있은 이홍의 태자책봉과 관련되어 바쳐졌을 것이다.

> 라-1) (성덕왕) 14년 여름 4월에 菁州에서 흰 참새(白雀)를 바쳤다. 5월에
>   죄인들을 석방하였다. 6월에 크게 가물었다. 王이 河西州 龍鳴嶽에
>   사는 居士 理曉를 불러 林泉寺 못 위에서 비를 빌었더니 곧 비가
>   열흘 동안이나 내렸다. 가을 9월에 太白이 庶子星을 가렸고 겨울
>   10월에는 流星이 紫微星을 범하였다. 12월에는 流星이 天倉으로부터
>   大(太)微로 들어갔다. 죄인들을 석방하였다. 왕자 重慶을 봉하여 太子
>   로 하였다(『三國史記』 卷8, 聖德王).
> 라-2) (성덕왕) 16년 여름 4월에 지진이 있었다. 6월에 태자 重慶이 죽으니
>   시호를 孝殤이라 하였다(『三國史記』 卷8, 聖德王).
> 라-3) (성덕왕) 23년 봄에 王子 承慶을 세워 太子로 삼았다. 大赦하였다.
>   熊川州에서 瑞芝를 바쳤다(『三國史記』 卷8, 聖德王).

라-1)의 사료를 보자. 성덕왕 14년 여름 4월에 청주에서 흰 참새(백작)를 바치고 있다. 5월에 죄인들을 석방하였다. 이어 성덕왕 14년 12월에 왕자 중경을 태자로 삼았다는 것이다.[11] 성덕왕 14년 여름 4월에 흰 참새를 바친 것은 시기적으로 보아, 12월에 중경을 태자로 책봉한 사실과 관련되었을 것이다.[12]

白雀은 王者의 爵祿이 고르면 이른다는 것이다. 그리고 『南齊書』瑞祥에도 서상물로 기록되어 있다.

[11] 성덕왕 14년 5월에 죄인들을 석방한 것은 정명(신문왕), 이홍(효소왕)의 예로 보아, 태자로 책봉된 사실과 관련되었다고 보여진다.

[12] 성덕왕 14년 12월에 죄인들을 석방하고 있다. 이것은 성덕왕 14년 9월과 10월, 12월에 있었던 잇따른 천재지변을 발양하고자 한 뜻이 있었을 것이다. 그리고 12월에 중경이 태자로 된 것과 관련되었을 것이다.

라-3)에서 보듯이, 성덕왕 23년 봄에 왕자 承慶을 세워 태자로 삼고 있다.13) 승경을 태자로 책봉하고, 대사와 함께 웅천주에서 瑞芝가 바쳐지고 있다.14) 성덕왕 23년 봄에 왕자 承慶을 태자로 삼은 동시에 행해진 대사 역시 태자책봉과 관련되었을 것이다.

그리고 서지는 金芝, 芝草 등으로 기록되어 있으며, 버섯을 가리킨다. 지초는 군주의 인자한 정치 밑에서 생장한다고 한다. 그리하여 지초는 고대로부터 瑞祥草로서 상징되었다. 따라서 신라의 금지와 지초는 서상으로 파악되었을 것이다.15) 그런데 지초로 상징되는 군주의 인자한 정치와 태자책봉은 직접적으로 관련된 것이 아니다. 따라서 이 시기에 서지는 다만 국가의 경사인 태자책봉과 관련하여 바쳐졌을 것이다. 시기로 보아, 웅천주에서 서지를 바친 것은 승경이 태자로 책봉된 것과 관련되었다.

> 마) (효성왕) 3년 여름 5월에 波珍湌 憲英을 封하여 太子로 하였다. 가을 9월에 完山州에서 흰 까치(白鵲)를 바쳤다. 여우가 月城 宮中에서 울므로, 개가 물어 죽였다(『三國史記』 卷9, 孝成王 3年).

마)에서 보듯이, 효성왕 3년 5월에 헌영을 태자로 삼은 후 3년 9월에 완산주에서 흰 까치(白鵲)를 바치고 있다. 흰 까치(白鵲)는 왕에게 헌상되었던 것으로 서상물이었다. 그런데 白鳥, 白雀, 白鵲, 白鷹 등의 흰색을

---

13) 중경의 어머니인 성정왕후가 출궁된 후 성덕왕 19년 3월에 이찬 순원의 딸이 왕비로 되고 있다(『三國史記』 卷8, 聖德王 19年 3月). 승경은 순원의 딸인 炤德王妃 (『三國史記』 卷8, 聖德王 23年 12月)의 아들이었다(『三國史記』 卷9, 孝成王 卽位年).

14) 지초는 『宋書』 卷29, 符瑞 下에 王者가 仁慈하면 생기며 그것을 먹으면 사람으로 하여금 속세를 초월하게 한다고 기록되어 있다. 그리고 『宋書』 符瑞志에 漢代의 지초기사가 실려 있다(이희덕, 1999, 앞의 책, 288쪽).

15) 이희덕, 1999, 위의 책, 288쪽.

가진 조류는 통일신라시기에 瑞祥物로 이해되었다. 이것은 왕에게 헌상되었다는 사실로 알 수 있다.16) 효성왕 3년 9월에 흰 까치를 바친 것은 5월에 헌영이 태자로 된 사실과 관련되었을 것이다.

바) (경덕왕) 19년 ··· 가을 7월에 왕자 乾運을 봉하여 王太子로 삼았다(『三國史記』 卷9, 景德王 19年).

건운(혜공왕)이 태자로 책봉될 때에, 서상물을 바쳤다는 기록은 없다.17) 앞에서 신라 중대에 태자를 책봉할 때에 서상물이 바쳐지는지를 살펴보았다. 태자로 책봉된 7명 가운데 5명이 서상물이 바쳐진 것으로 추정하였다. 그러므로 신라 중대에 태자를 책봉할 때에 서상물이 바쳐지는 것은 하나의 관례가 아닌가 생각된다.18)

---

16) 李熙德, 1999, 위의 책, 285쪽. 흰 까치(白鵲)는 『宋書』 符瑞 下에 서상으로 기록되어 있다. 그러나 白鵲은 『南齊書』 瑞祥에는 보이지 않는다.

17) 혜공왕은 경덕왕 17년 가을 7월 23일에 출생하였다. 그가 탄생할 때에 우레와 번개가 심하였으며, 절 열여섯 군데에 벼락이 쳤다(『삼국사기』 권9, 경덕왕). 이는 무엇을 의미하는 것일까. 그런데 신문왕은 원자탄생시에 나타난 천재지변을 크나 큰 천견으로 간주하고 있다(이희덕, 1999, 앞의 책, 270~272쪽). 이로 본다면 혜공왕이 출생할 때에 나타난 천재지변 역시 단순한 자연현상으로 보는 것이 아니라 정치적 의미를 함축하였을 가능성이 있다.
그리고 혜공왕은 중대 무열계의 마지막 왕으로 시해되었다(李基白, 1974, 『新羅政治社會史硏究』, 一潮閣, 237쪽). 따라서 혜공왕이 태자로 책봉될 때에 서상물이 바쳐졌더라도, 뒷시기에 서상기록이 삭제되었을 가능성이 있다.

18) 성덕왕대에 중경은 태자로 책봉되었다. 중경이 태자로 책봉될 무렵에 서상물이 헌상되었다. 그러나 중경은 왕위에 오르지 못하였다.

Ⅲ. 왕비책봉과 서상

왕비로 책봉될 때에, 서상물이 바쳐졌는가를 살펴보자. 이와 관련된 기록은 다음과 같다.

> 가) (神文王) 3년 봄 2月에 順知를 中侍로 하였다. 一吉飡 金欽運의 少女를 맞아 夫人으로 삼으려 하므로 먼저 伊飡 文穎과 波珍飡 三光을 보내어 期日을 정하게 하고 大阿飡 知常을 시켜 (夫人에게) 納采하게 하였다. … 5月 7日에 伊飡 文穎과 愷元을 그의 집에 보내 夫人으로 책봉하고 그 날 卯時에 波珍飡 大常 孫文과 阿飡 坐耶 吉叔 등을 보내어 각각 그들의 아내와 딸 및 及梁과 沙梁 二部의 婦人 각 30人을 데리고 맞이하였다. 夫人이 수레를 탔는데 左右의 시종하는 官人과 女子들이 매우 盛大하였다. 王宮 北門에 이르러 수레로부터 내려 大內로 들어왔다(『三國史記』卷8, 神文王 3年 2月).

가)를 보자. 신문왕은 김흠돌의 딸을 父의 난에 연좌시켜 출궁시킨 후,[19] 김흠운의 딸을 왕비로 맞아들이고 있다. 그런데 왕비로 맞아들인 전후에 서상물을 진헌한 기록은 보이지 않는다.

> 나) 孝昭王이 즉위하니 諱는 理洪(洪은 혹은 恭으로도 씀)으로 神文王의 太子이다. 母의 姓은 金氏로 神穆王后이니 一吉飡 金欽運(運은 혹 雲으로도 씀)의 딸이다(『三國史記』8, 孝昭王 卽位年).

효소왕은 신문왕 7년 2월에 태어났다. 신문왕이 재위한 기간은 12년이었다.[20] 그러므로 효소왕이 즉위하였을 때의 나이는 5세에 불과하였다.

---

19) 『삼국사기』권8, 신문왕 즉위년.
20) 『삼국사기』권8, 신문왕.

그리고 효소왕이 즉위할 때에 왕비가 기록되어 있지 않다. 이로 보아, 효소왕은 왕비를 맞아들이지 않은 상태에서 즉위하였다.

그리고 신라 중대에, 왕이 재위할 때의 왕비책봉은 중요한 정치적 행사로 기록되었다. 그럼에도 효소왕의 재위기간 중에 왕비를 들였다는 기록은 없다. 효소왕의 재위기간은 11년이었고[21] 효소왕이 즉위하였을 때의 나이가 5세이므로, 효소왕은 16세에 돌아갔다. 효소왕은 재위기간 동안에 왕비를 맞아들이지 않은 상태에서 돌아갔던 것이다.

> 다-1) (성덕왕) 3년 봄 정월에 熊川州에서 金芝를 바쳤다. … 여름 5月에 乘府令 蘇判 金元泰의 딸을 맞아들여 왕비를 삼았다(『三國史記』卷8, 聖德王 3年).
>
> 다-2) (성덕왕) 19년 봄 정월에 지진이 있었다. 上大等 仁品이 卒하므로 大阿湌 裵賦로 상대등을 삼았다. 3월에 伊湌 順元의 딸을 들이어 王妃로 삼았다. 여름 4월에 큰 비가 와서 산이 13개소나 무너졌다. 우박이 와서 禾苗를 해쳤다. 5월에 … 完山州에서 白鵲을 바쳤다. 6월에 王妃를 책봉하여 王后로 삼았다. 가을 7월에 熊川州에서 白鵲을 바쳤다. 蝗蟲이 곡식을 해쳤다. 中侍 思恭이 물러나므로 波珍湌 文林으로 중시를 삼았다(『三國史記』卷8, 聖德王 19年).

다-1)을 보자. 성덕왕 3년 봄 정월에 웅천주에서 금지를 바치고 있다. 이어 3년 5월에 김원태의 딸을 왕비로 하였다. 金芝는 앞에서 보았듯이, 瑞祥物이었다. 시기적으로 보아, 성덕왕 3년 정월에 웅천주에서 금지를 바친 것은 3년 5월에 김원태의 딸을 왕비로 맞아들인 것과 관련되었을 것이다.

다-2)를 살펴보자. 성덕왕 19년 3월에 이찬 순원의 딸을 왕비로 삼고

---

21) 『삼국사기』 권8, 효소왕.

있다. 5월에는 完山州에서 白鵲을 바쳤다. 6월에 왕비를 책봉하여 왕후로
삼았다. 이어 7월에 熊川州에서 白鵲을 바쳤다. 앞에서 보았듯이, 흰색을
지닌 조류는 통일신라시기에 서상물로 이해되었다. 이것은 왕에게 헌상
하고 있는 것으로 알 수 있다.[22] 시기적으로 보아, 성덕왕 19년 5월과
7월의 백작 헌상은 왕비를 책봉한 것과 연관되었을 것이다.[23]

　　라-1) (효성왕) 2년 봄 2월에 … 唐이 사신을 보내어 王妃 朴氏를 詔冊하였다.
　　　　 … 여름 4월에 … 흰 무지개가 해를 뚫고 所夫里郡의 강물이 피로

---

22) 이희덕, 1999, 앞의 책, 285쪽.

23) 성덕왕 19년 정월에는 지진이 일어났다. 그런데 중국에서 지진의 의미를 살펴보
자. 後漢代에 지진은 외적의 침구와 패전의 구징으로 예시하고 있다. 또한 女主盛
臣制命과 같은 비정상적 정치현상의 출현을 예시하는 것으로도 해석하였다(이희
덕, 1999, 위의 책, 71쪽). 그리고『新唐書』五行 2에 지진이란 陰이 강성하여
正常을 뒤집으면 나타난다고 하여 지진이 입히는 물리적 피해를 넘어서서 臣彊
妃專恣 夷犯華 등 제국의 안위를 뒤흔드는 조짐으로 설명하고 있다. 신라에서도
지진이 성덕왕 9년 정월에 발생하자 죄인에게 赦令을 내리고 있다. 이러한
사례로 미루어 신라에서도 지진을 단순한 자연적 재해로 보지 않고 天譴說에
입각한 재이관을 가지고 있었다(이희덕, 1999, 위의 책, 252~253쪽).
한편 성덕왕 19년 3월에 큰비가 와서 산이 13개소나 무너졌다고 한다. 이와
같은 山崩에 대해, 중국의『後漢書』五行志는 後漢代 君道의 붕괴와 아울러 竇太后
형제의 專權을 그 원인으로 제시하고 있다(이희덕, 1999, 위의 책, 127쪽).
이어 성덕왕 19년 4월에 우박이 와서 禾苗를 해쳤다는 기사를 살펴보자. 중국의
기록인『後漢書』五行 3에는 우박에 대해 가혹한 형벌과 참소를 그 원인으로
설명하고 있다.『新唐書』五行 3 雹條에, 우박이 내리는 현상은 군주가 그 과실을
뉘우치지 아니하고 賢人을 멀리하고 邪人을 등용하거나 참소를 믿고 무고한
사람을 살해할 때 나타나는 것이라고 설명되어 있다(이희덕, 1999, 위의 책,
274쪽). 신라에서는 눌지왕 20년 4월에 우박이 내리자 慮囚하여 인정을 베푼
것으로 보아, 우박을 天의 譴責으로서 이해하고 있었다(이희덕, 1999, 위의 책,
89쪽).
위에서 보았듯이, 성덕왕 19년에 발생한 지진과 산붕, 우박은 같은 시기에
白鵲을 헌상한 것과 대비된다. 위의 천재지변들은 왕비의 책봉 시에 상당한
정치적 갈등이 있었음을 내포할 가능성이 있다. 이에 관해서는 성덕왕대의
왕비책봉과 관련하여 후고에서 분석하고자 한다.

변하였다(『三國史記』卷9, 孝成王 2年).

라-2) (효성왕) 3년 2월에 王弟인 憲英으로 派珍湌을 삼았다. 3월에 伊湌
順元의 딸 惠明을 들여 王妃로 삼았다. 여름 5월에 波珍湌 憲英을
太子로 삼았다. 가을 9월에 完山州에서 白鵲을 바쳤다. 여우가 月城宮中
에서 울므로 개가 물어 죽였다(『三國史記』卷9, 孝成王 3年).

효성왕은 중대 역대 왕들 중에서 유일하게 朴氏와 혼인을 하였다.
효성왕의 혼인은 언제 이루어졌을까. 중대 역대 왕들이 즉위 전에 혼인을
하였다면, 『삼국사기』의 즉위년이나 원년에 왕비기록이 나온다. 그런데
효성왕은 즉위년이나 원년에 왕비기록이 보이지 않는다. 라-1)에서 보듯
이, 효성왕 2년 2월에 唐이 사신을 보내어 王妃 朴氏를 詔冊하였던 것이다.
이로 보아, 효성왕은 즉위년이나 원년 무렵에 박씨 왕비와 혼인하였을
것이다. 효성왕이 박씨 왕비와 혼인한 즉위년이나 원년 무렵에 서상물을
진헌한 기록은 없다.

한편 라-2)에서 효성왕 3년 가을 9월에 完山州에서 白鵲을 바쳤다.
이것은 어떠한 정치적 의미를 가지는 것일까. 여기에는 세 가지 가능성이
있다. 첫 번째는 3년 3월에 순원의 딸인 혜명을 왕비로 맞아들인 것과
관련되었을 가능성이다. 두 번째는 3년 5월에 헌영을 태자로 삼은 것과
관련되었을 가능성이다. 세 번째는 왕비책봉과 태자책봉을 겸하여 축하
하는 서상물이었을 가능성이다.

그런데 왕비책봉과 관련하여 서상물을 바친 예는 중대에는 성덕왕이
유일하였다. 또한 시기적으로 보아, 3월의 왕비책봉 보다는 5월의 태자책
봉이 9월의 서상물 진헌과 가깝다. 이로 미루어 본다면, 효성왕 3년
9월의 白鵲(흰 까치) 헌상은 순원의 딸이 왕비로 책봉된 것과는 관련이
없었을 것이다.

마-1) 景德王이 즉위하였다. 諱는 憲英으로 孝成王의 同母弟이다. 효성이
　　아들이 없으므로 헌영을 세워 태자로 하였다. 그런 까닭에 왕위를
　　이을 수 있었다. 妃는 伊飡 順貞의 딸이다(『三國史記』 卷9, 景德王 卽位
　　年).

마-2) (경덕왕) 2년 … 여름 4월에 舒弗邯 金義忠의 딸을 들여 왕비로
　　하였다(『三國史記』 卷9, 景德王 2年 4月).

　마-1)에서 보듯이, 경덕왕 즉위년에는 왕비가 이찬 순정의 딸로 기록되
어 있다. 이로 보아 경덕왕은 즉위하기 전에 혼인하였을 것이다. 그러므로
순정의 딸이 왕비로 되는 것과 관련된 서상물의 진헌은 없었을 것이다.
그리고 마-2)에서 보듯이, 김의충의 딸이 왕비로 되고 있다. 이 무렵에
서상물을 진헌한 기록은 보이지 않는다.

바-1) 혜공왕이 즉위하였다. 諱는 乾運으로 경덕왕의 嫡子이다. 母는
　　金氏로 滿月夫人이니 舒弗邯 義忠의 딸이다. 王의 즉위시의 나이가
　　8세이므로, 太后가 섭정하였다(『三國史記』 卷9, 惠恭王 卽位年).

바-2) (혜공왕) 16년 여름 4월에 上大等 金良相이 伊飡 敬信과 더불어
　　군사를 일으켜 志貞 等을 誅했다. 王과 后妃는 亂兵에게 해를 입었다.
　　良相 等은 王을 諡하여 혜공왕이라 하였다. 元妃는 新寶王后로 伊飡
　　維誠의 딸이요, 次妃는 伊飡 金璋의 딸이다. 史記는 入宮한 年月을
　　잃어 버렸다(『三國史記』 卷9, 惠恭王 16年).

　바-1)에서 보듯이, 혜공왕이 즉위한 해에는 왕비 기록이 없다. 이것은
혜공왕이 즉위할 때에는 혼인하지 않았음을 말한다. 그런데 바-2)의
혜공왕 16년 기록에 혜공왕에게는 元妃와 次妃가 있었다고 되어 있다.
이들 원비와 차비의 입궁 연월은 사서에서 잃어버렸다고 하였다.『삼국사
기』에 나타난 혜공왕대의 기록에는 서상물을 진헌한 기록이 보이지

않는다.

앞에서 보았듯이, 왕의 즉위 이후에 왕비를 들이는 것은 여덟 가지의 예가 있었다.[24] 신문왕(1회)과 성덕왕(2회), 효성왕(2회), 경덕왕(1회), 혜공왕(2회)이다. 왕비를 맞아들일 때에 서상물의 진헌이 보이는 예는 성덕왕대의 2회에 불과하였다. 따라서 우리는 중대 역대 왕들 가운데 성덕왕을 제외하고는 왕비를 책봉할 때에 서상물이 바쳐지지 않았다고 이해할 수 있다.

Ⅳ. 국가의 경사(승전, 삼국통일)와 서상

신라 중대에는 勝戰이나 三國統一과 관련하여 서상물이 바쳐지고 있다. 다음의 사료를 보자.

> 가) (무열왕) 6년 9월에 何瑟羅州에서 白鳥를 바쳤다. 公州 基郡江 가운데에 서 큰 물고기가 나와 죽었는데 길이가 百尺이나 되고 먹은 자는 죽고 말았다(『三國史記』 卷5, 太宗武烈王).

白鳥를 바쳤다는 표현으로 보아, 신라 중대에 백조는 서상으로 인식되었다.[25] 그런데 이 사료와 관련하여 무열왕 6년 4월과 10월, 7년 3월의

---

24) 혜공왕의 왕비는 元妃와 次妃가 있었다. 여기에서 차비는 뜻으로는 버금가는 왕비가 된다. 그러므로 차비는 後宮이 아니라 王妃를 지칭하는 것이다. 실제로 次妃의 父인 金璋은 伊湌이라는 관등을 가졌다. 이찬은 신라의 제2관등으로 진골만이 오를 수 있는 관등이었다. 김장은 元妃의 父인 維誠이 가진 관등인 伊湌과 같은 관등을 가졌던 것이다.

25) 중국에서 白鳥에 대한 관념은 어떠하였을까. 『宋書』 符書 上에, 昭帝 元鳳 2년 正月에 백조 수천 마리가 땅 속으로 들어간 큰 돌 주위에 모였다는 기사가 있다. 그런데 이 기사에서 백조 자체가 왕자의 성덕과 관련되어 있지는 않다.

기록을 살펴보자.[26] 무열왕 6년 4월에 新羅는 장차 百濟를 치려고 唐에 사신을 보냈다.[27] 6년 10월에는 당에 請兵한 回報가 없으므로 왕이 근심하는 빛이 외양에 나타났다. 이때 홀연히 왕 앞에 先臣 長春과 罷郎 비슷한 사람이 나타났다. 이들은 唐 皇帝가 大將軍 蘇定方 等에게 명하여 군사를 거느리고 내년 5월에 백제를 정벌하기로 하였다고 말하였다.[28] 이어 무열왕 7년 3월에 唐은 水陸軍 13만 명을 동원하여 백제를 치려 하였다. 이와 동시에, 당은 신라왕을 嵎夷道行軍摠管으로 삼아 군사를 거느리고

그리고 『南齊書』에 백조는 서상물로 기록되어 있지 않다. 『隋書』 역시 군주와 관련된 서상물로 기록되어 있지 않다. 다만 豆盧勣이라는 신하와 관련된 이야기에 백조가 나온다. 勣의 말발굽이 밟힌 곳에서 샘이 솟아 나오고, 백조가 廳前의 어린 아이에게 이르러 가버렸다는 것이다. 그리하여 백성들이 이를 神鳥가 날아왔다고 하였다는 것이다. 그리고 『舊唐書』 卷37, 五行에 백조가 기록되어 있다. 開元 25년에 貝山에 누리가 苗를 먹자 백조 수만 마리가 무리를 지어 날아와 하루 저녁에 황충을 다 먹었다는 것이다.

26) 公州 基郡江 가운데에서 큰 물고기가 나와 죽었는데 길이가 百尺이나 되고 먹은 자는 죽고 말았다고 한다. 이것은 魚孽이다. 이 사료는 『삼국사기』 신라본기에 실려 있다. 그러나 실은 공주라는 지명에서 보듯이, 백제의 사실과 관련된다고 보여진다. 먼저 중국에서 어얼에 관한 해석을 살펴보자. 『後漢書』 五行 3에 大魚의 출현과 두 왕의 죽음을 연결시키고 있다. 이 기사의 註로 인용된 京房易傳에는 바다에서 巨魚가 나오면 邪人進, 賢人疏라는 또 다른 의견이 제시되고 있다(이희덕, 1999, 앞의 책, 123쪽). 『新唐書』 오행 3, 魚孽條에는 魚를 民의 상징으로 보고 있다(이희덕, 1999, 위의 책, 268~269쪽).
그런데 무열왕 6년 9월에 나타난 어얼은 公州 基郡江 가운데에서 출현하였다. 공주는 백제의 두 번째 수도였다. 백제는 이미 의자왕 19년 5월에 왕도 서남쪽에 있는 사비하에서 큰 물고기가 죽었으며, 의자왕 20년 2월에 서해 바닷가에 작은 고기가 죽어 백성들이 이것을 먹었는데 다 먹을 수 없었다는 어얼 기사가 나타나고 있다. 이는 백제의 멸망이 임박한 당시에 大魚와 小魚의 出死란 이변 발생을 기록한 것이다(이희덕, 1999, 위의 책, 89~90쪽). 이로 미루어, 무열왕 6년 9월에 公州 基郡江 가운데에서 나타난 어얼은 백제멸망과 연관된 것으로 보여진다.

27) 『삼국사기』 권5, 무열왕 6년 4월.

28) 『삼국사기』 권5, 무열왕 6년 10월.

응원하게 하였다.[29] 이로 보아 무열왕 6년 9월에 백조를 헌상한 것은 신라와 당이 백제를 멸망시킨 것과 관련된 서상이었을 것이다.

> 나) (문무왕) 2년 … 8월에 百濟의 餘衆이 內斯只城에 屯聚하여 나쁜 행동을 하므로 欽純 등 19장군을 보내어 討破하였다. 大幢摠管 眞珠와 南川州摠管 眞欽이 병을 거짓으로 일컬으며 한만히 놀고 國事에 마음을 쓰지 아니하므로 드디어 그들을 죽이고 그 一族까지 멸하였다. 沙湌 如冬이 어미를 때리므로 하늘에서 雷雨가 내려 그를 벼락쳐 죽였다. 그 몸 위에는 須罘堂 3자가 쓰여 있었다. 南川州에서 흰 까치를 바쳤다(『三國史記』 卷6, 文武王 2年).

위의 사료에서 보듯이, 문무왕 2년 8월에 南川州에서 흰 까치를 바치고 있다. 이 서상은 어떠한 역사적 사실과 관련이 있을까. 신라는 무열왕 7년에 백제를 멸망시켰다. 그리고 문무왕 2년 3월에는 大赦를 하였다. 이때 王은 이미 백제를 평정하였으므로, 해당 관청에게 명령하여 큰 잔치를 베풀었던 것이다.[30] 따라서 대사는 백제를 평정한 사실과 관련되었다. 이로 보아, 大赦를 한 5개월 뒤인 문무왕 2년 8월에 南川州에서 바친 흰 까치는 백제를 평정한 사실과 관련된 서상물이었다고 보여진다.

> 다) (문무왕) 10년 6월에 … 漢祇部의 女人이 한꺼번에 三男一女를 낳으므로 (왕이) 粟 2백석을 내렸다(『三國史記』 卷6, 文武王 10年).

위의 기사는 多産에 관한 내용이다. 신라에서는 다산인 경우 조를 내려 자못 경사로 삼고 있었다.[31] 문무왕은 다산을 경사로 여겨 조를

---

29) 『삼국사기』 권5, 무열왕 7년 3월.
30) 『삼국사기』 권6, 문무왕 2년 3월.

하사하였을 것이다. 이 무렵의 정치적 정세를 살펴보자. 문무왕 10년 6월에 高句麗의 大兄 牟岑이 安勝을 받들어 임금으로 삼았다. 신라는 이들을 國西의 金馬渚에 있게 하였다. 그리고 8월 1일에 신라는 안승을 고구려왕으로 冊命하는 일이 있었다.[32] 그리고 문무왕 11년(671)에 부여에 所夫里州를 설치하여, 백제의 옛 땅에 대한 신라의 지배권이 완성되었다.[33] 따라서 신라인들은 문무왕 10년에 나타난 다산을 신라의 통일전쟁과 관련하여 서상으로 인식하였을 가능성이 있다.

> 라) (문무왕) 11년 봄 정월에 … 군사를 발하여 百濟에 침입하여 熊津 남쪽에서 싸워 幢主 夫果가 전사하였다. 靺鞨兵이 舌口城을 에워쌌다가 이기지 못하고 퇴각하려 하자 군사를 내어 그들을 쳐서 300여 인을 죽였다. (왕은) 唐兵이 백제를 來救하려 한다는 말을 듣고 大阿湌 眞功과 阿湌 □□□□을 보내어 군사를 이끌고 甕浦를 지키게 하였다. 白魚가 뛰어들었는데 … 一寸이었다(『三國史記』 卷7, 文武王 11年).

이 서상은 어떠한 역사적 사실과 관련이 있을까. 白魚가 뛰어들었다는 문무왕 11년 정월에, 신라는 백제와 고구려를 멸망시키고 당과 대립하고 있었다. 이 기사는 周나라 武王이 殷나라 紂王을 정벌하러 가던 길에, 황하 중류에서 백어가 왕의 배에 뛰어들었다는 고사와 비슷하다. 결국 신라는 5년 뒤 당제국의 침략을 완전히 구축하였다. 신라인은 그 과정에서 뛰어든 백어를 서상의 징조로서 파악하였던 것이다.[34]

---

31) 이희덕, 1999, 앞의 책, 280쪽. 『新唐書』 五行 3 人疴條에는 한 번에 아들 네 쌍둥이를 낳은데 대해, 무릇 사물이 常道에 반하면 妖가 된다. 또한 음기가 성하면 母道가 성하게 된다고 기술되어 있다. 그리하여 唐나라의 경우는 다산을 상도에 반하는 재이로 파악하고 있다(이희덕, 1999, 위의 책, 280쪽).

32) 『삼국사기』 권6, 문무왕.

33) 한규철, 1994, 「남북국의 성립과 전개과정」, 『한국사』 3, 한길사, 237~238쪽.

마) (문무왕) 17년 봄 3월에 왕이 講武殿 南門에서 활쏘기를 관람하였다.
  처음으로 左司祿館을 두었다. 所夫里州에서 흰 매(白鷹)를 바쳤다(『三國
  史記』卷7, 文武王 17年).

문무왕 17년(677) 3월에 흰 매가 바쳐질 무렵의 정세를 살펴보자.[35]
신라는 675년 9월에 唐의 李謹行이 이끄는 대군을 買肖城에서 격파하였다.
676년 11월에 설인귀의 수군이 伎伐浦에 침입한 것을 물리쳤다. 그리하여
문무왕 16년(676)에 나당전쟁은 끝이 났던 것이다.

그런데 서상물을 바친 곳이 소부리주라는 점이 주목된다. 신라는
문무왕 11년(671)에 소부리주를 백제지역에 설치하였다. 그리하여 신라
의 백제통합은 완성되었다.[36] 백제지역에 설치한 소부리주에서 흰 매를
신라 왕실에 바쳤다. 이것은 백제통합과 관련하여 상징적인 의미를
가진 서상물이었을 것이다.

바) (문무왕) 18년 … 5월에 北原에서 이상한 새(異鳥)를 바쳤다. 날개에는
  무늬가 있고 정강이에는 털이 났다(『三國史記』卷7, 文武王 18年).

문무왕 18년 5월에 北原京에서 이상한 새(異鳥)를 바쳤다. 바쳤다는
표현으로 보아, 이상한 새(異鳥)는 서상물이었다.[37] 이 시기의 정세를

---

34) 이희덕, 1999, 앞의 책, 284쪽.『史記』周本紀 4와『宋書』符瑞 上과 下에 周
  武王과 관련된 서상물로 백어가 보인다. 그리고『南齊書』祥瑞에 백어 두 마리가
  배에 뛰어들었다고 하여, 서상으로 기술되어 있다.
35) 중국에서 백응기록이 처음 나오는 시기는 唐代이다. 백응은 당대에 들어와
  진기하게 여겨졌다(신정훈, 2005,「고구려의 서상물이 지닌 성격」,『중앙사론』
  21, 73~74쪽).
36) 한규철, 1994, 앞의 책, 237~238쪽.
37) 이상한 새(異鳥)는 서상을 기록한『宋書』와『南齊書』에 없다. 한편『新唐書』에서는
  咸通中에 이조가 나타났음이 기록되어 있다. 이에 대해 占은 나라에 전쟁이

살펴보자. 문무왕 18년 봄 정월에 船府令 1인을 두어 선박의 사무를 관장하게 하고 左右理方府에 卿 1인씩을 더하였다. 그리고 北原에 小京을 두고 대아찬 吳起로 하여금 지키게 하였다.[38] 이와 같이 신라는 삼국통일 후 확대된 영역을 통치하기 위해 제도의 정비를 이루어 가고 있었다. 문무왕 18년 정월에 소경이 설치된 북원은 이러한 배경하에서, 5월에 서상물인 이상한 새(異鳥)를 바쳤을 것이다.

V. 정치적 의미와 서상

『삼국사기』의 서상기록은 대체로 고립된 기사로 남아 있다. 그러나 이러한 서상기록은 단순한 자연현상이라기보다 정치적 의미를 함축하고 있는 예가 많다고 보여진다. 다음의 사료를 보자.

　　가) (孝昭王) 6년 가을 7월에 完山州에서 嘉禾를 바쳤는데 다른 밭이랑에서 맞붙은 이삭이 났다. 9월에 臨海殿에서 群臣에게 잔치를 베풀었다(『三國史記』 卷8, 孝昭王 6年).

　　효소왕 6년 7월의 기사는 가화에 관한 것이다.[39] 신라에서는 가화와

　　　있으며 사람이 서로 잡아먹는다고 하였다. 중국에서 이조는 구징으로 파악되었다. 이에 비해 고구려와 백제에서 이조는 서상으로 여겨졌다(신정훈, 2005, 앞의 논문, 76~77쪽). 이 점은 이조에 대해 고구려, 백제, 신라가 같은 관념을 가지고 있었음을 나타낸다.

38) 『三國史記』 卷7, 文武王 18年 春 正月.

39) 嘉禾란 王者의 덕이 성할 때 생겨나는 것으로 한줄기의 벼에서 두 개 이상의 이삭이 패어나는 현상이다. 중국에서는 이미 戰國時代 이전부터 가화를 서상의 상징으로 여겼던 것 같다. 그 뒤 漢代에 와서도 가화현상이 발견되고 있다(이희덕, 1999, 앞의 책, 212쪽). 『宋書』 符瑞 下에서, 가화는 五穀의 長으로 왕자의 덕이

관련된 기사가 뒤 시기에 나오고 있다. 신라 憲康王 6년 8월에 가화 기사가 나타나고 있다. 다음 달인 6년 9월에, 시중 敏恭은 왕이 즉위한 이래로 陰陽이 고르고 風雨가 순조롭고 해마다 풍년이 들어 백성들은 먹을 것이 넉넉하고 또 변경이 안온하고 시정이 안락하니 이는 성덕의 소치라고 아뢰고 있다. 따라서 헌강왕대의 가화는 왕의 성덕과 맥이 이어지는 서상이다.[40]

효소왕 6년 무렵에 서상과 관련된 국가의 경사나 왕의 성덕에 관한 기사는 없다. 다만 가화를 바친 2개월 뒤인 9월에 임해전에서 군신에게 잔치를 베풀었다는 기사가 주목된다. 이와 같이 임해전에서 잔치를 하였다는 기록이 혜공왕대에 있다. 혜공왕 5년 3월에 왕이 임해전에서 群臣에게 잔치를 베풀었다는 것이다.[41] 이와 같은 연회가 베풀어진 것은, 대공의 난으로 흐트러진 정국을 수습하기 위하여 행한 조치로 보여진 다.[42] 이로 미루어 보아, 효소왕이 연회를 베풀었던 무렵에 중요한 정치적 사건이나 변동이 이루어졌을 가능성이 있다.

『삼국사기』기록의 소략으로, 이 시기의 서상이 어떠한 정치적 의미를 가진 것인지는 파악할 수 없다. 그러나 효소왕대의 가화를 연회기록과 관련시켜 본다면, 정치적 의미를 함축하였을 가능성이 있다. 그리고 이러한 정치적 의미를 서상과 관련하여 생각할 수 있다. 瑞祥은 王者의 盛德의 결과로 나타나는 현상으로 간주되었던 것이다.[43] 그러므로 이 시기에 바쳐진 가화 역시 왕자의 성덕과 관련하여 바쳐졌을 것이다.

성할 때 생겨난다고 한다(이희덕, 1999, 위의 책, 286쪽).『南齊書』상서에서도 가화는 서상으로 기록되어 있다.
40) 이희덕, 1999, 위의 책, 286쪽.
41)『삼국사기』권9, 혜공왕 5년 3월.
42) 박해현, 1996,『신라중대정치사연구』, 국학자료원, 160쪽.
43) 이희덕, 1999, 앞의 책, 227쪽.

　나) (효소왕) 8년 2월에 흰 기운이 하늘에 뻗쳤고 星孛가 東方에 나타났다.
　　… 가을 7월에 東海水가 핏빛이더니 5일 만에 이전으로 돌아갔다.
　　9월에는 東海에 물싸움이 일어나 그 소리가 王都에까지 들렸다. 兵庫內
　　에서 鼓角이 저절로 울렸다. 新村人 美肹이 황금 1枚를 얻으니, 무게가
　　百分이었다. 이를 바치므로 그에게 南邊第一의 位를 주고 租 100석을
　　내렸다(『三國史記』 卷8, 孝昭王 8年).

　효소왕 8년 2월과 7월, 9월에 일련의 천재지변이 나타나고 있다. 위에서
보이는 일련의 천재지변은 다음 해인 효소왕 9년(700)에 일어난 慶永의
모반과 관련된다고 한다.[44] 그리고 9월에 황금을 바치므로 미힐에게
남변제일의 위품을 주고 조 100석을 내렸다는 것이다. 이것은 이 시기
사람들이 황금을 서상물로 파악하였음을 나타낸다.[45] 서상물인 황금을
바친 미힐은 왕권과 밀접한 인물이었을 것이다. 이와 같이 잇따른 천재지
변이 정치적 갈등을 의미한다면, 황금을 바쳤다는 것 역시 정치적 의미를
함축하였을 가능성이 있다.

　다) (성덕왕) 7년 봄 정월에 沙伐州에서 瑞芝를 바쳤다. 2월에 지진이
　　있고 여름 4월에 鎭星이 달을 범하였다. 죄수를 大赦하였다(『三國史記』
　　卷8, 聖德王 7年).

　성덕왕 7년 봄 정월에, 서지를 바치고 있다. 서지는 앞에서 보았듯이,
서상물이었다. 이에 비해 성덕왕 7년 2월에 지진이 일어나고 4월에
진성이 달을 범한데 이어 대사를 하고 있는 것이다. 이 시기의 대사는

---

44) 金壽泰, 1996, 『新羅中代政治史研究』, 一潮閣, 51~52쪽.
45) 『後漢書』에는 明帝 永平 11년, 漢湖에 황금이 나와 헌상되었으며, 그 때에 麒麟·白
　　雉·醴泉·嘉禾가 출현하였다는 기사가 있다. 이들은 서상으로 파악되었다(이희덕,
　　1999, 앞의 책, 285쪽).

천재지변을 가시기 위한 것이었다.[46]

그런데 三國에서 災異가 일어나면, 王이 責己修德한 예들이 있다. 예컨대 죄수들에게 은전을 베푸는 것은 仁政에 속하는 것이다. 이것은 德治를 구현함으로써 天戒에 응답한다는 의미를 갖고 있다. 삼국은 재이가 군주의 부덕한 행위에 대한 咎罰로서 나타난 것으로 보았던 것이다.[47] 앞에서 보았듯이, 성덕왕 7년에 나타난 지진과 진성이 달을 범한 현상에 대해 大赦하였다. 이것은 이들 천재지변을 군주의 不德으로 인식하였기 때문일 것이다. 이로 보아, 이 시기에 정치적 갈등이 있었을 가능성이 있다.

반면에 성덕왕 7년 정월에 바쳐진 서지는 다른 의미를 내포하고 있다. 삼국에서 瑞祥은 군주가 이상적인 덕치를 편 결과 天으로부터 나타나는 현상이었다. 『淮南子』의 覽冥訓이나 漢代 董仲舒에 의하면, 군주가 盛德을 베풀어 선정을 펴게 되면 서상은 이르지 않은 것이 없으며 이리하여 왕도는 완성된다고 하였다. 그렇다면 고구려, 백제, 신라에서 나타난 서상물은 당시의 정치상황을 미화하여 덕치에 도달하였다는 상징을 나타낸 것으로서, 이른바 왕도의 실현을 擬制化한 것으로 보인다.[48] 이로 보아, 성덕왕 7년에 발생한 서상은 단순한 자연현상으로 볼 것이 아니라 王者의 덕과 연결되어 있으며, 따라서 정치적 상황과 연관되었다고 할 수 있다. 그렇다면 이 시기의 서상은 성덕왕의 권위 또는 왕의 성덕을 나타내기 위하여 바쳐졌을 것이다.

라) (성덕왕) 8년 봄 3월에 菁州에서 흰 매(白鷹)를 바쳤다. 여름 5월에
  가물었다. … 가을 8월에 죄인을 赦하였다(『三國史記』 卷8, 聖德王

---

46) 李丙燾, 1977, 『國譯 三國史記』, 乙酉文化社, 137쪽.
47) 이희덕, 1999, 앞의 책, 335~338쪽.
48) 이희덕, 1999, 위의 책, 338~339쪽.

8年).

위의 사료는 성덕왕 7년의 기록과 그 성격이 같다. 성덕왕 7년 정월에 서지를 바친데 이어 2월에 지진이 발생하고, 4월에 鎭星이 달을 범한 후에 大赦하였다. 성덕왕 8년의 기록 역시, 서상물이 바쳐지고 가뭄이 있은 다음 죄인을 赦하였던 것이다.

사료에서 보듯이, 성덕왕 8년 3월에 청주에서 흰 매를 바쳤다. 이와 대조적으로 성덕왕 8년 5월에 가뭄이 있었다. 이어 8월에는 죄인을 赦하고 있다. 한발이 일어나면 刑政을 완화하는 등 선정을 베풀어 하늘을 감동시켜 비를 내리게 한다는 것이 중국이나 신라에서는 하나의 보편적 관행이었다.[49] 성덕왕이 가뭄에 대해 죄인을 赦한 것은 이런 점에서 행해졌을 것이다.

이 사료에 나타난 흰 매 역시 성덕왕 7년의 서지와 마찬가지로, 왕권과 연관된다고 보여진다.

마) (경덕왕) 12년 가을 8월에 … 武珍州에서 白雉(흰 꿩)를 바쳤다(『三國史記』 卷9, 景德王 12年).
바) (경덕왕) 13년 여름 4월에 경도에 우박이 있고 크기가 계란과 같았다. 5월에 성덕왕비를 세웠다. 牛頭州에서 瑞芝를 바쳤다(『三國史記』 卷9, 景德王 13年).

경덕왕 12년과 13년에 백치(흰 꿩)와 서지라는 서상물이 바쳐지고 있다.[50] 이 시기의 서상물들은 경덕왕의 왕업을 긍정적으로 보고 찬양하

---

49) 이희덕, 1999, 위의 책, 82쪽.
50) 중국에서 白雉(흰 꿩)에 관한 해석을 살펴보자. 漢代에 있어서 백치의 출현은 중국 역사상 이상정치가 가장 잘 실현되었다는 周公의 공덕을 상징하는 중요한

고자 하는 의도로 해석된다.[51]

   사) (경덕왕) 15년 여름 4월에 큰 우박이 왔다. 대영랑이 흰 여우(白狐)를
      바치니 남변제일의 위를 주었다(『三國史記』 卷9, 景德王 15년).

   경덕왕 15년 4월에 대영랑이 흰 여우를 바치자, 경덕왕은 남변제일의
위를 내렸다.[52] 이로 보아 이는 서상으로 파악되고 있었다. 그런데 경덕왕
대에 서상물을 바친 시기는 경덕왕 12년 8월, 13년 5월, 15년 4월이다.
여기에서 경덕왕 12년 8월과 13년 5월의 서상물은 무진주와 우두주라는
지방행정기관에서 바쳤다. 이에 비해 경덕왕 15년 4월의 서상물은 대영랑
이라는 개인이 바쳤다. 서상물을 바친 대영랑은 경덕왕과 밀접한 인물이
거나 경덕왕의 정책에 도움을 주는 인물이었을 것이다.[53] 그리고 흰
여우는 『宋書』 符瑞 中에 王者가 어질고 지혜가 있으면 이른다고 한다.
따라서 대영랑이 바친 흰 여우는 王者의 德을 상징하는 정치적 의미를
가지고 있었다.

   서상물이었다(이희덕, 1999, 위의 책, 16쪽). 그리고 瑞芝는 앞에서 보았듯이
   이미 漢代에 서상으로 여겨졌다.
51) 신정훈, 2003, 앞의 논문, 52~53쪽. 경덕왕 12, 13년과 15년의 서상과 구징의
   교차에 관한 정치적 의미에 관해서는 신정훈, 2003, 『8世紀 統一新羅의 政治的
   推移와 天災地變의 性格』, 中央大學校 博士論文을 참고할 것.
52) 중국에서 흰 여우(白狐)가 서상으로 기록된 책은 『宋書』가 있다. 『宋書』 符瑞
   中에 백호는 王者가 仁智하면 이르게 되는 것이다(이희덕, 1999, 앞의 책,
   208쪽).
53) 신정훈, 2003, 앞의 논문, 54쪽.

Ⅵ. 맺음말

맺음말은 본문의 내용을 정리하여 대신하고자 한다.『삼국사기』에 기록된 신라 중대에 나타난 서상물들을 분석하였다. 신라 중대에 태자로 책봉된 7명 가운데, 5명이 서상물이 바쳐지고 있다. 이 점은 태자로 책봉될 때에 서상물을 바치는 것이 관례였음을 나타낸다. 그리고 왕비를 책봉할 때에 서상물이 진헌된 것은 8회 가운데 성덕왕대의 2회에 불과하였다. 왕비를 책봉할 때에 서상물이 바쳐지는 것은 예외적인 예였던 것이다. 이어 승전이나 삼국통일과 같은 국가의 경사스러운 일에 서상이 나타나고 있다. 다시 말해 국가의 경사와 서상은 밀접히 연관되어 있는 것이다. 또한 정치적인 의미에서 왕의 성덕과 관련하여 서상물이 나타나고 있다.

이로 보아, 신라 중대의 서상은 단순한 자연현상이 아니었다고 보여진다. 서상물은 정치적인 의미를 함축하고 있었던 것이다.

제2장 신라 하대의 서상이 가진 정치적 의미

Ⅰ. 머리말

新羅人들은 上代와 中代·下代로 신라시기를 구분하고 있다. 上代는 始祖로부터 眞德女王까지이며, 中代는 武烈王으로부터 惠恭王까지이다. 이어 宣德王으로부터 敬順王까지를 下代라고 하였던 것이다.[1] 그러나 『三國史記』의 편찬자인 金富軾은 하대의 첫 왕인 宣德王을 『삼국사기』 제9권 말미에 부기하고 있다. 그는 선덕왕을 聖德王의 外孫으로 왕위에 올랐다는 점을 고려해, 중대 무열계의 왕으로 보았던 것이다. 그러므로 하대의 시작은 元聖王으로부터 시작된다고 한다. 이 점은 『삼국사기』에 기록된 하대의 기록인 제10권의 기록이 원성왕으로부터 시작되고 있는 점에서 알 수 있다. 그는 하대 왕통의 실질적인 시조였던 것이다.[2] 원성왕의 뒤를 이어 직계가 왕위를 계승하다가, 神德王·景明王·景哀王이 朴氏로서 王에 즉위하였다. 이어 신라는 敬順王代에 高麗에 병합되었던 것이다.[3]

그런데 『삼국사기』에는 서상이 기록되어 있다. 이것은 왕자의 盛德을

---

1) 『三國史記』 卷12, 敬順王 9年 12月.

2) 申瀅植, 1981, 『三國史記研究』, 一潮閣, 64쪽.

3) 『三國史記』 卷10~12, 元聖王~敬順王.

나타내는 것이다. 서상은 고대에 있어 단순한 자연현상이 아니었다. 통일신라에서의 서상설은 삼국시대에 이어 군주의 도덕정치 구현과 더욱 밀접한 관계를 가지면서 수용되었던 것이다.[4]

먼저 서상과 관련된 연구를 살펴보자. 한국 역사에서 서상을 분석하고 그 의미를 검토한 연구가 있다. 그것은 세쌍둥이·네쌍둥이 그리고 다섯 쌍둥이·백색의 동물들과 다른 동물들의 서상들·상서로운 별들·길조의 곡식·달콤한 이슬·사리 등 여섯 가지로 분류되었던 것이다.[5] 그리고 三國時代의 서상이 가진 의미를 파악한 연구가 있다. 三國은 각각 중앙집 권적인 국가체제를 발전시키는 과정에서 王權强化를 위한 상징적 시책의 하나로 五行說에 의한 天人合一說을 수용하였다. 여기에서 서상설이 큰 몫을 차지하고 있었다는 것이다.[6] 이어 統一新羅時期의 서상에 관한 연구가 이루어졌다. 『三國史記』에 기록된 통일신라시기 서상물의 출현기 사를 검토해 보면, 中國的 五行思想에서 유래된 서상설의 전형이 신라사회 에 수용되었다는 것이다.[7] 이와 같은 연구를 통해 고대의 서상이 가진 의미를 파악할 수 있었다.

본 글의 주제인 신라 하대에는 적은 횟수의 서상들이 나타나고 있다. 지금까지 신라 하대에 나타난 서상들이 지닌 정치적 의미에 주목한 연구는 없었다. 그리고 하대에 보이는 희소한 서상들이 정치와 어떠한 연관을 갖고 있는지도 살펴지지 않았다. 만약 서상들이 하대의 정치적 추이와 관련된다면, 이것은 단순한 자연현상이 아니다. 서상은 정치적 의미를 함축한 것이 된다. 다음에서는 이를 검토해 볼 것이다.

---

4) 李熙德, 1999, 『韓國古代自然觀과 王道政治』, 혜안, 282쪽.

5) Park Seong-Rae, 1978, 「Portents in Korean History」, 『JOURNAL OF SOCIAL SCIENCES AND HUMANITIES』 Vol.47, 83~91쪽.

6) 이희덕, 1999, 앞의 책, 200쪽.

7) 이희덕, 1999, 위의 책, 288~289쪽.

Ⅱ. 신라 하대 서상기록의 분석

앞에서 보았듯이, 신라인들은 宣德王代로부터 敬順王代까지를 下代로 보았다. 이 시기에는 근소한 서상의 예들이 나타나고 있다. 다음은 신라 하대에 나타난 서상의 예들을 추출하고 그 의미를 분석하였다.

(1) 元聖王

가) 원성왕이 즉위하였다. 諱는 敬信이며 奈勿王의 12世孫이다. 어머니는 朴氏로 繼烏夫人이다. 妃는 金氏로 神述角干의 딸이다. … 2月에 王의 高祖 大阿湌 法宣을 玄聖大王, 曾祖 伊湌 義寬을 神英大王, 祖 伊湌 魏文을 興平大王, 考 一吉湌 孝讓을 明德大王, 母 朴氏를 昭文太后로 追封하였다. 그리고 아들 仁謙을 세워 王太子로 삼았다. … 3月에 前王妃 具足王后를 外宮으로 내보내고 租 삼만 사천 석을 주었다. 浿江鎭에서 赤烏를 바쳤다. 총관을 고쳐 도독이라 하였다(『三國史記』 卷10, 元聖王).

원성왕이 즉위한 해 3월에, 패강진에서 적오를 바치고 있다. 『史記』에 적오가 보인다. 여기에, 적오의 출현은 새 왕조의 확립과 그 왕조의 정당성이 천명에 의해 보장되는 상징이라고 한다.[8]

원성왕이 즉위한 것이 원년 2월이므로, 즉위한 지 1개월 후에 패강진에 서 적오를 바쳤던 것이다. 시기로 보아, 이 서상물은 원성왕의 즉위와 관련되어 바쳐진 것으로 해석된다.

나) 원성왕 6년 봄 정월에 宗基를 侍中으로 하였다. 碧骨堤를 증축하였다.

---

8) 이희덕, 1999, 위의 책, 283쪽.

全州 등 7州의 사람들을 징발하여 役을 행하였다. 熊川州에서 赤鳥를
바쳤다. 3월에 一吉湌 伯魚를 北國에 사신으로 보냈다. 크게 가물었다.
여름 4월에 太白과 辰星이 東井에 모였다. 5월에 곡식을 내어 漢山과
熊川 2州의 굶주린 백성들에게 주었다(『三國史記』卷10, 元聖王).

원성왕 원년 3월 패강진에서 적오를 바친데 이어, 원성왕 6년 정월에
다시 웅천주에서 적오를 바치고 있다. 원성왕 6년의 적오 기사는 무열왕
계인 김주원을 밀어내고 왕권을 장악한 원성왕의 정통성 확보와 관련지
어 생각해 볼 수 있다.[9]

　　다) 원성왕 9년 가을 8월에 큰 바람이 불어 나무가 꺾이고 벼가 엎어졌다.
　　　　奈麻 金惱가 白雉를 바쳤다(『三國史記』卷10, 元聖王).

원성왕 9년 8월에는 奈麻 金惱가 白雉를 헌상하였다.[10] 이것은 서상으
로 바쳐진 것이다. 그런데 漢代에 있어서 백치의 출현은 중국 역사상
이상정치가 가장 잘 실현되었다는 周公의 공덕을 상징할 만큼 매우
중요한 서상으로 간주되었다.[11] 나마 김뇌가 백치를 헌상한 것은, 어떤

---

　9) 이희덕, 1999, 위의 책, 283쪽.
10) 원성왕 7년 봄 정월에, 熊川州의 大舍 向省의 아내가 한 번에 세 아들을 낳았다고
　　한다. 이것은 다산이다. 이와 같은 다산에는 국가의 포상이 있는 경우가 있다.
　　포상은 주로 곡식을 하사하는 것으로 나타난다. 그 예로 헌덕왕 17년 가을에
　　牛頭州 大楊管郡의 黃知 奈麻의 아내가 한번에 2남 2녀를 낳았으므로, 조 1백석을
　　주었다는 것이다. 조 1백석을 준 것을 보면, 국가가 이를 경사로 여겼음을
　　알 수 있다. 그러나 다산에 대해 포상이 없는 예들이 많이 나타난다. 앞의
　　원성왕 7년 봄 정월이 그러하다. 그리고 헌덕왕 6년 10월에 黔牟 大舍의 아내가
　　한 번에 세 아들을 낳았을 때는 포상이 없었다. 뒤 시기인 헌강왕 8년 12월에,
　　枯彌縣의 여자가 한꺼번에 3남을 낳았을 때도 포상은 없었다.
　　다산에 대한 포상이 일관성이 없다는 점은 무엇을 의미하는 것일까. 그것은
　　신라 하대에, 이를 군주와 연관된 서상으로 파악하지 않았음을 말한다.

의미를 가지는 것일까. 그런데 앞 시기인 원성왕 8년 8월에 의영이 태자로 책봉되었다.[12] 나마 김뇌가 바친 백치는 이와 관련된 서상물로 보여진다.

> 라) 원성왕 10년 봄 2월에 지진이 있었다. 太子 義英이 돌아갔다. 시호를 憲平이라 하였다. 侍中 崇斌을 면직하고 迊湌 彦昇을 시중으로 삼았다. 가을 7월에 비로소 봉은사를 창건하였다. 漢山州에서 白鳥(조는 아마도 마땅히 鳥로 되어야 한다)를 바쳤다. 望恩樓를 宮의 서쪽에 세웠다 (『三國史記』 卷10, 元聖王).

라)에서 원성왕 10년 7월에 漢山州에서 백조(흰 새)를 바치고 있다. 흰 색을 지닌 조류는 통일신라시대에 서상물로 이해되었다. 이것은 왕에게 헌상되었다는 사실로 알 수 있다. 그리고 白鳥·白雀의 경우는 『南齊書』 祥瑞志에 다른 서상물과 함께 수록되어 있어, 중국에서도 서상물로 이해되었다고 한다.[13] 여기에서 주목되는 것은, 원성왕 11년 정월에, 혜충태자의 아들 俊邕을 봉하여 太子로 삼았다는 것이다.[14] 따라서 원성

---

11) 이희덕, 1999, 위의 책, 284~285쪽.

12) 『삼국사기』 권10, 원성왕 8년 8월.

13) 이희덕, 1999, 앞의 책, 285쪽.

14) 『삼국사기』 권10, 원성왕 11년 정월. 원성왕 즉위년 2월에 아들 인겸을 왕태자로 하였다. 그는 조상들에 대한 추봉과 함께 태자책봉이 된다. 그러므로 특별히 태자책봉과 관련된 서상물 진헌은 없었을 것이다. 한편 원성왕 8년 8월 의영을 태자로 책봉할 때에는 정치적 물의가 있는 듯하다. 이는 의영이 태자로 책봉될 때에, 준옹이 시중직을 병면하였다는 것에서 알 수 있다(신정훈, 2003, 앞의 논문, 229~230쪽). 따라서 태자책봉에 앞서서 서상물을 진헌할 수 있는 정치적 상황이 되지 못하여, 태자책봉 1년 후인 원성왕 9년 8월에 백치가 헌상되었다고 생각된다. 이에 비해, 원성왕 11년 정월에 준옹이 태자가 된 것은 순조롭게 이루어졌다고 생각된다. 원성왕 10년 2월 태자 의영이 돌아간 후에, 10년 7월 백조를 헌상하여, 준옹의 태자책봉을 미리 경축하였다고 보여진다.

왕 10년 7월에 백조를 헌상한 것은 준옹의 태자책봉과 관련되었을 가능성이 있다.

(2) 昭聖王

마) 소성왕 원년 봄 3월에 菁州의 居老縣을 學生祿邑으로 하였다. 冷井縣令 廉哲이 白鹿을 바쳤다. 여름 5월에 考 惠忠太子를 追封하여 惠忠大王으로 하였다. 牛頭州 都督이 사자를 보내어 왕에게 아뢰었다. "이상한 동물이 소와 같았는데 키가 또한 크고 꼬리의 길이가 3尺 가량 되었으며 코가 길며 털이 없었습니다. 峴城川으로부터 烏食壤을 향하여 갔습니다."라고 하였다. 가을 7월에 인삼 9尺을 얻었는데 매우 이상하여 사신을 보내어 당에 가 바쳤다. 德宗이 인삼이 아니라 하고 받지 않았다. 8월에 어머니 金氏를 追封하여 聖穆太后라 하였다. 漢山州에서 白鳥를 바쳤다(『三國史記』 卷10, 昭聖王).

위의 기록에서 보듯이, 소성왕 원년 봄 3월에 냉정현령 염철이 백록을 바치고 있다. 백제와 신라의 경우에, 백록은 왕에게 헌상되었으므로 서상물이었다. 『宋書』 符瑞 中에는 白鹿은 王者의 明惠가 아래로 미치면 이르게 된다고 한다.[15]

또한 소성왕 원년 8월에, 한산주에서 백오를 바쳤다. 흰 색을 지닌 조류는 신라시기에 서상물로 인식되었다. 이 점은 왕에게 헌상되었다는 사실로 알 수 있다.[16] 시기적으로 보아, 이들 서상물은 소성왕의 즉위와 관련된 것으로 이해할 수 있다.[17]

---

15) 이희덕, 1999, 앞의 책, 209쪽.
16) 이희덕, 1999, 위의 책, 285쪽.
17) 소성왕 2년 6월에, 태자를 봉하고 왕이 돌아갔다. 시기로 보아, 태자와 관련된 서상물 진헌은 이루어지지 않았을 것이다.

(3) 哀莊王

바) 애장왕이 섰다. 諱는 淸明으로 昭聖王의 太子이다. 어머니는 金氏로
桂花夫人이다. 즉위할 때의 나이가 13세이므로 阿飡 兵部令 彦昇이
攝政하였다. … 2년 봄 2월에 왕이 始祖廟에 배알하였다. 太宗大王·文武
大王 二廟를 따로 세웠다. 始祖大王과 왕의 高祖 明德大王·曾祖 元聖大
王·皇祖 惠忠大王·皇考 昭聖大王을 五廟로 하였다. 병부령 언승을 御龍
省 私臣으로 하였다가 얼마 있지 않아 上大等으로 삼았다. 大赦하였다.
여름 5월 壬戌 보름에 일식이 있어야 하는데 일식이 없었다. 가을
9월에 熒惑이 달로 들어가고 星隕이 비와 같았다. 武珍州에서 赤烏를
바쳤으며 牛頭州에서 白雉를 바쳤다. 겨울 10월에 크게 춥고 소나무와
대나무가 모두 죽었다. 眈羅國에서 사신을 보내 조공하였다(『三國史
記』 卷10, 哀莊王).

위의 기록에서 보듯이, 애장왕 2년 9월에 무진주에서 적오를 바쳤으며
우두주에서 백치를 바쳤다. 적오와 백치는 앞에서 보았듯이, 서상으로
이해되었다. 이는 원성왕·소상왕의 예와 같이, 왕의 즉위와 관련되어
바쳐진 서상물이었다.

사) 애장왕 3년 봄 정월에 왕이 神宮에 親祀하였다. 여름 4월에 阿飡
金宙碧의 딸을 後宮으로 들였다. 가을 7월에 地震이 있었다. 8월에
加耶山 海印寺를 창건하였다. 歃良州에서 赤烏를 바쳤다(『三國史記』
卷10, 哀莊王).

애장왕 3년 봄 정월에, 왕이 신궁에 친사했다고 한다. 바)에서 보듯이,
이 무렵에 애장왕의 숙부인 언승이 섭정자로 정국을 장악하고 있었다.
그런데 신라에서 새로 즉위한 王은 관례상 大赦와 重臣任命을 끝내고,

始祖廟와 神宮에 親祀한다. 대사와 중신임명은 즉위초의 정치적, 행정적
행위이며, 친사는 즉위의 종교적 측면이다.[18]

애장왕은 신궁에 친사하였다. 이것은 왕이 즉위 후에 있는 종교적
행위를 하였다는 것을 말한다. 그러므로 이 무렵에 애장왕 측에서 친정을
하려는 노력이 시작되었다고 생각된다. 애장왕 3년 8월에 삽량주에서
바친 적오는 이와 관련된 것으로 해석된다.[19]

> 아) 애장왕 5년 봄 정월에 伊湌 秀昇을 侍中으로 하였다. … 가을 7월에
> 閼川에서 크게 閱兵하였다. 歃良州에서 白鵲을 바쳤다. 臨海殿을 중수
> 하고 東宮과 萬壽房을 새로 지었다. 牛頭州의 蘭山縣에서 엎드린 돌이
> 일어났다. 熊川州 蘇大縣 釜浦의 물이 피로 변하였다. 9월에 望德寺의
> 두 탑이 싸웠다(『三國史記』 卷10, 哀莊王).

아)는 애장왕 5년의 기록이다. 애장왕은 즉위할 때 나이가 13세였다.
그러므로 이때는 18세가 된다. 앞에서 보았듯이, 언승은 애장왕이 즉위할
때에 섭정을 하고 있었다. 그리고 언승은 애장왕 10년 7월에 왕을 시해하
고 있다.[20]

이와 관계된 천재지변이 위의 사료에 보이고 있다. 애장왕 5년 7월에
우두주 난산현에서 엎드린 돌이 일어섰으며, 웅천주 소대현 부포의
물이 피로 변하였다는 것이다. 그리고 동년 9월에 망덕사의 두 탑이
싸웠다는 기사가 그것이다. 이들 재이는 애장왕파와 언승파간의 정치적
갈등을 함축한 것이다.[21]

---

18) 崔在錫, 1986,「新羅의 始祖廟와 神宮의 祭祀-그 政治的 宗敎的 意義와 變化를
   중심으로-」,『東方學志』50, 46쪽.
19) 애장왕 3년 8월에 바쳐진 赤鳥는 동왕 5년 7월의 白鵲과 같은 성격의 서상으로
   생각된다. 이 점은 아)에서 후술하고자 한다.
20)『삼국사기』권10, 애장왕 10년 7월.

그렇다면 이러한 정치적 갈등시기인 애장왕 5년 7월에 삽량주에서 白鵲을 바친 것은 어떤 의미를 가지고 있을까. 앞에서 보았듯이, 흰색을 지닌 조류는 신라시기에 서상물로 인식되었다. 그러므로 백작은 서상물이었다. 백작은 이 시기에 행해진 열병과 함께, 임해전을 중수하고 동궁을 지었다는 기사와 연관되어 해석될 수 있다.

먼저 열병에 대해 살펴보자. 열병은 국왕이 군령권을 장악하고 있고, 군령체계상 최고의 지위에 있음을 과시하는 상징성이 매우 큰 의식이다. 신라 中古期에는 국왕이 열병을 실시하지 않았다. 국왕은 최고의 군령권자임이 공인되고 있었기 때문에, 열병이 실시되지 않았던 것이다.[22] 그런데 신라시기에, 열병은 정례적으로 행해진 것이 아니었다. 전쟁시기를 제외한다면, 왕권이 약하거나 정상적인 정치구도가 전개되지 않을 때에 열병이 행해졌다. 이런 예로, 앞 시기인 實聖王代에 실시된 열병을 들 수 있다. 실성왕은 정치적으로 반대세력이었던 訥祗王 세력을 견제하기 위해 열병을 행하였다. 그러나 실성왕은 열병을 한 얼마 후에 시해되었다.[23]

또한 宣德王이 3년 7월 始林벌에서 大閱하였다는[24] 기록이 있다. 선덕왕은 열병을 통해, 군령권에 대한 의지를 나타냈던 것이다. 결국 선덕왕대 열병의 실시는 이 시기에, 국왕이 군령권을 완전히 장악하지 못하고 있음을 역설적으로 보여준다고 할 것이다.[25] 이러한 선덕왕대 왕권의

---

21) 이희덕, 1999, 앞의 책, 256쪽.
22) 李文基, 1997, 『新羅兵制史研究』, 一潮閣, 287~288쪽.
23) 장창은, 2004, 「신라 눌지왕대 고구려 세력의 축출과 그 배경」, 『한국고대사연구』 33, 223쪽.
24) 『三國史記』 卷9, 宣德王 3年 7月.
25) 신정훈, 2003, 『8세기 통일신라의 정치적 추이와 천재지변의 성격』, 중앙대학교 박사논문, 159~167쪽.

실상은 왕위 선양과 관련하여 알 수 있다. 선덕왕 5년 4월에, 왕이 왕위를 禪讓하려다가, 群臣들이 세 번이나 글을 올려 諫하므로 그만두었다는 것이다.[26]

주목되는 점은, 신라 中代와 下代에서 왕위 선양은 眞聖女王의 선양 이외에는 보이지 않는다는 점이다. 진성여왕대의 정치적 정세는 어떠하였을까. 진성여왕 3년에, 諸州 郡으로부터 貢賦가 들어오지 않게 되자, 왕이 사자를 보내어 이를 독촉하니 도적이 곳곳에서 봉기하였다. 이후 진성여왕 6년에는 甄萱이 後百濟라 자칭하고, 8년에는 弓裔가 將軍이라 자칭하고 있다. 그리고 진성여왕 10년에는 赤袴賊이 경주의 西部 牟梁里에 이르러 民家를 약탈하는 등 정치적 정세가 혼란 상태에 이르렀다. 그리하여 진성여왕은 재위 11년 6월에 왕위를 선양하였던 것이다.[27]

앞에서 보았듯이, 진성여왕대에 왕위 선양은 매우 혼란스러운 정치적 정세 하에서 이루어지고 있었다. 진성여왕대의 정치적 정세로 미루어 보아, 선덕왕이 왕위를 선양하려 하였다는 것은 무엇을 말하는 것일까. 그것은 이 시기에 정치적 정세와 왕권이 불안정하였음을 말하는 것이다.

이로 미루어보면, 애장왕대에 행해진 열병은 단순한 군대사열이 아니었다. 그것은 섭정자인 언승을 견제하려는 목적에서 애장왕측이 행한 것으로 해석된다.

다음으로 임해전을 중수하였다는 기사를 보자. 이것은 왕의 거처를 다시 고쳤다는 것이다. 이 역시 왕권을 과시하려는 의도로 해석된다. 한편 동궁을 지었다는 것은 무엇을 의미하는 것일까. 애장왕은 이 무렵에 아들에 대한 기록이 없다. 그러므로 애장왕은 후계자가 없는데도 동궁을 지었던 것이다. 이와 관련하여 景德王代의 사실을 보자. 景德王은 4年

---

26)『三國史記』卷9, 宣德王 5年 4月.
27)『三國史記』卷11, 眞聖王 11年 6月.

7月에, 東宮을 修葺하고 있다.[28] 이때에 경덕왕에게는 아들이 없었다. 그는 태자가 태어나지 않은 상황임에도 왕위계승에 관한 정치적 혼란을 미연에 방지하려는 의도에서 동궁을 수즙하였던 것이다.[29]

그런데 애장왕 5년 무렵에, 정국은 섭정자인 언승이 주도하고 있었다. 그러므로 애장왕대의 동궁 수축은 왕권을 섭정자인 언승 측에게 과시하려는 의도가 있었을 것이다. 이로 미루어 보아, 애장왕 5년 7월에 삽량주에서 백작을 바친 것은 어떤 의미를 가지는 것일까. 瑞祥은 聖君의 출현과 더불어 나타나는 것이다.[30] 이것은 왕과 관련되어 있는 것이다. 그런데 애장왕대에 나타난 서상은 특수한 상황에서 나타났다. 섭정이 행해지고 있었던 것이다. 섭정은 임금을 대신하여 정치를 하는 것이다. 애장왕이 나이가 어려 언승이 섭정하였던 것이다. 따라서 이 시기의 서상은 왕권을 과시하기 위해 바쳐진 특수한 예로 해석된다.[31]

---

28) 『三國史記』卷9, 景德王 4年 7月.

29) 신정훈, 2003, 앞의 논문, 32쪽.

30) 이희덕, 1999, 앞의 책, 199쪽 ; 신정훈, 2003, 『8세기 통일신라의 정치적 추이와 천재지변의 성격』, 중앙대학교 박사논문.

31) 哀莊王은 13세에 왕위에 올라, 숙부인 阿飡 兵部令 彦昇이 섭정하였다. 그러나 친정의 시기가 기록되어 있지 않다. 그런데 애장왕은 6년 정월에 母를 大王后로 王妃 朴氏를 王后로 책봉하였다. 父母나 王妃에 대한 책봉은 즉위 초년에 이루어지는 것이 일반적인 관례이다. 애장왕의 경우, 이례적으로 왕 6년에 왕모와 왕비에 대한 책봉이 이루어지고 있는 것이다. 이때에 이르러서야 숙부 언승에 의한 섭정이 끝나고, 애장왕 자신의 친정이 시작되었다고 보여진다. 그리고 그 해에 애장왕은 당으로부터 책봉을 받았고, 모후와 왕비 역시 大妃와 妃로 冊立되었다고 한다. 따라서 애장왕이 친정을 시작했던 시기는 애장왕 6년(805)으로 비정된다고 한다(李文基, 1999, 「新羅 惠恭王代 五廟制 改革의 政治的 意味」, 『白山學報』52, 815~816쪽).

(4) 憲德王

자) 헌덕왕 2년 봄 정월에 波珍湌 亮宗을 侍中으로 하였다. 河西州에서
赤烏를 바쳤다. 2월에 왕이 神宮에 친사하였다. 使者를 보내어 국내의
제방을 修築하였다. 가을 7월에 流星이 紫微로 들어갔다. 西原京에서
白雉를 바쳤다(『三國史記』 卷10, 憲德王).

앞에서 보았듯이, 원성왕과 소성왕·애장왕 등은 즉위한 후에 서상물이
바쳐졌다. 이것은 왕의 즉위를 기념하여 바쳐진 것이다. 이로 보아,
자)의 헌덕왕 2년 정월의 적오와 7월의 백치는 왕의 즉위와 관련하여
바쳐진 서상이다.

차) 헌덕왕 17년 봄 정월에 憲昌의 아들 梵文이 高達山賊 壽神 등 100여
인과 함께 반란을 꾀하였다. 平壤에 도읍을 정하고자 하여 北漢山州(州
는 아마도 城일 것이다)를 공격하였다. 都督 聰明이 군사를 이끌고
그를 잡아 죽였다. … 3월에 武珍州 馬彌知縣의 여인이 아기를 낳았는
데 머리가 둘이며 몸이 두개이며 팔이 네 개였다. 태어날 때에 하늘에
서 큰 우뢰가 있었다. … 가을에 歃良州에서 白烏를 바쳤다. 牛頭州
大楊管郡의 黃知奈麻의 아내가 한번에 2남 2녀를 낳으니 租 100석을
하사하였다(『三國史記』 卷10, 憲德王).

차)에서 헌덕왕 17년 가을에, 삽량주에서 백오를 바쳤다고 한다. 앞서,
헌덕왕 14년 3월에 熊川州 都督 金憲昌이 아버지 金周元이 왕위에 오르지
못한 것을 이유로, 반란을 일으켰다. 그러나 이 반란은 헌덕왕의 중앙군에
의해 진압되었다.[32] 이어 헌덕왕 17년 정월에, 그 아들인 범문이 일으킨

반란도 제압되었다. 이로써 헌덕왕에 대항하는 강력한 라이벌이었던 김헌창계는 완전히 몰락하였다. 歃良州에서 바친 백오는 이와 관련된 서상물일 가능성이 있다.[33]

(5) 憲康王

헌강왕 6년 봄 2월에 太白이 달을 범하였다. 시중 乂謙이 퇴관하였다. 伊湌 敏恭으로 시중을 삼았다. 가을 8월에 熊州에서 嘉禾를 바쳤다. 9월 9일에 왕이 좌우의 신하들과 더불어 月上樓에 올라 사방을 바라보니, 京都의 민가는 서로 이어졌고 歌樂의 소리는 연이어 일어났다. 왕이 시중 민공을 돌아다보고 "내가 들으니 지금 민간에서는 집을 기와로 덮고 짚으로 하지 않으며 밥을 지을 때 숯으로 하고 땔나무로 하지 않는다고 하는데 사실이냐"고 물었다. 민공이 대답하기를 "臣도 또한 일찍이 그와 같이 들었습니다." 하고 인하여 아뢰었다. "上께서 즉위한 이래로 陰陽이 화락하고 風雨가 순조로우며 해마다 풍년이 들어 백성들은 넉넉히 먹을 수 있습니다. 변경은 안정되고 市井이 즐거우니 이것은 聖德이 끼친 것입니다." 왕이 기뻐하며 말하기를 "이것은 卿 等이 보좌한 힘이지 朕이 무슨 덕이 있겠는가."라고 하였다(『三國史記』卷11, 憲康王).

위의 기록을 보자. 헌강왕 6년 8월에 웅주에서 嘉禾를 바쳤다는 것이다. 憲德王代(809~825)의 서상기록에 이어, 興德王代(826~836)부터 景文王代 (861~875)까지 서상기록이 없었다. 그런데 다시 憲康王代(875~885)에 서상인 가화 기록이 나타나고 있는 것이다. 『宋書』符瑞志下에 가화는

---

33) 김헌창의 아들인 범문의 모반은 실패로 끝났다. 이와 연관된 서상기록이 헌덕왕 17년 가을에 바쳐진 백오로 해석된다. 이러한 서상기록이 보인다는 점은 무엇을 말하는 것일까. 그것은 중앙의 왕과 귀족들이 김헌창 세력을 얼마나 강렬하게 의식하였는가를 보여준다고 할 것이다.

五穀의 長으로, 夏·殷·周 3대 이상시대의 재현의 표징으로 되어 있다.[34]

그렇다면 헌강왕대의 가화는 어떤 의미를 가질까. 헌강왕대 왕경의 번영은 왕경 자체의 생산 활동이나 사회의 경제적 융성에 기인한 것이 아니라, 지방민에 대한 배타적 수탈에 의존하고 있었다.[35] 이것은 王京내의 번영에 불과했던 것이다.[36] 따라서 이런 가운데 바쳐지는 가화는 왕경내의 한정된 번영과 관련된 서상으로 이해된다.

우리는 이런 점을 즉위와 관련된 서상물 기록을 통해서도 알 수 있다. 만약 헌강왕대에 왕권과 중앙집권력이 다시 강화되었다면, 하대초의 왕들인 원성왕·소성왕·애장왕·헌덕왕 등의 예와 같이 즉위와 관련된 서상물이 있어야 한다. 그런데 이와 관련된 서상물이 헌강왕대에 없는 것이다. 결국 서상기록이 보이지 않는 흥덕왕 무렵부터의 중앙집권력의 약화가 헌강왕대에 그대로 이어져 오고 있었던 것이다.

(6) 敬順王

경순왕 8년 가을 9월에 老人星이 보였다. 運州界의 30여 郡縣이 태조에게 항복하였다. 9년 겨울 10월에 왕은 사방의 토지가 모두 다른 나라의 소유로 되어 나라가 약해지고 세력이 고립되어 스스로 편안하지 못하자, 이에 群臣들과 회의하고 국토를 들어 태조에게 항복하기를 꾀하였다. 군신들의 의논이 혹은 옳다고 하고 혹은 그렇지 않다고 하였다. 왕자가 말하기를 "나라의 존망은 반드시 天命에 있으니 단지 忠臣 義士와 더불어 힘을 합쳐 민심을 수합하여 스스로 견고히 하고 힘을 다한 후에 그치는 것입니다. 어찌 마땅히 일천년의 사직을 하루아침에 가볍게 다른 사람에

34) 이희덕, 1999, 앞의 책, 286쪽.
35) 全基雄, 1996, 『羅末麗初의 政治社會와 文人知識層』, 혜안, 257쪽.
36) 全基雄, 1994, 「新羅末期 政治·社會의 動搖와 六頭品知識人」, 『新羅末 高麗初의 政治·社會變動』, 신서원, 지정토론요지에서 전기웅의 답변, 136쪽.

게 주려는 것입니까"라고 하였다. 왕이 말하기를 "고립되고 위태로움이
이와 같으니 세력을 온전히 할 수가 없다. 이미 강하게 할 수도 없으며
또한 약하게 될 수도 없다. 일에 이르러 허물이 없는 백성들이 간과
뇌를 땅에다 바르는 것은 내가 차마 할 수가 없는 것이다." 이에 侍郎
金封休로 하여금 국서를 가지고 가서 太祖에게 항복하기를 청하였다(『三
國史記』 卷12, 敬順王).

위의 기록에서 보듯이, 경순왕 8년 9월에 노인성이 보이고 있다. 노인성
에 대해, 『史記』 天官書의 正義에는 長命과 천하의 안녕을 나타내는 것으로
기록되어 있다. 그런데 경순왕 8년에 기록된 노인성은 어떻게 해석되어야
할까. 바로 이듬해인 경순왕 9년 10월에 왕은 군신과 회의하고 국토를
들어 태조에게 귀부하기를 꾀하였다. 이에 시랑 김봉휴로 하여금 국서를
가지고 가서 태조에게 귀부를 청하게 하였던 것이다. 그러므로 이때의
노인성 출현은 신생 고려 측의 서상이라 해야 할 것이다.[37]

우리는 이 점을 경순왕대 무렵의 『삼국사기』 사료 기술태도를 통해서
도 확인할 수 있다. 경순왕 4년 9월에, 나라 동쪽 연해의 주군과 부락들이
모두 태조에게 항복하였다고 기록되어 있다.[38] 이 기록은 신라본기이다.
그런데도 왕건을 태조라고 하고 있다. 고려의 관점에서 기록하고 있는
것이다. 따라서 경순왕대의 노인성은 고려왕조의 서상으로 해석된다.

Ⅲ. 신라 하대 서상기록과 정치적 의미

지금까지 신라 하대에 나타난 서상 기사들을 분석하였다. 다음에서는

---

37) 이희덕, 1999, 앞의 책, 188쪽.
38) 『三國史記』 卷12, 敬順王 4年 9月.

서상기사들이 신라 하대의 정치적 전개과정과 관련을 맺고 있는지를 분석하려고 한다.

먼저 宣德王을 살펴보자. 선덕왕(780~784)은 金敬信 등의 도움으로 武烈王 직계의 중대정권을 타도하고 즉위하였다. 그는 내물계로 성덕왕의 외손이라는 제1골을 배경으로 왕위에 올랐다. 그가 왕위에 오르게 된 요인은, 김경신과 함께 金志貞의 반란을 진압하였기 때문이다. 자연히 그는 김경신 세력의 정치적인 제약을 받았다.[39] 이를 보여주는 것이, 그가 왕위를 선양하고자 하였다는 점이다. 선덕왕 5년 4월에, 왕이 왕위를 禪讓하려다가, 群臣들이 세 번이나 글을 올려 諫하므로 그만두었다는 것이다.[40] 이렇게 약화된 왕권 하에서, 서상은 나타나지 않았던 것이다.

그런데 앞 장에서 보았듯이, 서상은 실질적으로 하대가 개막되는 원성왕대부터 소성왕·애장왕·헌덕왕대에 집중되어 있다. 주목되는 것은, 이들 왕대에 즉위와 관련된 서상기록이 공통적으로 보이고 있다는 점이다. 그러나 興德王(826~836) 시기부터 신라가 멸망하는 敬順王代(927~935)까지 즉위와 관련된 서상물이 기록되어 있지 않다.

이 점은 무엇을 의미하는 것일까. 먼저 元聖王代(785~798)를 주목해 보자. 이 시기에 반란이 일어나고, 이에 대한 진압이 나타나고 있다. 원성왕 7년 봄 정월에, 伊湌 제공이 반란을 일으켰다가 복주되었던 것이다.[41] 제공의 반란 실패는 정국에 어떠한 영향을 가져왔을까. 이는 원성왕이 즉위한 이후에, 실제적으로 정국 불안을 만들었던 주요한 인물이 제거되었음을 의미한다. 또한 제공과 같이 원성왕의 왕위계승에 불만을 품은 세력들은 제공이 일으킨 반란이 실패함에 따라 그 정치적 입지가

---

39) 신정훈, 2003, 앞의 논문, 165~166쪽.

40) 『三國史記』卷9, 宣德王 5年 4月.

41) 『三國史記』卷10, 元聖王 7年 正月.

좁아졌을 것이다. 따라서 원성왕 7년에 일어난 제공의 반란을 진압한 이후에, 원성왕의 왕권은 강화되었을 것이다.[42) 실제로 원성왕 7년 이후, 원성왕의 재위기간 동안에는 어떠한 반란도 없었다.

또한 원성왕대는 중앙집권력이 작용하고 있었다. 그 예로 원성왕 6년 정월에, 碧骨堤를 증축하기 위해 全州 등 7州人을 징발하여 역을 일으켰던 것을 들 수 있다.[43) 벽골제는 전라북도 김제군에 있는 저수지이다.[44) 여기에서 전주 등 7주인을 징발하였다는 것을 살펴보자. 신라는 9州로서 지방의 행정구역을 정비하였다.[45) 신라 9개의 주 중 7개 주에서 사람들이 징발되어, 벽골제를 증축하였던 것이다. 그러므로 원성왕 6년 정월에 벽골제를 증축한 것은 소규모의 공사가 아닌, 거국적인 행사였다고 보여진다. 이 수리사업은 원성왕대에 중앙정부가 지방에 대한 통제력을 가지고 있었다는 것을 말하는 것이다.[46)

이와 관련하여 주목되는 것이 서상기록이다. 원성왕대에는 왕의 즉위, 태자책봉과 관련하여 서상물이 바쳐지고 있다. 원성왕의 뒤를 이은 昭聖王代(798~800)에도 서상이 여전히 기록되어 있다. 소성왕 원년 봄 3월에 冷井縣令 廉哲이 白鹿을 바쳤으며, 8월에 한산주에서 백오를 바쳤던 것이다. 앞에서 보았듯이, 소성왕대에 바쳐진 서상물들은 왕의 즉위와 관련된 것이다.

소성왕의 뒤를 이어 즉위한 哀莊王代(800~809)에도 서상기록이 보인다. 애장왕 2년에 바쳐진 적오와 백치라는 서상물은 즉위와 관련된

42) 신정훈, 2003, 앞의 논문, 224쪽.
43) 『三國史記』卷10, 원성왕 6年 正月.
44) 金堤郡은 본래 백제의 碧骨縣으로, 경덕왕대에 개명하였다고 한다. 그리고 김제군은 全州에 속하였다(『三國史記』卷36, 地理 3).
45) 『三國史記』卷37, 地理 4.
46) 신정훈, 2003, 앞의 논문, 215~216쪽.

것이었다. 그러므로 애장왕대는 원성왕·소성왕의 예와 같이 즉위와 관련되어 서상물을 진헌하는 전통이 지속되고 있었다. 특이한 것은, 애장왕 3년과 5년에 보이는 서상물이다. 정치적인 추이로 보아, 이 서상물들은 애장왕파가 섭정자인 언승에 대해 왕권을 과시하는 정치적 목적에서 바쳐진 것이다. 따라서 이들 서상물들은 애장왕대의 정치적 갈등과 연관되어 있다.

뒤를 이어, 憲德王(809~826) 2년 정월과 7월에 서상물들이 바쳐졌다. 시기로 보아, 이것은 왕의 즉위와 관련되었다.[47] 또한 헌덕왕 17년 가을에 바쳐진 서상물은 김헌창의 난을 완전히 진압한 것과 관련되어 해석할 수 있다.[48] 지금까지 보았듯이, 원성왕·소성왕·애장왕·헌덕왕대의 서상은 공통점을 가지고 있다. 그것은 서상기록이 즉위와 관련하여 나타나고 있다는 점이다.

왕의 즉위는 국가의 중요한 행사이다. 그런데 興德王代(826~836)에는 즉위와 관련된 서상기록이 보이지 않고 있다. 이어서 僖康王·閔哀王·神武

---

47) 신라 하대 역대 왕들의 경우, 원성왕에서 헌덕왕대까지 즉위와 관련하여 바쳐진 서상물들은 공통점을 가진다. 원성왕 원년에는 적오(붉은 까마귀), 소성왕 원년에는 백오(흰 까마귀), 애장왕 2년에는 적오(붉은 까마귀), 헌덕왕 2년에는 적오(붉은 까마귀)가 바쳐졌던 것이다. 결국 붉거나 흰 까마귀가 즉위와 관련하여 공통적으로 바쳐지고 있다. 이로 보아, 우리는 붉거나 흰 까마귀가 이 시기에 매우 진기하게 받아들여졌음을 알 수 있다.

48) 김헌창은 헌덕왕 14년 3월에 반란을 일으켰다. 이에 앞서 菁州太守 廳舍 남쪽 못 가운데에 이상한 새가 있었다. 길이가 5척이고 검은 색으로 머리가 다섯 살 가량의 아이와 같으며 부리의 길이가 1척5촌이며 눈은 사람과 같았다. 모이주머니는 5升 가량의 그릇만 하였는데, 3일 만에 죽었다. 이것은 헌창이 패망할 징조라고 하였다(『三國史記』卷10, 憲德王 14年 3月). 김헌창의 패망과 관련하여, 새의 변이가 나타나고 있는 것이다. 앞에서 보았듯이, 하대 역대 왕들은 즉위와 관련하여 붉거나 흰 까마귀가 바쳐진다. 김헌창과 하대의 왕들은 공통적으로 새와 관련된 재이나 서상물이 나타나고 있는 것이다. 이 점은 이 시기 사람들이 김헌창 세력을 왕권에 못지 않는 존재로 인식했음을 보여준다.

王으로 이어지는 왕권쟁탈의 과정에서 이와 관련된 서상은 나타나지 않는다. 뒤를 이은 왕들 역시 멸망할 때까지, 즉위와 관련된 서상은 보이지 않는 것이다. 이것은 분명히 중요한 정치적인 변화가 있었다는 것을 의미한다.

즉위와 관련된 서상으로 본다면, 우리는 원성왕대부터 헌덕왕대까지를 서상이 나타나는 시기로 볼 수 있다. 그리고 흥덕왕대부터 경순왕대까지를 서상이 없는 시기로 구분할 수 있다. 이 점은 무엇을 의미하는 것일까. 서상은 왕자의 성덕을 나타내는 것이다. 그러므로 서상은 왕권과 밀접한 관련이 있다. 또한 왕권의 강화와 약화는 중앙집권력의 개념과 일치한다. 따라서 서상기록은 흥덕왕대 무렵에 왕권과 중앙집권력에 균열이 생겼음을 보여준다.

그와 같은 균열은 언제부터 비롯된 것일까. 이와 관련하여, 헌덕왕대가 주목된다. 다음의 기록은 이를 잘 말해 준다. 헌덕왕 7년(815) 8월에, 서쪽 변방의 주와 군에 큰 기근이 들고 도적이 벌떼처럼 일어났으므로 군사를 내어 이를 토벌하였다.[49] 그리고 헌덕왕 11년(819) 3월에는 草賊이 전국 곳곳에서 일어났으므로, 국왕이 주군의 도독이나 태수에게 명령하여 그들을 잡아들이게 하였던 것이다.[50] 앞서 원성왕 4년 가을에 나라

---

49) 『三國史記』 卷10, 憲德王 7年 8月.

50) 『三國史記』 卷10, 憲德王 11年 3月. 『三國史記』에 기록된 도적과 관련된 기사를 보자. 신문왕 7년 4월에 祖廟에 大臣을 보내어 致祭할 때에 도적에 관한 기사가 있다. "四時의 절후를 고르게 해 주시고 五事의 徵을 잘못함이 없도록 하여 주시며, 곡식이 잘되고 질병이 없어지고 의식이 풍족하고 예의가 갖추어지고 안과 밖이 평안하고 도적이 없어지고 후손에게 관유를 내리어 영원히 다복을 누리게 하여 주소서. 삼가 아룁니다."라고 하였던 것이다(『삼국사기』 권8, 신문왕 7년 4월). 이 기록에서 도적은 왕자 탄생시의 천재지변에 대하여, 신문왕이 대신을 보내어, 조묘에 치제할 때에 보인다. 그러므로 도적이 국가적으로 심각한 문제가 되어 기록된 것은 아니었다. 이런 점은 『三國史記』의 신문왕대 기록에, 도적에 관한 기사가 없다는 점에서 알 수 있다. 『三國史記』 기록에는 신문왕대

서쪽에 가물고 황충이 있어 도적이 많아지자, 사자를 파견하여 위문하였다.[51] 이에 비해, 헌덕왕대에는 군사를 내어 이를 토벌하였던 것이다. 이 점은 무엇을 말하는 것일까. 원성왕대에는 도적에 대해 사자를 파견 위문하여, 이를 진정시킬 수 있었다. 그러나 헌덕왕대에는 이런 방식으로 도적에 대해 대처할 수 없었다. 도적의 규모와 세력이 늘어났다. 헌덕왕대에는 중앙집권력의 이완이 보여지고 있는 것이다. 이러한 중앙집권력의 약화에 커다란 영향을 준 사건이 金憲昌의 반란이었다. 헌덕왕 14년 3월에 웅천주 도독 김헌창이 그 아버지 周元이 앞서 왕위에 오르지 못한 것을 이유로, 반란을 일으켰던 것이다. 그는 국호를 長安이라 하고, 연호를 지어 慶雲 元年이라 하였다.

김헌창의 난은 무열계가 왕위에서 밀려난 지 100년 만에 일어났다. 김헌창에게 동조한 지역이 武珍·完山·菁州·沙伐州 등과 國原·西原·金官 등지였고, 방관지역이 漢山·牛頭·歃良·浿江·北原 등지여서 정부 측에 극히 불리하였다. 이와 같이 그들의 세력은 상당히 강하였다.[52]

그러나 헌덕왕의 중앙군이 三年山城을 쳐서 이기고, 다시 군사를 俗離山으로 보내어 김헌창의 군대를 섬멸하였다. 均貞 등이 거느린 중앙군은

이후의 중대시기에 도적에 관한 기사가 없다. 다만 『三國遺事』에는 혜공왕대에 태후가 섭정하여 정사가 다스려지지 못하고 도적이 벌떼처럼 일어나 두루 막을 수가 없었다(『三國遺事』 2, 紀異 景德王. 忠談師. 表訓大德)고 되어 있다. 따라서 혜공왕대에 중앙집권적인 지배체제가 문란해졌을 것이다(전덕재, 1994, 「신라 하대의 농민항쟁」, 『한국사』 4, 한길사, 198~199쪽). 그러나 『삼국사기』에서 중대부터의 기록을 본다면, 원성왕대에 도적기사가 처음으로 나타나고 있다. 원성왕 4년 가을에 나라 서쪽에 가뭄이 들고 누리가 생겼으며 도적들이 많아지자, 왕이 사자를 파견해 안무하였던 것이다(『삼국사기』 권10, 원성왕 4년 가을). 이것은 중앙의 입장에서, 정치적으로 부담이 되는 도적이 원성왕대에 처음으로 나타났음을 말하는 것이다.

51) 『三國史記』 卷10, 元聖王 4年 가을.
52) 신형식, 1984, 『한국고대사의 신 연구』, 일조각, 133쪽.

星山 싸움에서 승리를 거두었다. 그리하여 중앙군이 熊津으로 진격해 들어가, 김헌창의 군대를 패배시켰다. 김헌창은 자살하고 그 宗族과 黨與 239인을 죽였던 것이다.[53]

　김헌창의 난은 신라 사회에 적지 않은 영향을 끼쳤다. 무엇보다 두드러진 의미는 지방세력을 반란에 적극적으로 이용하였다는 점이다. 지방세력을 왕조타도에 이용한 것은 유례가 없는 일이었다. 그런 점에서 김헌창의 난은 비록 실패로 끝났지만 이후 지방세력의 정치세력화를 촉진하는 하나의 중요한 계기가 되었다. 지방세력의 정치화가 촉진되어 마침내는 장보고와 같은 중앙정부가 통제할 수 없는 지방세력까지 출현하고, 나아가 후삼국이 정립하게 되는 시원을 이룬 것이 김헌창의 반란이었다. 이 반란은 지방민을 정치세력화하는 하나의 중요한 계기가 되었다. 또한 중앙의 지배체제에도 적지 않은 타격을 주었다. 그런 의미에서, 김헌창의 난을 기점으로 신라의 하대 사회는 전기와 후기로 시기구분하여 이해할 수 있다.[54]

　헌덕왕의 뒤를 이어 흥덕왕이 즉위하였다. 흥덕왕은 해안의 변경지대에서 출몰하여 지방통치체제에 심대한 영향을 미치고 있었던 해적을 퇴치하기 위하여, 흥덕왕 3년(828) 청해진을 설치하고 장보고를 대사로 임명하였다. 다음해인 829년에는 唐恩郡을 唐城鎭으로 고쳤다. 이것은 변경 해안지대에 독자세력이 성장하는 하나의 계기를 제공했다. 한편으로 하대에 들어와 체제 내부로 끌어들이지 않으면 안 될 정도로 지방세력이 성장하고 있었기 때문에 취해진 부득이한 조처였다.[55]

　이런 점은 도적기사를 통해서도 알 수 있다. 흥덕왕 7년 8월에 기근과

53) 『三國史記』 卷10, 憲德王 14년 3月.
54) 주보돈, 1994, 「남북국시대의 지배체제와 정치」, 『한국사』 3, 한길사, 331~332쪽.
55) 주보돈, 1994, 위의 책, 333~334쪽.

흉년으로 도적이 도처에 일어났으며 10월에 왕이 사자에게 명하여 안무하게 하였다는 기록이 그것이다.[56] 여기에서 우리는 헌덕왕대에 이어, 흥덕왕대에 중앙집권력의 이완현상이 심화되었음을 알 수 있다.

그런데 흥덕왕이 돌아가자 왕위를 둘러싼 격심한 쟁탈전이 있었다. 왕의 從弟 均貞과 從弟의 아들인 悌隆(僖康王)이 각자 임금이 되려고 하였던 것이다. 이때 侍中 金明과 阿湌 利弘·裴萱伯 등은 제륭을 받들었다. 그리고 阿湌 祐徵은 姪 禮徵, 金陽과 함께 그 아버지 균정을 받들었다. 두 세력은 동시에 대궐로 들어가 서로 싸우다가, 김양은 화살에 맞아 우징과 함께 도망하고 균정은 해를 입었다. 그 후 제륭이 희강왕(836~838)으로 즉위하게 된 것이다. 그러나 상대등 김명과 시중 이홍 등이 군대를 거느리고 반란을 일으켰다. 그들이 왕의 좌우를 살해하니, 희강왕은 궁중에서 목매어 돌아갔다. 뒤를 이어 김명이 閔哀王(838~839)으로 즉위하였다. 그러나 균정의 아들 우징과 김양이 淸海鎭 大使 弓福의 군사를 빌려 王軍을 대패시켰던 것이다. 결국 민애왕도 김양의 군대에게 피살되었다. 그리하여 우징이 즉위하니, 이가 神武王(839)이다.[57] 희강왕·민애왕·신무왕대로 이어지는 이런 왕위계승전은 왕실의 권위를 심각하게 훼손시켰을 것이다.

왕위쟁탈전의 전개와 귀족간의 항쟁으로 정치적 혼란이 계속되어 왕권은 더욱 약화되었다. 이에 따라 지방에 대한 중앙통제력은 크게 줄어들게 되었다.[58] 특히 신무왕이 왕위를 찬탈한 것은 지방군이 중앙군(왕군)에 승리했기 때문에 가능하였다. 이 점은 지방세력의 대두와 왕권의 쇠퇴를 보여주는 좋은 예가 될 것이다.

56) 『三國史記』 卷10, 興德王 7年 8月, 10月.
57) 『三國史記』 卷10, 僖康王·閔哀王·神武王.
58) 申瀅植, 1985, 『新羅史』, 이화여자대학교 출판부, 226쪽.

이러한 왕위쟁탈전의 기간 동안에는, 흥덕왕대의 예와 같이 즉위와 관련된 서상이 바쳐지지 않는다. 서상기록으로 미루어 보아, 중앙집권력은 흥덕왕대 무렵에 무너져가고 있었다고 판단된다. 그리고 이러한 경향에 더욱 가속도를 붙인 것이 희강왕·민애왕·신무왕대 무렵의 왕위쟁탈전이었던 것이다.

신무왕의 뒤를 이어 文聖王(839~857)이 즉위하였다. 동왕 8년 봄에, 신무왕의 즉위에 공을 세웠던 弓福을 죽였다.[59] 이어 문성왕 13년 2월에, 그의 근거지인 淸海鎭을 파하였다.[60] 이로써 왕실에 적대적인 인물과 세력이 제거되었다. 그러나 이 시기에 왕권이 강화되었다는 증거는 보이지 않는다. 문성왕 3년 봄에 一吉湌 弘弼이 謀叛하다가 일이 발각되어 海島로 도망하는 일이 벌어졌다. 그러나 王軍은 그를 잡지 못하였다. 이어 문성왕 9년 5월에는 伊湌 良順과 波珍湌 興宗 등이 배반하다가 복주되었다. 그리고 동왕 11년 9월에 이찬 金式·大昕 등이 배반하다가 복주되고, 大阿湌 昕鄰도 그 죄에 연좌되었다.[61] 이러한 일련의 모반사건으로 보아, 문성왕대에 정치적 안정은 이루어지지 못했다고 보여진다.

뒤를 이은 憲安王代(857~861)에는 반란이나 왕위쟁탈전이 일어나지 않았다. 그러나 헌안왕은 재위기간이 5년 남짓에 불과하다. 따라서 이 시기의 정치적 상황을 판단하기에는 그 시기가 짧다. 헌안왕의 遺詔를 받아 즉위한 임금이 景文王(861~875)이다. 그는 아찬 啓明의 아들이었다. 계명은 바로 희강왕의 아들이다.[62] 경문왕대는 官制의 개혁을 통한 국왕의 권력집중이 끊임없이 시도된 시기였다. 이 시기 정치개혁의 초점은

---

59) 『三國史記』卷11, 文聖王 8年 봄.
60) 『三國史記』卷11, 文聖王 13年 2月.
61) 『三國史記』卷11, 文聖王 3年 봄, 9年 5月, 11年 9月.
62) 『三國史記』卷11, 景文王 即位年.

中事省(洗宅의 改名)·宣教省과 같은 近侍機構, 瑞書院(翰林臺의 改名으로 추정)·崇文臺와 같은 文翰機構의 확장·대두로 집약된다. 이 양자가 일체화되어 국왕의 內朝를 형성한 것으로 추측된다. 이것은 하대초부터 근친왕족에 의한 권력의 집중이 강화되어가던 추세의 귀결점이었다.[63]

그러나 경문왕대에 나타난 반란과 반란기도는 왕권의 동요를 보여준다. 경문왕 14년(874) 5월에 伊湌 近宗이 반역을 꾀하여 무리들과 함께 궁궐을 침범하자, 禁軍으로 이를 격파하였다.[64] 궁궐까지 침범한 것은 이례적인 일이다. 이 사실은 정치적 불안을 여실히 보여준다. 경문왕대의 왕권은 여러 개혁조치에도 불구하고 취약하였던 것이다.

또한 경문왕 6년 10월에 있은 이찬 允興의 반란기도와 동왕 8년 정월 이찬 金銳와 金鉉 등이 반란을 꾀한 사건, 14년 5월에 나타난 이찬 近宗의 반란에서 그 주역들은 모두 이찬이었다는 점[65]을 지적할 수 있다. 신라 하대에 상대등에 취임한 것으로 확인되는 20명의 인물 가운데 14명이 이찬의 관등을 가졌던 것으로 기록되어 있거나, 추정된다.[66] 이 점은 경문왕대에 유력한 진골귀족들의 일부가 경문왕에 대해 적대적이었음을 의미한다.

주목되는 것은, 이찬 근종이 반란을 일으킨 시점이다. 그가 무리들과 함께 궁궐을 침범한 때는 경문왕 14년 5월이었다. 경문왕은 15년 7월 8일에 돌아갔다. 시기로 보아, 경문왕대의 권력집중 시도는 분명한 한계를 갖고 있었던 것이다.

경문왕의 뒤를 이어 憲康王이 즉위하였다. 앞에서 보았듯이, 憲康王代

---

63) 李基東, 1984, 『新羅骨品制社會와 花郎徒』, 一潮閣, 173~174쪽.

64) 『三國史記』 卷11, 景文王 14年 5月.

65) 『三國史記』 卷11, 景文王 6年 10月, 8年 正月, 14年 5月.

66) 李基白, 1974, 『新羅政治社會史研究』, 一潮閣, 113쪽.

(875~886)의 왕경은 사치와 번영을 누리며 태평의 분위기에 젖어 있었다. 그러나 경문왕·헌강왕대는 왕위 쟁탈전 종식 후의 일시적인 안정에 불과했다. 이 시기에 흐트러진 지배체제를 강화하려는 노력이 부족하여 이후 지방세력의 도전에 직면하게 되었던 것이다.[67]

이 점을 확실히 보여주는 것이, 眞聖王代(887~897)에 나타난 중앙집권력의 완전한 해체이다. 진성왕 3년(889)에 국내의 여러 주군에서 공물과 조세를 바치지 않아 國庫가 비고 나라 재정이 궁핍해졌다. 왕이 사자를 보내 독촉하니, 도적이 각지에서 벌떼와 같이 일어났다. 이때 元宗·哀奴 등은 沙伐州에 기반을 두고 반란을 일으켰다.[68] 곧이어 梁吉·甄萱·弓裔 등이 일어나[69] 신라는 여맥만 유지되었다. 이를 반영하는 것이 서상기록이다. 흥덕왕대부터 멸망할 때인 경순왕대(927~935)까지 즉위와 관련된 서상이 보이지 않는 것이다.

Ⅳ. 맺음말

지금까지 新羅 下代의 瑞祥기록을 정치적 과정과 관련하여 분석하였다. 맺음말은 지금까지의 내용을 정리하는 것으로, 대신하고자 한다.

서상은 왕자의 盛德을 나타낸다. 이것은 하대 왕권의 동향과 함께, 정치적 정세와 관계를 가지고 있었다. 원성왕 원년 3월 패강진에서 적오를 바친데 이어, 원성왕 6년 정월에 다시 웅천주에서 적오를 바치고 있다. 원성왕 원년의 적오는 즉위와 관련된 서상물이었다. 그리고 원성왕 6년의 적오 기사는 무열왕계인 김주원을 밀어내고 왕권을 장악한 원성왕

---

67) 전기웅, 1994, 앞의 논문에 대한 이인철의 지정토론요지, 136~138쪽.
68) 『三國史記』 卷11, 眞聖王 3年
69) 『三國史記』 卷11, 眞聖王 5年, 6年, 9年.

의 정통성 확보와 관련지어 생각해 볼 수 있다. 이어 원성왕 9년 8월에는 奈麻 金惱가 白雉를 헌상하였다. 백치는 원성왕 8년 8월에 의영이 태자로 책봉된 것을 기념하여 바쳐진 것이었다. 또한 원성왕 10년 7월에 漢山州에서 백조(흰 새)를 헌상한 것은 원성왕 11년 정월에, 준옹을 태자로 책봉한 것과 관련되었을 가능성이 있다.

소성왕 원년 봄 3월에 냉정현령 염철이 백록을 바쳤으며, 8월에 한산주에서 백오를 바쳤다. 시기적으로 보아, 이들 서상물들은 소성왕의 즉위와 관련되어 바쳐진 것이었다. 애장왕 역시 즉위한 후, 2년 9월에 무진주에서 적오를 바쳤으며 우두주에서 백치를 바쳤다. 이는 원성왕과 소상왕의 예와 같이 왕의 즉위와 관련되어 바쳐진 서상물이었다. 한편 애장왕 3년 8월에 삽량주에서 바친 적오는 이 무렵의 섭정자인 언승을 견제하기 위해 애장왕파가 바친 것이었다. 그런데 애장왕 5년 7월에 우두주 난산현에서 엎드린 돌이 일어섰으며, 웅천주 소대현 부포의 물이 피로 변하였다. 이어 9월에 망덕사의 두 탑이 싸웠다고 한다. 이들 기사는 애장왕파와 언승파간의 정치적 갈등을 함축한 재이다. 이러한 정치적 갈등이 전개될 무렵인 애장왕 5년 7월에, 삽량주에서 백작을 바쳤다. 이 서상물은 이 시기에 행해진 열병기사와 함께, 임해전을 중수하고 동궁을 지었다는 기사와 연관되어 해석할 수 있다. 애장왕대에 행해진 열병은 섭정자인 언승을 견제하려는 목적에서, 애장왕측이 행한 것이다. 임해전을 중수하고 동궁을 수축한 것은 왕권을 섭정자인 언승 측에게 과시하려는 것이었다. 이로 미루어 보아, 애장왕 5년 7월에 삽량주에서 바쳐진 백작은 왕권을 섭정자인 언승에게 과시하려는 애장왕파의 정치적 목적에서 비롯된 것이었다.

지금까지 보았듯이, 원성왕과 소성왕·애장왕 등은 즉위한 후에 서상물이 바쳐졌다. 이것은 왕의 즉위를 기념하여 바쳐진 것이다. 이로 보아,

헌덕왕 2년 정월에 바쳐진 적오와 7월에 헌상된 백치는 왕의 즉위와
관련된 서상물이다. 그리고 헌덕왕 14년에 김헌창의 반란이 대규모로
일어났으나, 진압되었다. 동왕 17년 정월에는 그 아들인 범문의 모반도
제압되었다. 이로써 헌덕왕에 대항하는 강력한 라이벌이었던 김헌창계
는 완전히 몰락하였다. 헌덕왕 17년 가을에 삽량주에서 바쳐진 백오는
이와 관련된 것일 가능성이 있다.

　헌덕왕대의 서상기록에 이어 흥덕왕대부터 경문왕대까지 서상기록이
나타나지 않는다. 그런데 다시 헌강왕 6년 8월에 웅주에서 가화를 바쳤다
는 것이다. 서상기록이 이때에 다시 보이는 것이다. 헌강왕대 왕경은
번영하였다고 기록되어 있다. 그러나 이것은 지방민에 대한 배타적
수탈에 의존한 것으로, 王京내의 번영에 불과했던 것이다. 따라서 이런
가운데 바쳐지는 가화는 왕경내의 한정된 번영과 관련된 서상으로 이해
된다.

　우리는 이런 점을 즉위와 관련된 서상물 기록을 통해서도 알 수 있다.
만약 헌강왕대에 왕권과 중앙집권력이 다시 강화되었다면, 하대초의
왕들과 같이 즉위와 관련된 서상물이 있어야 한다. 그런데 이와 관련된
서상물이 헌강왕대에는 없다.

　마지막으로 신라가 멸망하는 경순왕대에 서상기록이 나타난다. 동왕
8년 9월에 노인성이 보였다는 것이다. 바로 이듬해인 경순왕 9년 10월에
왕은 군신과 회의하고 국토를 들어 태조에게 항복하기로 하였다. 이에
시랑 김봉휴로 하여금 국서를 가지고 가서 태조에게 항복을 청하게
하였다. 그러므로 이때의 노인성 출현은 신생국인 고려 측의 서상이라
해야 할 것이다. 노인성이 고려와 관련되어 있다는 점은 경순왕대 무렵의
『삼국사기』 사료 기술 태도를 통해서도 확인할 수 있다. 왕건을 태조라고
하여 고려의 관점에서 기록하고 있는 것이다. 따라서 경순왕대에 나타난

노인성은 고려왕조의 서상으로 해석된다.

따라서 우리는 서상을 통해, 신라 하대를 시기구분할 수 있다. 첫 번째 시기는 원성왕대부터 헌덕왕대까지의 시기이다. 이 시기에는 즉위와 관련된 서상물이 공통적으로 나타나고 있다. 그러나 흥덕왕대부터 멸망할 때까지는 즉위와 관련된 서상기록이 보이지 않는다. 이 시기를 두 번째 시기로 볼 수 있다. 두 번째 시기에, 서상이 사실상 없어진 것은 무엇 때문일까. 그것은 바로 이 시기의 정치적 혼란과 밀접한 연관을 가지고 있었다. 이는 달리 표현하면, 중앙집권력의 약화라고 이야기할 수 있다.

이렇게 중앙집권력이 무너지는 계기를 만든 직접적인 사건은 헌덕왕 말년에 일어난 김헌창의 난이었다. 그리고 흥덕왕의 뒤를 이은 희강왕·민애왕·신무왕의 왕위쟁탈전이었다. 뒤 시기인 경문왕대에는 세 차례에 걸쳐 반란과 반란 기도가 고위 진골귀족에 의해 일어나고 있다. 이 점은 경문왕대의 왕권강화 조처가 취약성을 가지고 있었음을 말한다. 헌강왕대의 번영도 왕경에 국한된 것이었다. 뒤 시기인 진성왕대에 일어난 지방에서의 반란들과 중앙집권력의 해체가 이러한 현상을 분명히 보여준다.

왕권이 내포하는 의미는 중앙집권력이다. 다시 말해 김헌창의 난 이후 일련의 왕위쟁탈전을 거치면서, 왕권의 약화로 대변되는 중앙집권력의 저하가 나타나게 되었다. 그것을 반영하는 것이, 서상기록의 변화였던 것이다.

우리는 지금까지 신라 하대의 서상기록이 정치적 전개과정과 밀접한 관련을 가지며 나타나고 있다는 것을 알 수 있었다. 그러므로 신라 하대의 서상은 단순한 자연현상이 아니었다. 서상은 왕권으로 대변되는 중앙집권력의 추이와 밀접한 관련을 가지고 있었던 것이다.

제3부 신라 중대의 정치적 성격

제1장 신라 중대의 대사와 은전이 가지는 정치적 의미

Ⅰ. 머리말

『三國史記』는 上代와 中代, 下代로 신라시기를 구분하고 있다. 上代는 始祖로부터 眞德女王까지이며, 中代는 武烈王으로부터 惠恭王까지이다. 이어 宣德王으로부터 敬順王까지를 下代라고 하였던 것이다.[1] 신라 중대 사회를 이끌어간 무열왕계는 통일전쟁을 통해 상대에 비해, 훨씬 넓은 영역과 인구를 지배했다. 무열왕계는 親唐政策을 폈으며, 天文·醫學 등의 기술학을 포함한 민족문화 개발과 律令政治를 추구하였다. 그리고 爲民·農本政策을 구현하려고 하였다.[2] 그런데 신라 중대에는 왕이 大赦와 함께, 사면·곡식 진급·조세 면제 등의 恩典을 행하는 예들이 나타난다. 이와 관련된 종래의 연구를 보자.

먼저 大赦에 주목한 논문이 있다. 대사는 왕이 즉위와 동시에 始祖廟에 제사한 후 베푸는 恩典이다. 그 이외에, 自然變異(天災)가 있을 때 이에

---

1) 『三國史記』卷12, 敬順王 9年 12月.

2) 申瀅植, 1977, 「武烈王系의 成立과 活動」, 『韓國史論叢』 2 ; 1984, 『韓國古代史의 新硏究』, 一潮閣, 117~139쪽.

대응하는 조치의 하나였다. 또한 중국의 책봉이나 立太子, 그리고 勝戰, 祥瑞 등의 경사에 대한 附帶的인 은총의 표시이기도 하였다는 것이다. 특히 신라의 大赦가 7·8세기에 집중되고 있는 것은 武烈王權의 爲民政策으로서 儒敎的인 정치이념의 실현이라는 의미가 있다는 것이다.[3]

한편 삼국이 中國的 天人合一說에 의한 天譴說을 수용하였을 가능성이 있다는 연구가 발표되었다. 고대 중국에서는 천재지변이란 단순한 자연현상이 아니라, 군주의 부덕한 정치나 행위로 말미암아 나타난다고 보았다. 그리하여 군주는 이를 消災하기 위해 避正殿·責己·減常膳하였다. 또한 刑政을 완화하거나 三公을 면관하였다. 이것은 왕이 스스로의 행위를 반성하고 하늘의 견책에도 답하고자 하는 것이었다. 이를 통해 王者는 天命에 순응하였다. 이와 같은 중국적 천인합일사상은 삼국을 거쳐 통일신라시기에도 영향을 미쳤다. 따라서 통일신라시기에 군주는 천재지변에 대해 避正殿·減常膳·慮囚·大赦의 修德을 하였다는 것이다.[4] 또한 地震발생기록이 7, 8세기에 집중되었다는 연구가 있었다. 지진의 발생에 따라, 治者는 정치적 반성을 하였다. 이것은 단순한 상징적 의미가 아니라 고대 정치발전의 계기가 되었다는 것이다.[5] 앞의 연구들은 공통적으로 천재지변에 대해 왕이 대사나 은전을 행하기도 했음을 밝혔다.

지금까지의 연구들을 통해, 우리는 왕이 행한 대사와 은전이 가진 정치적 성격에 접근할 수 있었다. 본 글에서는 이를 바탕으로, 『三國史記』

---

3) 申瀅植, 1981, 『三國史記硏究』, 一潮閣, 156~157쪽.

4) 李熙德, 1980, 「三國史記에 나타난 天災地變記事의 성격」, 『東方學志』 제23·24합집 ; 1984, 동 개제 「高麗以前 儒敎思想의 수용과 天文, 五行說의 展開」, 『高麗儒敎政治思想의 硏究』, 一潮閣 ; 李熙德, 1986, 「韓國古代의 自然觀과 儒敎政治思想」, 『東方學志』 50 ; 1999, 『韓國古代 自然觀과 王道政治』, 혜안.

5) 申瀅植, 1990, 「韓國 古代史에 있어서 地震의 政治的 意味」, 『統一新羅史硏究』, 三知院. 신라시기에는 천재지변과 관련하여 시중(중시)이 사면하는 예들이 나타난다. 본 글은 대사와 은전을 다루었으므로, 이 부분은 다루지 않았다.

에 기록된 新羅 中代의 대사와 은전을 분석하고자 한다.

　그런데 신라 중대에 베풀어진 대사와 은전이 왕권과 어떤 관계를 가지는가를 분석한 연구는 지금까지 없었다. 또한 대사와 은전이 이 시기에 어떻게 변화했는지도 검토되지 않았다. 본 연구는 이 점을 살펴보고자 한다. 이를 통해, 신라 중대가 가진 정치적 특징을 파악할 것이다.

Ⅱ. 신라 중대의 대사와 은전

『三國史記』에 기록된 新羅 中代에 해당하는 武烈王代부터 惠恭王代에 걸친 역대 왕들의 대사와 은전을 살펴보자.[6] 먼저 무열왕대의 대사와 은전을 검토해 보자.

　가) 무열왕 원년 4월에 왕의 아버지를 추봉하여 文興大王이라 하고 어머니를 文貞太后라 하고 大赦하였다(『三國史記』 卷5).

　위의 사료에서 보듯이, 武烈王 元年 4月에 大赦가 행해지고 있다. 그런데 새로 즉위한 왕은 관례상 大赦와 重臣任命을 끝내고, 始祖廟와 神宮에 親祀한다. 대사와 중신임명은 즉위초의 정치적·행정적 행위이며, 친사는 즉위의 종교적 측면이다.[7] 그러므로 무열왕 원년에 행해진 대사는 즉위와 관련된 정치적 행위였던 것이다.[8]

---

6) 이 시기의 대사와 은전을 전하는 사료는 『三國史記』가 거의 유일하다 할 것이다. 그리고 『三國遺事』가 단편적으로 이에 관한 기록을 남기고 있다. 본 장에서는 『삼국사기』의 기록을 중심으로 검토하고자 한다.

7) 崔在錫, 1986, 「新羅의 始祖廟와 神宮의 祭祀－그 政治的·宗敎的 意義와 變化를 중심으로」, 『東方學志』 50, 46쪽.

8) 무열왕대는 태자책봉과 관련하여 서상물이 바쳐지고 있다. 무열왕 2년 10월에

무열왕의 뒤를 이어 즉위한 文武王代의 대사와 은전에 관련된 사료를 검토해 보자. 먼저 왕의 즉위 또는 태자책봉과 관련된 기록을 보자.

> 나-1) 문무왕 2년 … 2월 6일에 … 靈廟寺에 화재가 있었다. … 3월에 죄수를 대사하였다. 왕은 이미 백제를 평정했으므로 所司에게 명하여 큰 잔치를 베풀게 하였다(『三國史記』卷6).
>
> 나-2) 문무왕 5년 가을 8월에 … 왕자 政明을 세워 太子로 삼고 죄수를 大赦하였다(『三國史記』卷6).

위의 사료는 왕의 즉위·태자책봉과 관련하여 행해진 대사이다. 나-1)의 사료를 보자. 문무왕 2년 3월에 행해진 대사는 왕이 즉위한 이후에 처음 베푼 것이다. 그러므로 이것은 즉위시의 정치적 행위로 이루어졌다. 또한 같은 시기에 백제를 평정했으므로, 큰 잔치를 베풀고 있다. 이로 미루어 대사는 백제를 평정한 것을 기념하여, 겸하여 행해졌을 것이다.

나-2)의 문무왕 5년 8월에 이루어진 대사는 태자를 삼고, 행한 것이다. 그러므로 이것은 태자책봉과 관련되었다.

다음으로 통일전쟁기의 승전과 관련하여 실시한 대사를 보자.

> 나-3) 문무왕 3년 … 5월에 靈廟寺門에 낙뢰가 있었다. … 왕은 金庾信 等 28인의 장군(혹은 30명의 장군이다)을 거느리고 唐軍과 연합하여 豆陵(혹은良이다) 尹城 周留城 등 성을 쳐서 모두 항복받았다. 扶餘豊은 몸을 빼 도망하고 왕자 忠勝·忠志 等은 그 무리를 이끌고 와서 항복하였

있은 흰 사슴과 흰 돼지의 헌상은 시기적으로 보아, 그 7개월 전인 武烈王 2년 3월에 법민이 태자로 책봉되고, 무열왕의 여러 아들들이 관등을 받은 사실과 관련되었다(신정훈, 2006,「新羅 中代의 瑞祥과 정치적 의미」,『白山學報』76, 363쪽). 그런데 문무왕·신문왕·성덕왕은 태자를 책봉할 때에 대사를 했다. 무열왕대는 서상물이 바쳐진 점에서 중대 역대 왕들과는 달랐다.

으나, 오직 遲受信만이 任存城을 차지하여 항복하지 않았다. 10월
21일부터 치기 시작하여 이기지 못하고, 11월 4일에 이르러 군사를
돌이켜 舌(혹은 后라고 한다)利停에 이르러 논공행상을 하되 차가
있었다. 죄수를 대사하였다(『三國史記』卷6).
나-4) 문무왕 9년 2월 21일에 대왕이 群臣을 모아 놓고 하교하였다.
… 百濟는 이미 평정하였으나 高句麗는 멸망시키지 못하였다. 내가
그 克定하신 遺業을 이어 이미 이룬 선왕의 뜻을 마쳤다. 지금 2적이
이미 평정되었다. … 국내의 죄수를 사면하여 總章 2년 2월 21일
未明 이전에 五逆·死罪 이하를 범한 자로 방금 갇히어 있는 자는
죄의 대소를 막론하고 모두 놓아주고, 앞서 대사 이후에 죄를 범하여
관직이 피탈된 자는 복구하게 한다(『三國史記』卷6).

나-3)에서 문무왕 3년 5월에 죄수에 대한 대사가 이루어지고 있다.
이것은 부여풍 등의 백제 부흥세력에 대한 승전과 관련하여 이루어졌다
고 해석된다. 이 점은 대사와 더불어 논공행상이 이루어지고 있는 것에서
알 수 있다. 그리고 나-4)의 사료에서 사면은 고구려, 백제 멸망을 기념하
여 이루어진 것이다.
다음으로 천재지변에 대해 대사와 은전이 이루어지는 예들을 보자.

나-5) 문무왕 6년 봄 2월에 京都에 지진이 있었다. 여름 4월에 靈廟寺에
화재가 있었다. 죄수를 대사하였다(『三國史記』卷6).
나-6) 문무왕 9년 … 여름 5월에 泉井, 比[列忽], [各]聯 等 3개 郡에 기근이
있어 창름을 열고 구휼하였다(『三國史記』卷6).

나-5)의 사료를 보자. 문무왕 6년 2월에, 서울에 지진이 있었고 4월에
영묘사에 화재가 있었다. 그에 이어 대사가 행해지고 있다. 이는 지진과
영묘사 화재를 발양하기 위한 것으로 해석된다.

그리고 나-6)에서, 문무왕 9년 5월에 泉井, 比[列忽], [各]聯 等 3개 郡에 나타난 기근에 대해, 구휼하였다. 이 시기의 기근에 대한 구휼은 천재지변에 대한 대책으로 행해진 것이다.[9]

다음으로 神文王代의 기록을 검토해 보자.

> 다-1) 신문왕 2년 봄 正月에 친히 신궁에 제사하고 죄수를 대사하였다(『三國史記』卷8).
>
> 다-2) 신문왕 11년 봄 3월 1일에 왕자 理洪을 봉하여 태자로 삼고 13일에 대사하였다(『三國史記』卷8).

위의 기록들은 왕의 즉위, 태자책봉과 관련하여, 대사가 행해지는 예이다. 다-1)에서 이루어진 대사는 시기로 보아, 즉위시의 정치적 의례로서 행해졌다. 다-2)에서는 태자책봉에 이어 행해진 대사를 전하고 있다. 따라서 이 대사는 태자책봉과 관련된 것이다.

그런데 신문왕대에 천재지변과 관련되어 대사 또는 은전이 나타난 기록은 없다. 다만 다음의 기록이 주목된다.

> 다-3) 신문왕 7년 봄 2월에 원자가 탄생하였다. 이 날 일기가 음침하고 어둡고 큰 우레와 번개가 있었다. … 여름 4월에 音聲署의 長을 卿이라고 고쳤다. 祖廟에 대신을 보내어 致祭하여 말하되 "王某는 머리 숙여 재배하고 삼가 太祖大王·眞旨大王·文興大王·太宗大王·文武大王의 靈에 아뢰나이다. 某는 천박한 자질로 큰 왕업을 이어받아 자나깨나

---

9) 洪範五行傳에서는 水旱의 재이로 초목과 백곡이 성숙하지 않으면 농사가 잘 되지 않고 기근이 뒤따르게 된다고 한다. 농사가 잘 되지 않아 백성이 굶주리면, 군주는 기본적인 不德을 면할 길이 없다. 신라의 경우 饑民 발생을 왕의 부덕한 행위로 보았다 신라에서 기근은 地變으로 인식되었다(이희덕, 1999, 앞의 책, 242~243쪽).

근심과 근면으로 편안할 겨를이 없고, 종묘의 애호 지지와 천지가 주시는 福祿을 입어 사방이 안정되고 백성이 화목하며 외국의 손님이 보물을 싣고 와 바치며, 刑政이 청명하고 爭訟이 그쳐 오늘에 이르렀습니다.

요즈음 도를 잃은 때 왕위에 임하고, 義가 어그러짐에 天鑑이 보이어, 星象은 괴이하게 나타나고 火宿(태양)은 빛을 감추어 두려워함이 깊은 못과 골짜기에 빠지는 것 같습니다. 삼가 某官 某를 보내어 변변하지 않은 물건을 받들어 계신 것과 같은 靈에 드리옵니다. 엎드려 바라건대 작은 정성을 밝게 살피시고 이 조그만 몸을 불쌍히 여기셔서 四時의 절후를 고르게 해 주시고 五事(貌·言·視·聽·思)를 이룸에 잘못함이 없도록 하여 주시며, 곡식이 잘되고 질병이 없어지고 의식이 풍족하고 예의가 갖추어지고 안과 밖이 평안하고 도적이 사라지며 후손에게 너그러움을 내리어 영원히 多福을 누리게 하여 주소서. 삼가 아룁니다."라고 하였다(『三國史記』 卷8).

　다-3)의 사료를 보자. 신문왕은 원자 탄생의 날에 나타난 음침한 날씨와 큰 우레와 번개 때문에 충격을 받았다. 그는 천변의 원인은 王道의 상실에 있고 그것이 天譴으로 나타난다고 보았다. 그런데『書經』의 홍범오행전은 군주가 貌·言·視·聽·思라는 五事를 제대로 실천하지 않았을 때, 하늘이 그 경고로써 천견을 내리게 된다고 하였다. 이러한 천견이란 곧 天災와 地變이다. 신문왕에게 원자의 탄생과 함께 내린 天雷는 커다란 천견으로 간주되었다.[10] 이에 신문왕은 성상이 괴이하게 나타나고 화숙(태양)은 빛을 감추는 재이에 대해, 조묘에 致祭하여 재이를 가시려 하고 있다. 이렇게 조묘에 고하여 消災하려며, 후손의 복을 비는 예는 신라 중대에서 신문왕이 유일하다.

　다음으로, 孝昭王代의 기록을 검토해 보자.

---

10) 이희덕, 1999, 앞의 책, 272쪽.

　　라) 효소왕 3년 봄 정월에 왕이 친히 신궁에 제사하고 대사하였다(『三國史
　　　　記』 卷8).

　위의 사료에서, 효소왕 3년 정월에 왕이 대사하였다는 것이다. 이것은
왕이 즉위한 후에 처음 한 대사이다. 이로 보아, 이 시기의 대사는 정치적
행위이다.
　효소왕의 뒤를 이은 聖德王代의 사료들을 검토해 보자.

　　마-1) 성덕왕 원년 9월에 죄수를 대사하고 文武官에게 爵 일급씩을 더하여
　　　　　주었다. 다시 여러 州와 郡의 1년간 조세를 면제하고 阿湌 元訓으로
　　　　　중시를 삼았다(『三國史記』 卷8).
　　마-2) 성덕왕 14년 … 6월에 큰 가뭄이 있어 왕이 河西州 龍鳴嶽居士
　　　　　理曉를 불러 林泉寺의 못 위에서 비를 빌게 하였더니 열흘 동안이나
　　　　　비가 왔다. 가을 9월에 太白이 庶子星을 가렸다. 겨울 10월에 流星이
　　　　　紫微를 범하였으며, 12월에 流星이 天倉으로부터 太微에 들어갔다.
　　　　　죄인을 사면하였다. 왕자 重慶을 봉하여 태자로 하였다(『三國史記』
　　　　　卷8).
　　마-3) 성덕왕 23년 봄에 왕자 承慶을 세워 태자로 삼았다. 죄수를 대사하였
　　　　　다(『三國史記』 卷8).

　위의 사료는 왕의 즉위, 또는 태자책봉과 관련하여 대사를 하는 예들이
다. 마-1)에서 성덕왕 원년 9월에 죄수를 대사하고 문무관에게 작 일급씩
을 더하여주고 여러 주와 군의 1년간 조세를 면제하였다는 것이다.
성덕왕 원년 9월에 이루어진 대사는 즉위시의 정치적 행위로 판단된다.
또한 이 시기에 재이가 없으므로 조세의 면제 역시 즉위와 관련된 왕의
은전으로 생각된다.
　마-2)의 성덕왕 14년 9월에, 태백이 서자성을 가리고 10월에 유성이

자미를 범하고 12월에 유성이 천창으로부터 태미에 들어갔다는 것이다. 잇따른 3가지의 천재에 대해, 성덕왕은 죄인을 사면하였다.[11] 한편으로 이 사면은 왕자 중경을 태자로 책봉한 것과 관련되었을 것이다. 왜냐하면 앞 시기인 문무왕대의 정명(신문왕)과 신문왕대의 이홍(효소왕)에 대한 태자책봉 때에 사면이 있었기 때문이다. 그러므로 마-2)의 죄인에 대한 사면은 천재지변을 소재한다는 목적과 함께, 태자책봉을 경축하는 의미 가 함께 있었을 것이다.

마-3)은 성덕왕 23년 봄에, 왕자 승경을 세워 태자로 삼고 나서 죄수를 대사하였다는 것이다. 이 시기 무렵에 재이는 없다. 이 대사는 태자책봉과 동시에 행해졌으므로, 이와 연관된 것이다.[12]

다음으로 성덕왕대에 천재지변과 연관되어 사면 또는 은전이 나타난 예들을 보자.

마-4) 성덕왕 4년 … 여름 5월에 날이 가물었다. 가을 8월에 노인들에게 酒食을 내리고 9월에 하교하여 살생을 금하였다. … 겨울 10월에 나라 동쪽의 州郡에 기근이 있어 백성들이 많이 유리하므로 사람들을 보내어 진휼하게 하였다(『三國史記』 卷8).

마-5) 성덕왕 5년 봄 정월에 … 국내에 기근이 있으므로 창름을 열어 구제하였다. 3월에 衆星이 서쪽으로 흘러갔다. … 가을 8월에 중시 信貞이 병으로 직을 사면하므로 대아찬 文良으로 중시를 삼았다. … 이 해에 곡식이 성숙되지 못하였다. … 12월에 대사하였다(『三國史記』 卷8).

11) 李丙燾, 1983, 『三國史記』(上), 乙酉文化社, 162~163쪽.
12) 앞에서 보았듯이, 성덕왕 14년에 이루어진 사면은 천재지변을 발양한다는 목적이 있었다. 이와 함께, 중경에 대한 태자책봉을 경축하는 의미가 동시에 있었다. 다음 장의 도표에서는 성덕왕 14년에 이루어진 사면에 대해 천재지변과 관련한 사면으로 처리하였다.

마-6) 성덕왕 6년 봄 정월에 백성들 중에 아사하는 사람이 많으므로 粟을 사람마다 하루에 3升씩 7월까지 주었다. 2월에 죄수를 대사하고 백성에게 오곡의 종자를 내리되 차가 있었다(『三國史記』 卷8).

마-7) 성덕왕 7년 … 2월에 지진이 있었다. 여름 4월에 鎭星이 달을 범하였다. 죄수를 大赦하였다(『三國史記』 卷8).

마-8) 성덕왕 8년 … 여름 5월에 가물었다. … 가을 8월에 죄인을 사면하였다(『三國史記』 卷8).

마-9) 성덕왕 9년 봄 정월에 天狗가 三郞寺 북쪽에 떨어졌다. … 지진이 있었다. 죄인을 사면하였다(『三國史記』 卷8).

마-10) 성덕왕 13년 … 여름에 가뭄이 있고 사람들이 많이 질역에 걸렸다. 가을에 歃良州山의 橡實이 변하여 밤이 되었다. 14년 … 5월에 죄인을 사면하였다(『三國史記』 卷8).

마-4)에서, 성덕왕 4년 5월에 날이 가물자, 8월에 노인들에게 주식을 내리고 있다. 그리고 4년 10월에 나타난 기근에 대해 진휼하고 있다. 이는 재이에 대한 대책이다.

마-5)를 보자. 성덕왕 5년 봄 정월에 기근이 있으므로 구제하였다. 이어, 이 해에 곡식이 성숙되지 못하자, 12월에 대사하고 있다. 한 해의 두 차례에 걸친 기근에 대해 곡식진급과 대사를 실시하였다.

또한 마-6)에서 보듯이, 성덕왕 6년 기근과 관련된 아사현상에 대하여, 곡식을 주고 있다. 그리고 대사와 함께, 종자를 백성들에게 나누어주는 적극적인 대책이 행해지고 있다.

마-7)은 성덕왕 7년 2월에 발생한 지진과 4월에는 진성이 달을 범한 재이에 대해, 죄수를 대사한 것을 기록한 것이다.[13]

마-8)은 성덕왕 8년 5월과 8월의 기록이다. 그런데 이후 기록인 14년

---

13) 李丙燾, 1983, 앞의 책, 161~162쪽.

6월의 가뭄에 대해 기우제를 지내고 있다. 따라서 8년 5월 가뭄에 대해 8월에 죄인을 사면한 것은 어떻게 해석될까. 신라인들은 가뭄을 단순한 천재지변으로 인식하지 않았던 것이다. 마-9)의 성덕왕 9년 정월 기록에서, 재이(천구·지진)를 가시기 위한 발양으로 죄인을 사면하였다.

마-10)에서 보듯이, 성덕왕 14년 5월에 사면이 행해지고 있다. 이것은 앞 시기인 동왕 13년 여름의 가뭄과 질병, 가을에 발생한 상실이 변하여 밤이 된 재이에 대한 대책이었을 가능성이 있다.

그런데 성덕왕대는 신라 중대의 다른 왕들과 달리, 가뭄이 있자 왕의 지시에 의해 기우제를 지내고 있다. 다음의 사료를 보자.

마-11) 성덕왕 14년 … 6월에 큰 가뭄이 있어 왕이 河西州 龍鳴嶽居士 理曉를 불러 林泉寺의 못 위에서 비를 빌게 하였더니 열흘 동안이나 비가 왔다. 가을 9월에 太白이 庶子星을 가렸다. 겨울 10월에 流星이 紫微를 범하고 12월에 流星이 天倉으로부터 大微에 들어갔다. 죄인을 사면하였다. 왕자 重慶을 봉하여 태자로 하였다(『三國史記』 卷8).
마-12) 성덕왕 15년 … 여름 6월에 가뭄이 있어 또 居士 理曉를 불러 기도를 하게 하였더니 곧 비가 왔다. 죄인을 사면하였다(『三國史記』 卷8).

마-11)에서 보듯이, 성덕왕 14년 6월에 큰 가뭄이 발생했다. 왕은 이에 대해, 거사 이효를 불러 비를 비는 祈雨祭를 지내고 있다. 비는 우리와 같은 농경민족에게 있어서는 국운과 연결되는 생존의 근원이었다. 그래서 한발에 행하던 기우제는 생존을 위해 고대부터 내려오던 국가적 행사였다.[14]

비를 빌었던 이효는 居士였다. 居士란 道藝가 깊은 사람으로 벼슬을

---

14) 柳炳德, 1992, 『한국문화상징사전』, 동아출판사, 380쪽.

하지 않는 隱者를 말한다. 또는 僧侶나, 佛門에 귀의한 남자라는 뜻이다.15) 居士 理曉는 기도를 통해 비를 내리게 할 수 있는 은자였다. 기우제에서 보듯이, 성덕왕은 가뭄을 하늘의 뜻과 관련시키고 있다.

마-12)에서, 성덕왕 15년 6월의 가뭄에 대해 다시 거사 이효를 불러 기우제를 지내고 있다. 기우제를 지낸다는 점에서, 천재지변에 대해 성덕왕은 역대의 다른 왕들과 다르게 대처하고 있다. 왜냐하면 중대의 어느 왕도 기우제를 지낸 예가 없기 때문이다.

또 거사 理曉의 기도에 이어 곧 비가 오니, 죄인을 사면하였다는 것은 무엇을 말하는 것일까. 이것은 왕과 신라인들이 기우제로 인해 비가 왔다고 인식했음을 말하는 것이다.

한편 성덕왕대에는 왕의 즉위와 태자책봉, 재이가 없는데도 대사 또는 물품의 하사와 같은 은전이 행해지고 있는 예들이 있다. 다음을 보자.

마-a) 성덕왕 12년 2월에 典祀署를 두었다. 唐에 사신을 보내어 조공하니 당 玄宗은 樓門에서 나와 사신을 접견하였다. … 10월에 中侍 魏文이 退老를 청하였는데 왕이 허락하였다. 12월에 죄인을 大赦하였다. 開城을 쌓았다(『三國史記』 卷8).

마-b) 성덕왕 17년 … 2월에 왕이 나라 서쪽의 州郡을 巡撫할 때 친히 年老者와 鰥·寡·孤·獨을 存問하고 그들에게 차등을 두어 물품을 하사하였다(『三國史記』 卷8).

마-c) 성덕왕 25년 4월에 金忠臣을 唐에 보내어 新年을 하례하였다. 5월에 王弟 金釿質를 당에 보내어 조공하니 그에게 郞將의 職을 주어 돌려보냈다. 26년 봄 정월에 죄인을 사면하였다(『三國史記』 卷8).

마-d) 성덕왕 30년 2월에 金志良을 당에 보내어 신년을 하례하였다.

15) 張三植 編著, 1975, 『大漢韓辭典』, 博文出版社, 1419쪽.

玄宗이 지량에게 大僕少卿員外置를 주고 帛 60필을 내려 돌려보내면서,
詔書를 주니 거기에 말하였다. … 여름 4월에 죄수를 사면하였다.
왕이 年老者들에게 酒食을 내렸다(『三國史記』 卷8).

마-a)의 성덕왕 12년 12월, 마-b)의 성덕왕 17년 2월,[16] 마-c)의 성덕왕
26년 정월, 마-d)의 성덕왕 30년 4월의 예들이 그것이다. 이러한 사례들은
재이와 관계없이 대사 또는 물품의 하사가 행해진 것이다. 이 점은
주목된다. 왜냐하면 중대에서, 성덕왕대만이 이런 예들이 5회나 보인다
는 점이다.

이어서 孝成王代의 기록을 검토해 보자.

바) 효성왕이 즉위하니 諱는 承慶이다. 聖德王의 두 번째 아들이며 어머니
는 炤德王后이다. 죄수를 대사하였다. … 5월에 지진이 있었다. 9월에
流星이 大微로 들어갔다(『三國史記』 卷9).

효성왕 즉위년에, 죄수를 대사하고 있다. 천재지변은 이 시기에 없었다.
이것은 즉위 후에 처음으로 이루어진 대사이다. 그러므로 이 시기의
대사는 즉위시의 정치적 행위로 해석된다.

효성왕의 뒤를 이은 景德王代의 사료를 검토해 보자. 먼저 왕의 즉위와
관련되어 시행된 대사를 살펴보자.

---

16) 성덕왕 17년 2월에, 왕이 나라 서쪽의 주군을 순무하고 있음이 기록되어 있다.
이때 왕이 친히 年老者와 鰥·寡·孤·獨을 存問하고 그들에게 물품을 하사하되
차가 있었다는 것이다. 이전에 나타난 천재지변은 16년 4월의 지진이 유일하다
(『삼국사기』 권8, 성덕왕). 시기적으로 보아, 지진은 왕이 나라 서쪽지방을
순무한 때와 10개월을 격하고 있다. 이로 보아 성덕왕의 은전은 지진이라는
재이와 관련이 없다고 할 것이다.

사-1) 경덕왕 5년 여름 4월에 죄수를 대사하고 臣民에게 酒食을 주었으며,
150인을 佛門에 들게 하였다(『三國史記』卷9).

사-1)의 사료를 검토해 보자. 그런데 이 사료에서 경덕왕의 행위는
경덕왕 4년 5월에 일어난 가뭄[17]과 연관시키기에는 주저된다. 왜냐하면
경덕왕 4년 5월의 가뭄 이후 11개월이 지난 5년 4월에 이에 대해 죄수를
대사하고 신민에게 주식을 하사한 것은, 시기적으로 그 거리가 멀기
때문이다. 앞에서 보았듯이, 신라는 왕이 즉위한 이후에 중신의 임명과
신궁친사·대사를 하였다. 그러므로 경덕왕 5년 4월의 대사행위는 즉위시
의 정치적 행위라고 생각된다. 경덕왕은 즉위 이후 대사행위를 하지
못하다가, 5년 4월에 비로소 죄수를 대사함으로써 즉위시의 정치적
행위를 하고 있는 것이다.[18] 따라서 경덕왕 5년 4월에 대사를 하고
臣民에게 酒食을 준 것은 천재지변과 관련이 없는 즉위와 관련된 정치적
행위로 보인다.

다음으로 경덕왕대에, 천재지변에 대한 대책이 있는 예들을 살펴보자.

사-2) 경덕왕 6년 … 3월에 眞平王陵에 낙뢰가 있었다. 가을에 가물고
겨울에 눈이 오지 않고 민간에 기근이 있고 또 질역이 있었다. 사람을
10道에 보내어 安撫하게 하였다(『三國史記』卷9).

사-3) 경덕왕 14년 봄에 곡식이 귀하여 민간에 기근이 있었다. 熊川州의
向德이란 사람은 가난하여 부모를 봉양할 수 없어 다리의 살을 베어
그 아버지에게 먹였다. 왕이 이를 듣고 자못 후하게 하사하였다.
이에 마을에 旌門을 세워 표창하였다. 望德寺의 탑이 움직였다. …
가을 7월에 죄인을 사면하고 老疾과 鰥寡孤獨을 存問하여 곡식을

---

17) 『삼국사기』 권9, 경덕왕.
18) 申政勳, 2003, 『8世紀 統一新羅의 政治的 推移와 天災地變의 성격』, 中央大學校
博士論文, 33~34쪽.

주되 차가 있게 하였다. 이찬 金耆로 시중을 삼았다(『三國史記』卷9).

사-2)는 경덕왕 6년 가을에, 가물고 겨울에 눈이 오지 않고 민간에 기근이 있고 또 역질이 돌았음을 기록하고 있다. 그리하여 왕이 사람을 10道에 보내어 안무하게 하였던 것이다.[19] 이것은 기근과 역질에 대해 십도에 관리를 보내어 안무하게 하였음을 말한다. 십도에 간 관리는 왕을 대신하여, 죄수의 대사·곡식의 진급 등을 하였을 것이다.

여기에서 십도는 어떤 의미일까. 이와 관련하여, 唐과 高麗의 제도가 주목된다. 唐은 太宗때에 전국을 山川의 형편에 의해 10道로 나누었다. 그리고 高麗 成宗때에는 唐의 영향을 받아, 十道가 제정되었다고 한다. 또한 고려에서는 수개 州 내지는 1州로서 한 道를 이루었다.[20] 唐과 高麗는 전국을 10도로 나누었던 것이다. 그러므로 10도는 전국을 말하는 것이다. 따라서 이 시기에 기근과 역질이 전국적으로 일어났음을 알 수 있다. 한편으로 우리는 십도에 갔다는 관리를 통해, 경덕왕대에 전국에 걸쳐 중앙집권력이 미치고 있었음을 알 수 있다.

사-3)의 사료를 보자. 경덕왕 14년 봄에 기근이 일어났을 때 효행을 한 향덕은 포상과 함께 마을에 旌門을 세워 표창 받고 있다. 이것은 향덕 개인에 대한 포상이다. 따라서 재이와 관련된 국가적 대책인 대사와 은전은 아니라 할 것이다.

사-3)의 동왕 14년 7월에, 사면과 함께 노질과 환과고독에게 곡식을 주었다고 한다. 이것은 시기로 보아, 이 해 봄의 기근과 망덕사 탑이 진동한 재이에 대한 대책으로 판단된다.

한편 경덕왕 15년 2월의 기록은 재이에 대한 신라인들의 관념을 보여준

---

19) 이병도, 1983, 앞의 책, 180쪽.
20) 河炫綱, 1988, 『韓國中世史硏究』, 一潮閣, 206~221쪽.

다. 경덕왕 15년 2월에 상대등 김사인이 매년마다 재이가 거듭 보이는 것을 이유로 상소하여 시정의 득실을 극론하므로, 왕이 가납하였다는 것이다.[21] 이것은 재이의 누견이 단순한 자연현상이 아니라, 정치적인 의미를 내포하고 있음을 말하고 있다. 그러나 경덕왕이 가납하였다고 하였을 뿐, 구체적인 대책은 없다.

경덕왕의 뒤를 이은 惠恭王代의 기록을 검토해 보자.

아-1) 혜공왕 원년에 죄수를 대사하였다. 太學에 행차하여 박사로 하여금 尙書의 뜻을 강의하게 하였다(『三國史記』 卷9).

아-1)의 사료에서, 혜공왕 원년에 대사를 하였다.[22] 이는 시기적으로 보아, 왕이 즉위한 이후에 행한 정치적 행위인 대사이다.

---

21) 『삼국사기』 권9, 경덕왕.
22) 경덕왕대에 태자로 책봉된 乾運(혜공왕)과 관련하여 특징적인 사실이 있다. 경덕왕 17년 7월 23일에 왕자(혜공왕)가 탄생하였으며, 큰 우뢰와 번개가 일더니 佛寺 16개소에 낙뢰가 있었다는 것이다(『삼국사기』 9, 경덕왕).
그런데 고대 佛寺 건축에서의 배치방안은 우리나라 고대 궁전 제도의 그것과 매우 유사하다. 1974년에 복원된 경주 불국사의 경우가 그러하다. 다만 다른 것은, 궁전에 있어서는 속세의 王者를 위한 玉座가 마련되어 있으며, 사원에서는 法王을 위한 佛座가 놓여있다는 점이다. 이와 같이 고대 한국에서 궁전과 불사의 친연성은 우리 역사에서 권위건물의 쌍벽을 이루었음을 보여준다(黃壽永, 1974, 『한국의 불교미술』, 28쪽). 고대인들은 그만큼 佛寺를 중요하게 인식하였다. 그러므로 혜공왕이 탄생할 때에 佛寺 16개소에서 낙뢰가 일어난 일은 충격으로 다가왔을 것이다. 그러나 경덕왕은 혜공왕의 탄생일에 발생한 재이에 대해, 아무런 대책을 펴지 않았다. 이에 비해 신문왕은 원자인 효소왕이 탄생할 때에 발생한 재이에 대해, 조묘에 빌고 있다.
또한 경덕왕은 19년 7월에 王子 乾運(혜공왕)을 王太子로 삼았으나(『삼국사기』 9, 경덕왕) 대사를 베풀지 않았다. 그런데 중대의 역대 왕들은 태자책봉을 할 때에 대사를 베풀거나, 무열왕과 같이 서상물의 진헌이 이루어지고 있다. 이처럼 경덕왕대에 건운(혜공왕)과 관련된 기록은 이례적인 것이다.

다음으로 천재지변에 대해 대사와 은전이 있는 예들을 보자.

아-2) 혜공왕 2년 봄 정월에 해 둘이 한꺼번에 나타났다. 죄수를 대사하였
　　다. 2월에 왕이 神宮에 친사하였다. 良里 公의 집에 암소가 다리 다섯
　　달린 송아지를 낳았는데 다리 하나는 위로 향하였다. 康州에서 땅이
　　빠져 못을 이루었다. 長廣이 50여 척이요 물빛은 푸르고 검었다.
　　겨울 10월에 하늘에서 북소리와 같은 것이 났다(『三國史記』 卷9).
아-3) 혜공왕 5년 … 여름 5월에 누리와 가뭄이 있으므로 百官에게 명하여
　　각기 아는 사람을 천거하게 하였다. 겨울 11월에 雉岳縣의 쥐 80마리
　　가량이 평양으로 향하여 갔다. 눈이 오지 않았다(『三國史記』 卷9).

아-2)의 혜공왕 2년 정월에 해가 둘이 나타났다는 것이다. 여기에
대해, 같은 달에 대사를 하고 있다. 천변에 대한 大赦令은 왕의 責己修德을
위한 덕치의 표방이기 때문이다.[23]

아-3)에서, 혜공왕 5년 5월의 누리와 가뭄에 대해 백관에게 명하여
각기 아는 사람을 천거하게 하였다는 것이다. 신라 중대에 관리의 등용은
골품제에 따라 이루어지고 있었다. 혜공왕대에 골품제의 변경을 나타내
는 사료는 없다. 그러므로 이는 골품제의 틀 안에서 이루어진 관리
추천이라고 할 것이다. 특기할만한 사실은, 천재지변에 대해 관리 추천의
방법으로 대응한 것은 중대에 이 사료가 유일하다는 것이다.

한편 천재지변에 대해, 불교의식이 거행되고 있는 다음과 같은 예가
있다.

아-4) 혜공왕 15년 봄 3월에 경도에 지진이 있어 민옥이 무너지고 죽은
　　자가 100여 인이었다. 太白이 달로 들어갔다. 百座法會를 設하였다(『三

---

[23] 이희덕, 1999, 앞의 책, 304쪽.

國史記』卷9).

아-4)에서 보듯이, 혜공왕 15년 3월에 지진이 발생하였다. 이어 태백성
이 달을 범하였다는 것이다. 왕은 이 천변지이를 祓禳하기 위해 백좌법회
를 설했다.[24]

백 명의 고승을 모시고 개최하는 백좌법회는『仁王經』의 가르침에
의해 생겨난 법회이다. 백좌법회는 일찍이 眞平王 30년에 황룡사에 최초
로 개설된 후 자주 행해지던 법회였다. 그렇지만 그것은 중대에는 개최기
록이 보이지 않다가, 이때에 개최되었다. 나라가 크게 어지러웠던 혜공왕
때에, 백좌법회를 개설했던 것은 무엇 때문일까. 그것은『仁王經』의 호국
사상에 의해서 나라를 수호하려는 의도와 관련된다.[25]

그런데『삼국사기』의 천재지변 기사는 儒家의 정치윤리관과 연관
지을 수 있다.[26] 여기서는 천재지변에 대한 대책이 불교적인 의식으로
나타나고 있다. 또한 백좌법회는 신하와 백성들을 대상으로 한 대사와

---

24) 이병도, 1983, 앞의 책, 185쪽.
25) 金相鉉, 1999,「신라 중대의 불교사상 연구」,『국사관논총』85, 152쪽.
26) 이희덕, 1999, 앞의 책, 51쪽. 혜공왕대의 천재지변에 대한 대사와 은전은 혜공왕
원년에서 6년까지 집중되어 있다. 그리고 9년간의 공백 이후 혜공왕 15년에
백좌법회를 설하고 있다.
   그런데 혜공왕이 즉위한 이후에 만월부인이 섭정하고 있었다. 이러한 섭정은
혜공왕대 천재지변 기록의 변화로 보아 同王 8년 무렵에 거두어지고, 親政이
시작되었다. 이후 정국은 혜공왕이 진골귀족을 통제하지 못한 가운데, 혜공왕파
와 反혜공왕파로 나뉘어져 정국의 주도권을 장악하기 위한 대립이 있었다(신정
훈, 2003,『8세기 통일신라의 정치적 추이와 천재지변의 성격』, 중앙대학교
박사논문, 106~107쪽). 이로 보아 혜공왕 원년에서 6년까지의 대사와 은전
시행은 섭정으로 대변되는 왕권이 정국의 중심에 있었음을 보여주는 것이다.
그러나 혜공왕 7년 이후에, 왕권은 진골귀족을 제대로 통제하지 못한 가운데
대사와 은전이 행해질 수 없었다. 혜공왕 15년 3월에 행한 백좌법회는 대사나
곡식의 진급·조세 면제 등과 같은 은전과 구별된다. 그것은 신하와 백성을
대상으로 한 것이 아니었기 때문이다. 이 점은 약화된 왕권의 위상을 보여준다.

은전과는 구별되는 것이다.

주목되는 점이 있다. 그것은 혜공왕이 중대의 역대 왕들과 달리, 唐과의 관계에서 사면을 행하고 있다는 것이다.

> 아-5) 혜공왕 4년 봄에 혜성이 동북방에 났다. 唐의 代宗이 … 왕을 책봉하 여 開府儀同三司新羅王으로 삼고 겸하여 王의 어머니 金氏를 책봉하여 대비로 하였다. 여름 5월에 殊死 이하의 죄인을 사면하였다. 6월에 경도에 우뢰와 우박이 와서 草木을 해치고 큰 별이 皇龍寺 남쪽에 떨어졌다. 지진 소리가 우레와 같았고 샘과 우물이 마르고 범이 宮中에 들어왔다. 가을 7월에 一吉湌 大恭이 아우 阿湌 大廉과 함께 반란을 일으켜 무리를 모아 왕궁을 에워싼 지 33일 만에 왕군이 討平하여 9族을 주하였다. … 겨울 10월에 伊湌 神猷로 상대등을 삼고 이찬 金隱居로 시중을 삼았다(『三國史記』 卷9).

아-5)의 사료를 보자. 혜공왕 4년 봄에, 당의 대종이 혜공왕을 책봉하여 개부의동삼사신라왕으로 삼고 겸하여 王의 어머니 김씨를 대비로 책봉하 였다. 그리고 혜공왕 4년 5월에 수사 이하의 죄인을 사면하였다는 것이다.

여기에서 주목되는 점이 있다. 당나라는 신라 중대에 왕을 책봉하는 것이 상례였다. 그러나 당이 왕의 어머니를 대비로 책봉한 것은 이 한 예밖에 없다는 점이다. 시기적으로 보아, 혜공왕 4년 5월에 이루어진 사면은 이례적으로, 당이 혜공왕을 책봉한 것과 함께 왕의 어머니를 책봉한 것을 기념하여 이루어진 것으로 생각된다.

다음으로 혜공왕대에 왕의 순행과 관련된 곡사가 보인다. 다음의 사료를 보자.

아-6) 혜공왕 6년 봄 정월에 왕이 西原京에 行幸하여 지나가는 곳의

州와 郡의 죄수를 曲赦하였다. 3월에 흙비가 왔다. 여름 4월에 왕이
서원경에서 돌아왔다(『三國史記』 卷9).

위에서, 혜공왕 6년 정월에 왕이 서원경에 행행하여 지나가는 곳의
주와 현의 죄수를 曲赦하고 있다.[27] 이 예는 왕의 순행과 관련된 곡사로,
신라 중대에 유일하다.[28]

Ⅲ. 대사와 은전이 가지는 의미

우리는 앞에서 신라 중대 왕의 대사와 은전을 검토하였다. 이와 같은
분석을 도표로 정리하였다.

---

27) 신라는 통일 이후 전국을 9주와 5소경으로 편제했다. 혜공왕이 다른 주와 소경이
   아닌 서원경에 행차한 데에는 의미가 있었을 것이다. 서원경이 혜공왕과 특별히
   관련 있는 지역이었으므로, 혜공왕이 이 지역으로 간 것은 아닐까. 혜공왕이
   즉위할 때, 왕의 나이는 8세로 만월부인이 섭정하였다(『삼국사기』 권9, 혜공왕
   즉위년). 그렇다면 혜공왕 6년에 왕이 서원경에 행행할 때, 나이는 14세에 불과하
   다. 이로 보아, 혜공왕 6년에도 만월부인은 섭정하고 있었다고 파악할 수 있다.
   서원경은 혜공왕의 모후인 만월부인과 관련된 지역이었으므로, 혜공왕이 이
   지역으로 간 것은 아닐까. 그러나 이것은 추측의 영역에 속한다.
28) 천재지변에 대한 신라인의 인식을 잘 보여주는 『삼국사기』의 기록이 있다.
   다음의 사료가 그것이다.
   "혜공왕 16년 봄 정월에 누런 안개가 있고 2월에 흙비가 왔다. 왕은 어려서
   즉위하여 장성함에 따라 聲色에 빠졌다. 巡遊가 절도가 없고 기강이 문란하며
   재이가 빈번히 일어났다. 인심이 이반하고 사직이 불안하였다. 이찬 金志貞이
   반란을 일으켜 무리를 모아 궁궐을 포위하고 범하였다. 여름 4월에 上大等
   金良相이 伊湌 敬信과 더불어 군대를 일으켜 지정 等을 誅했으나 王과 后妃는
   亂兵에게 해를 입었다. 양상 등은 왕을 諡하여 惠恭王이라 하였다"(『삼국사기』
   권9, 혜공왕).
   이 기사에서 보듯이, 당시 신라인들은 인심이 이반하고 사직이 위태한 데에는
   재이가 빈번하게 일어났다는 점이 한 원인이 되었다고 인식하였다.

〈표〉신라 중대의 대사와 은전

	무열왕	문무왕	신문왕	효소왕	성덕왕	효성왕	경덕왕	혜공왕
재위기간	8년	21년	12년	11년	36년	6년	24년	16년
천재지변 횟수와 비율	8회 100%	26회 123%	6회 50%	12회 109%	46회 127%	9회 150%	30회 125%	28회 175%
왕의 즉위·태자책봉에 대한 대사	1회	2회	2회	1회	3회	1회	1회	1회
천재지변에 대한 대사 또는 은전	0회	2회	0회	0회	11회	0회	3회	1회
왕의 즉위·태자책봉·그리고 재이가 없는데 행한 대사 또는 은전	0회	0회	0회	0회	5회	0회	0회	0회
당의 책봉에 대한 대사 또는 은전	0회	0회	0회	0회	0회	0회	0회	1회
곡사(그 지방에 한한 특사)	0회	0회	0회	0회	0회	0회	0회	1회
승전에 대한 대사 또는 은전	0회	2회	0회	0회	0회	0회	0회	0회

위의 도표를 중심으로, 신라 중대의 성격을 살펴보자. 무열왕은 천재지변에 대해, 대사와 곡식진급 등의 은전이 없었다. 이는 그의 재위기간이 짧았다는 것도 한 요인이 되었을 것이다. 그러나 천재지변에 대해, 대사와 은전이 한 건도 없다는 것은 뒤 시기의 왕인 문무왕·성덕왕 등과 차이를 보인다.

이러한 원인은 무엇일까. 그것은 무엇보다 그가 眞智王의 손자였다는 점에서 찾을 수 있다. 진지왕은 나라를 다스린 지 4년 만에, 정사가 어지럽고 음란한 일이 많다는 이유로 國人에 의해 폐위되었다.[29] 무열왕은 진지왕의 아들인 伊湌 龍春의 아들이었다.[30]

---

29) 『三國遺事』卷1, 紀異 1, 桃花女 鼻荊郎. 국인들은 진지왕을 폐위시켰다. 여기에서 국인은 부족의 대표인 부족장이었다(신형식, 1985, 『신라사』, 이화여자대학교 출판부, 185~186쪽).

이로 보아, 무열왕은 왕위계승에 있어, 적격자로 공인받지 못했다고 보여진다. 이 점은 무열왕의 즉위과정이 순탄하지 못했다는 다음과 같은 내용에서 잘 알 수 있다.

> 眞德王이 돌아가자 群臣들은 閼川 伊湌에게 攝政을 청했다. 알천이 굳게 사양하여 말하였다. "臣은 늙었습니다. 德行으로 들 만한 것이 없습니다. 지금 德望이 높고 무겁기로는 春秋 公만한 사람이 없으니, 실로 濟世의 英傑이라 이를 만합니다."고 말했다. 드디어 받들어 왕으로 삼으려 하니, 춘추는 세 번 사양하다가 마지못해 왕위에 올랐다(『三國史記』 卷5, 太宗武烈王 卽位年).

위의 사료는 무열왕이 군신들의 추대를 받아 왕이 되었다고 하고 있다. 더욱이 그는 세 번이나 사양한 끝에 마지못해 왕이 되었다고 하였다. 무열왕은 왕위계승에 있어 정통성이 없었던 것이다.

무열왕을 추대한 군신들은 무열왕의 재위기간 동안 왕권을 지지하면서도, 한편으로는 왕권에 대해 제약하는 요소가 되었을 것이다. 천재지변에 대해, 왕만이 할 수 있는 정치적 행위인 대사와 은전이라는 대책이 나오지 않은 점도 이와 관련하여 이해된다.

이어 즉위한 文武王代에는 천재지변에 대해 2회에 걸친 대사와 구휼이 있었다. 한편 문무왕은 고구려·백제를 멸망한 사실과 관련하여 大赦를 행하고 있다. 이것은 통일전쟁기였던 문무왕대의 특수한 성격을 보여준다.

사실 고구려와 백제는 신라에 비해 우위에 있었던 나라들이었다. 신라는 5세기에 奈勿王이 奴客을 자처하며, 고구려 광개토왕의 군사적

---

30) 『삼국사기』 권5, 태종무열왕 즉위년.

도움을 받은 적이 있었다(400년).31)

백제 역시 신라에게는 무서운 적수였다. 신라 眞興王의 배신으로 百濟
의 聖王은 554년에 전사했다.32) 이후 백제와 신라는 첨예하게 대립했다.
백제 마지막 왕인 義慈王은 즉위한 지 2년 만에 신라를 공격하였다.
그리하여 642년에, 백제는 신라의 서쪽에 있는 40여 개의 성을 차지했던
것이다. 그러나 백제가 멸망한 때는 그로부터 불과 18년만인 660년이었
다.33)

그러므로 무열왕대의 백제 멸망(660)과 문무왕대의 고구려 멸망(668)
은 당시 신라인들의 뇌리에 깊숙이 박힌 역사적인 사건이었다.

대사란 왕만이 할 수 있는 것이다. 따라서 고구려·백제를 멸망시킨
것과 관련되어 행해진 대사는 문무왕의 권위를 확보하고 과시하는 데
유용한 도구가 되었을 것이다.

다음으로 神文王代를 살펴보자. 신문왕은 원자 탄생일에 발생한 천재
지변에 대해, 祖廟에 고하여 천재지변을 소재하려 하였다. 신문왕은
천재지변을 단순한 자연현상이 아니라 정치적 의미를 가지고 있는 것으
로 인식하였던 것이다. 여기에서 지적할 수 있는 점은 신문왕이 자신의
직계인 太祖大王·眞智大王·文興大王·太宗大王·文武大王의 靈에게 四時의
節侯를 고르게 하며, 곡식이 잘되기를 빌고 있다는 점이다.

신문왕은 五廟制를 확립하여 武烈王家의 법통을 공식적으로 완결시켰
다. 특히 政亂荒淫으로 축출된 眞智王을 새로운 5廟의 祭主에 올려놓아
가문의 명예를 회복하는 동시에 무열계 왕권의 위계질서를 이룩해 놓았
다.34)

---

31) 「廣開土王陵碑」.
32) 『삼국사기』 권26, 백제본기 4, 성왕 32년 가을 7월.
33) 『삼국사기』 권28, 백제본기 6, 의자왕.

신문왕의 뒤를 이어 孝昭王이 즉위하였다. 효소왕대에는 伊飡 慶永의 모반 등으로[35] 정치적 정세가 불안정하였다. 이때, 12회의 천재지변이 있었다. 천재지변에 대해, 대사·곡식의 분급과 같은 왕의 은전은 발견되지 않고 있다. 대사와 곡식의 분급이라는 정치적 행위는 왕만이 할 수 있는 것이다. 이런 점은 효소왕대의 정치적 불안정을 보여준다고 하겠다.

효소왕을 이은 聖德王代에 무려 11회나, 천재지변에 대한 대사와 은전이 시행되고 있다. 삼국과 통일신라에 이르기까지, 천재지변은 왕자의 부덕한 정치에 대한 하늘의 譴責으로 초래된다고 인식되었다.[36] 결국 이러한 관념은 하늘과 왕을 연결시키고 있다는 것이다. 다시 말해 하늘의 명령이라는 천명과 왕권이 연결되는 것이다. 그러므로 천재지변을 발양하기 위한 대책들은 왕권의 강화에 유리하게 작용되어질 수 있다. 왕은 천명에 응답하여 대사와 은전이라는 대책을 실행함으로써, 왕권과 천명이 연결됨을 보여줄 수 있기 때문이다.

성덕왕은 천재지변에 대해, 이를 소재하기 위해 대사와 은전을 행하고 있다. 그런데 진골귀족은 백성들을 대상으로 이와 같은 조치를 행할 수 없다. 대사와 은전은 王權을 眞骨貴族과 구별시키는 데 정치적으로 유용하게 이용되어졌을 것이다.

그런데 특기할 예가 있다. 성덕왕대에 국가의 경사나 천재지변과 관련 없이, 대사 또는 은전이 5회에 걸쳐 행해지고 있다. 중대 역대 왕들 중에 유일하게 국가의 경사나 천재지변과 관계없는 대사와 은전이 행해지고 있는 것이다. 대사와 은전의 시행은 왕만이 할 수 있는 것이다.

---

34) 신형식, 1984, 앞의 책, 119쪽.
35) 『삼국사기』 권8, 효소왕 9년 5월.
36) 이희덕, 1999, 앞의 책, 343쪽.

성덕왕은 이를 통해, 진골귀족과 구별되는 왕권을 천명하려 하였을 것이다.

그러나 孝成王代에는 천재지변에 대한 대사와 은전이 전혀 보이지 않는다. 천재지변이 나타난 비율이 150%로, 신라 중대로 본다면 혜공왕에 이어 두 번째로 높다. 이와 같은 사실은 효성왕대 왕권의 동요를 보여준다. 이 시기에는 波珍湌 永宗의 謀叛에서 보이듯이,[37] 왕권의 약화 현상이 나타나고 있다.[38]

효성왕대에, 천재지변에 대한 대책이 없다는 점과 왕권의 동향은 연관되고 있는 것이다. 이것은 결과적으로, 성덕왕대의 왕권강화가 제한적인 의미를 가진 것에 불과하다는 점을 보여준다.

효성왕의 뒤를 이은 景德王代에 다시 천재지변에 대해 3회에 걸쳐 사면과 은전이 시행되고 있다. 이 점은 경덕왕대가 효성왕대에 비해 왕권이 신장되었음을 보여준다.

이어 惠恭王代에는 중대에서 가장 높은 비율(175%)의 천재지변이 발생하고 있다. 이와 비례하여 반란과 모반이 빈발하고 있다. 대표적인 사실로 다음을 들 수 있다.

혜공왕 4년 가을 7월에 一吉湌 大恭이 그의 아우인 阿湌 大廉과 함께 반란을 일으켰다가 진압되었으며, 동왕 6년 8월에 大阿湌 金融이 叛하다가 伏誅되었다. 그리고 혜공왕 11년 6월에 伊湌 金隱居가 叛하다가 복주되었으며, 2개월 후인 11년 8월에 伊湌 廉相이 侍中 正門과 謀叛하다가 복주되었다. 이어 혜공왕 16년 2월에 伊湌 志貞이 叛하여 무리를 모아 궁궐을 포위하고 범하였으며, 여름 4월에 上大等 金良相은 이찬 敬信과 더불어

37)『삼국사기』권9, 효성왕 4년 8월.
38) 井上秀雄, 1962,「新羅政治體制の變遷過程」,『古代史講座』4 ; 1974,『新羅史基礎硏究』, 東出版, 456쪽.

군사를 일으켜 지정 등을 誅했으나, 王과 后妃는 亂兵에게 해되는 바가
되었던 것이다.[39]

　이러한 혜공왕대의 잦은 반란과 모반은 앞의 도표에서 보았듯이,
중대에서 가장 높은 비율(175%)로 나타난 천재지변과 그 궤를 같이하고
있다고 보여진다. 그런데 혜공왕대에 발생한 잦은 천재지변에 대해,
곡식을 내어 구휼한 사례가 한건도 없다. 이것은 왕권을 민심과 멀어지게
하는 한 요인이 되었을 것이다.

　이와 함께 주목되는 점이 있다. 신라 중대의 왕들은 즉위할 때에,
大赦를 했다. 그렇지만 이들은 唐나라가 책봉을 할 때, 대사는 하지
않았다. 이 점은 당의 책봉이 신라 중대 왕실에게 중요하게 받아들여지지
않았음을 의미한다.

　그러나 혜공왕은 중대 왕들 중 유일하게 당나라가 왕과 왕의 어머니를
책봉할 때에 사면을 하고 있다. 이례적인 현상이 나타난 것이다. 혜공왕에
게 당의 책봉은 그만큼 중요하게 여겨졌던 것이다. 이것은 당의 권위에
의존하려는 혜공왕대 왕권의 실상을 보여준다고 해석된다. 한편으로
이 무렵에, 왕권의 대칭점에 있던 진골귀족의 강력함을 시사하고 있다.

　실제로 眞骨貴族인 食邑 主나 祿邑 主는 宗黨과 食邑 民, 祿邑 民을
기반으로 田莊을 운영하고, 경우에 따라서 국가권력이나 왕권에 도전할
수 있었다. 진골귀족인 식읍 주나 녹읍 주는 두 제도를 통해 국가의
토지와 농민지배권을 양여 받았다고 간주했기 때문이었다.[40]

---

39) 『三國史記』卷9, 혜공왕.
40) 李仁在, 1997,「新羅統一期 田莊의 形成과 經營」,『金容燮敎授停年紀念韓國史學論叢』
　　2, 知識産業社, 124쪽.

Ⅳ. 맺음말

이상으로 新羅 中代에 나타난 대사와 은전을 살펴보았다. 맺음말은 본문의 내용을 정리하는 것으로 대신하고자 한다.

중대 역대 왕들은 즉위한 이후 모두 大赦를 하고 있다. 이 점은 즉위한 후의 대사는 반드시 시행되는 정치적 행위였음을 말한다.

다음으로 중대 각 왕들의 대사와 은전을 통해 그 정치적 성격을 검토하면 다음과 같다. 武烈王代에 천재지변에 대한 대사와 은전은 없었다. 이는 폐출된 眞智王의 후손으로, 최초로 眞骨로서 왕위에 오른 무열왕대 왕권의 한계를 보여준다. 뒤를 이은 文武王代는 통일전쟁과 관련하여 大赦가 행해지고 있음이 특징으로 나타난다. 이 대사는 왕권강화에 유용하게 이용되어졌을 것이다.

문무왕의 뒤를 이어 즉위한 神文王은 원자 탄생일에 발생한 천재지변을 발양하기 위해, 祖廟에 大臣을 보내어 太祖大王·眞旨大王·文興大王·太宗大王·文武大王의 靈에 빌고 있다. 이 점은 자신의 직계를 신성화하려는 정치적 의미가 담겨 있었다. 신문왕의 뒤를 이어 孝昭王 시기에, 천재지변에 대해 왕만이 행할 수 있는 대책인 대사와 은전이 없었다. 이것은 孝昭王代 왕권의 위상을 보여준다.

효소왕의 뒤를 이은 聖德王代에, 가장 빈번하게 천재지변에 대한 대사와 은전이 시행되고 있다. 또한 성덕왕대는 중대 역대 왕들 중에 유일하게 천재지변이나 국가의 경사와 관계없이, 대사와 은전이 행해지고 있다. 대사와 은전의 시행은 왕만이 할 수 있었다. 아무리 독자적인 기반을 가진 진골귀족이라도 이 정치적 행위를 행할 수는 없었다. 따라서 이 행위는 왕권을 진골귀족과 구분하는 정치적 효과를 가질 수 있었다. 이로 보아, 우리는 성덕왕대에 왕권강화를 위한 노력이 있었다고 볼 수 있다. 이 점은 성덕왕대에 이르러 효소왕대의 불안정한 정세가 안정되었으며, 이를 바탕으로 왕권강화가 시도되었음을 나타낸다.

그러나 성덕왕의 뒤를 이은 孝成王代에는 잇따른 재이에도 불구하고 아무런 대책이 없었다. 이것은 효성왕대에 다시 왕권의 약화가 이루어졌음을 말한다. 여기에서 우리는 성덕왕대의 왕권강화가 지니는 제한적인 의미를 이해할 수 있다.

효성왕의 뒤를 이은 景德王代에 천재지변에 대해 시행된 3회의 사면과 은전은 효성왕대에 약화된 왕권이 어느 정도 안정되었음을 시사한다.

경덕왕의 뒤를 이은 혜공왕대의 정치적 사실과 관련하여 특징적인 것이 있다. 중대 역대 왕들은 唐이 책봉을 할 때, 大赦를 행하지 않았다. 그러나 혜공왕은 당나라가 왕과 왕의 어머니를 책봉할 때에, 사면을 하고 있다. 이 점은 당의 권위에 의존하려는 혜공왕대 왕권의 위상을 보여준다고 해석된다.

우리는 위에서 중대 역대 왕들의 대사와 은전을 살펴보았다. 주목할 것은, 각 왕마다 천재지변에 대한 대처가 커다란 차이를 보인다는 점이다. 앞에서 보았듯이, 천재지변에 대한 대처는 왕권이 하늘과 연결된다는 점을 진골귀족에게 과시할 수 있는 정치적 효과가 있었다. 그런데 이러한 재이에 대한 대처가 커다란 차이를 보인다는 점을 무엇을 말하는 것일까? 그것은 바로 중대의 왕권이 일률적으로 규정될 수 없는 복잡한 성격을 지니고 있었음을 말하는 것이다. 예를 들어, 우리는 성덕왕대의 강화된 왕권을 대사와 은전을 통해, 확인할 수 있었다. 그러나 뒤를 이어 즉위한 효성왕대에 오면, 즉위와 관계된 대사를 제외하고, 일체의 대사와 은전이 없었던 것이다.

대사와 은전의 주체는 왕이었다. 이 점에서, 신라 중대 정치의 중심은 왕이었다. 그러나 대사와 은전의 시행은 각 왕들마다 큰 차이가 있었다.

바로 이것은 중대 왕권의 불안정성을 말한다. 그렇게 된 원인은 무엇일까?

그것은 왕권과 독자적인 기반을 가진 진골귀족의 관계에서 연유하는 것이다. 정치적 식견이 있고 유능한 왕이 정국의 주도권을 지니고 있을 때는 진골귀족을 통제할 수 있을 것이다. 그러나 어린 왕이 즉위하거나 정치적 조정능력이 없는 경우에는, 독자적인 기반을 갖춘 진골귀족들을 제어하는 데 한계가 있었다. 이러한 점이 신라 중대에 있어, 역대 왕의 대사와 은전시행이 큰 차이를 가져오게 만들었던 것이다.

본 장은 신라 中古 시대와 下代의 대사와 은전이 中代와 어떻게 다른지를 비교하여 분석하지 못했다는 한계를 가진다. 중고 시대는 『三國遺事』의 시기구분에 따르면 法興王~眞德女王까지이다. 이 시기에 신라는 강력한 왕권이 확립되었다. 그것은 정비된 제도의 뒷받침에 의한 것이었다고 한다.[41] 한편으로 중대의 뒤 시기인 下代에 신라는 왕권의 쇠퇴와 진골귀족의 全盛이 나타났다.[42] 신라 중대의 앞 시기인 중고 시대와 뒤 시기인 하대에 있어, 왕권과 진골귀족과의 상호관계를 대사와 은전을 통해 분석하는 작업은 다음의 연구과제로 남긴다.

---

41) 申瀅植, 1985, 앞의 책, 106~107쪽.
42) 李基東, 1984, 『新羅 骨品制社會와 花郎徒』, 一潮閣, 144~145쪽.

제2장 신라 효소왕대의 정치적 변동

Ⅰ. 머리말

新羅의 神文王은 중앙과 지방제도를 완비하고, 무열계 왕통의 권위를 보여준 五廟制를 확립하였다. 그리고 祿邑을 폐지하고 해마다 租穀을 주어 관료제에 입각한 경제적 기반을 마련하였다. 그리하여 중대왕권의 확립을 꾀하였다.[1] 신문왕이 돌아간 후, 孝昭王은 불과 6세의 어린 나이로 왕위에 올랐다. 그가 재위한 약 10년 동안에 경영의 모반이 발생하고 중시가 연좌되어 파면되는 정치적 불안정이 보이고 있다.

효소왕대의 정치와 관련된 종래의 연구를 살펴보자. 효소왕의 왕권강화가 그것을 반대하는 진골귀족세력의 반발과 함께 좌절됨으로써, 신문왕대 확립된 전제왕권에 일단 제동이 걸렸다는 연구가 있다.[2] 그리고 효소왕대에 왕권이 귀족세력의 영향을 크게 받았다는 견해가 있다.[3] 그런데 지금까지 효소왕대에 상대등과 중시의 교체가 지닌 의미는 살펴지지 않았다. 본 장은 이들 관직의 교체가 가진 의미를 통해, 신라 효소왕

---

1) 신형식, 1985, 『신라사』, 이화여자대학교 출판부, 118~119쪽.
2) 김수태, 1996, 『新羅中代政治史研究』, 일조각, 57쪽.
3) 박해현, 2003, 『신라중대정치사연구』, 국학자료원, 83쪽.

대 정치의 특성을 검토해 보고자 한다.

한편 효소왕대에는 신라와 무주(당) 사이에 외교관계가 재개되고 있다. 이전 시기인 文武王代에 新羅는 唐을 축출하고 통일을 이루었다(676). 이어 즉위한 神文王代에도 신라와 당 사이에는 긴장이 여전히 작용하고 있었다. 이는『三國遺事』卷1, 紀異 太宗春秋公條에서 唐 高宗이 金春秋의 太宗 廟號를 바꾸라고 한 것과 흐름을 같이한다. 당 고종은 신문왕 원년(681)에[4] 사신을 보내, "신라가 海外의 작은 나라로서 唐 太宗과 같은 천자의 묘호를 쓰는 것은 분수에 넘치는 것"이라고 하였다. 이때에 일어난 당의 외압은 신라 내부의 대당 노선에 결정적 영향을 주었다. 신문왕 3년 이후부터 10년에 걸친 신라 최대 규모의 군비확장은 이를 말해 준다.[5]

그런데 효소왕대에, 중국에서 왕조의 교체가 일어났다. 武后가 690년에 황제가 되어 唐을 멸망시키고 武周를 건국하였던 것이다. 효소왕 8년(699)에 신라는 武周(唐)에 조공을 하였다. 이와 관련된 종래의 연구를 보자. 효소왕대의 조공은 중국에 대해 30여년만의 입조였다. 그 후 聖德王과 玄宗 간에 이르러 정상화된 양국의 교섭은 완전한 친선관계로 발전되어 정치 문화 전반에 걸쳐 조공관계가 이룩되었다. 이러한 양국의 외교는

---

4) 『三國史記』에서는 신문왕 12년(692)에, 唐 中宗이 사신을 보내어 무열왕의 廟號를 개칭하도록 했다고 하였다. 그러나 이 해에 당 중종은 폐위되어 房陵에 유폐되어 있었다(『舊唐書』卷7, 中宗本紀). 그러므로 사신을 보낸 사람은 중종이 아니었다. 한편 『三國遺事』卷1, 紀異 太宗春秋公條에도 이와 비슷한 사실이 수록되어 있다. 여기서는 신문왕대에 唐 高宗이 무열왕의 묘호를 바꾸도록 했다고 하였다. 만약 『삼국유사』의 기록이 옳다면, 당 고종은 683년(신문왕 3) 12월에 죽었으므로 당에서 무열왕의 묘호를 개칭하도록 한 시기는 신문왕 4년 이전이었을 것이다. 그러므로 신문왕 원년에 신라에 온 당의 冊封使를 통하여 무열왕의 묘호를 고치도록 하였을 가능성이 높다(鄭求福 外, 1997, 『譯註 三國史記』3 주석편(상), 한국정신문화연구원, 253~254쪽).

5) 서영교, 2006, 『羅唐戰爭史 硏究』, 아세아문화사, 305~308쪽.

중국과 한반도에 있어서 가장 안정되고 발전된 통일왕국간의 관계로서 한·중관계의 평형을 유지한 시대로 평가된다는 것이다.[6] 그리고 역대 신라왕들이 당에서 받은 책봉 관작 명을 검토한 연구가 있다. 나·당 연합이 이루어진 시기인 武烈·文武王代에는 文武官 從1品의 관계가 주어 졌다가, 문무왕 11~15년 동안의 나당전쟁 중에는 삭탈되었다. 신문왕은 회복된 문무왕의 관작을 승습했으나, 효소왕은 武散官正2品인 輔國大將軍 의 칭호를 받았다. 이는 新羅와 武周(唐)간의 외교관계가 소원했음을 의미하는 것으로 보인다는 것이다.[7] 한편 신라와 당의 관계를 중국 측의 사료를 그대로 인정하여 살펴본 견해가 있다. 신라와 당의 관계는 조공과 책봉으로 이루어졌으며, 종주국과 복속국이었다는 것이다.[8] 그 런데 新羅와 武周(唐)의 조공관계가 효소왕대에 무엇 때문에 재개되었는 지가 궁금해진다. 본 장은 이 점을 살펴보고자 한다. 이러한 검토를 통해, 신라와 武周(唐)의 조공관계가 가지는 본질적인 성격이 밝혀질 것을 기대해 본다.

Ⅱ. 상대등과 중시의 교체

신문왕 元年 8月에 舒弗邯 眞福은 상대등에 임명되었다. 그는 효소왕이 즉위하고 난 후 그대로 재임하고 있다. 진복은 효소왕 3년(694) 1月에 퇴임하고 있다.[9] 진복은 신문왕대 전 기간에 걸쳐 상대등에 재임하였던

---

6) 申瀅植, 1984,『韓國古代史의 新研究』, 一潮閣, 327~328쪽.

7) 金英美, 1988,「聖德王代 專制王權에 대한 一考察」,『梨大史苑』22, 23 합집, 385쪽.

8) 蔣非, 王小甫, 翁天樂, 趙冬梅, 張帆, 徐萬民 저, 김승일 옮김, 2005,『한중관계사』, 범우, 163~176쪽.

9)『三國史記』卷8, 神文王 元年.

것이다.

　중대에 상대등은 귀족회의의 주재자였다.[10] 그는 국왕의 정치적 파트너와 같은 위치에 있었다.[11] 그렇다면 신문왕대에 상대등 진복은 어떠한 정치적 성격을 가지고 있었을까.

　신문왕이 즉위한 해에 중요한 사건이 일어났다. 신문왕 원년 8월 8일에 소판 金欽突, 波珍湌 興元, 大阿湌 眞功 등이 반란을 꾀하다가 伏誅되었던 것이다. 이들은 기일을 약정한 후 亂逆을 행하려 하였다. 그러나 兵衆을 모아 이들을 없애려 하므로, 혹은 山谷으로 도망가고 혹은 闕廷에서 항복하였던 것이다. 그리고 남은 무리를 찾아 모두 죽여 3~4일 동안에 죄수들이 소탕되었다. 그리하여 遠近에 근심이 없으므로 소집한 兵馬는 속히 돌아가도록 하였던 것이다. 이 모반 이후 신문왕 원년 8월 28일에는 兵部令 伊湌 軍官을 역모의 사실을 알고도 일찍 알리지 않았다는 죄목으로 嫡子 1인과 함께 自盡하게 하였던 것이다.[12] 이와 같이 문무왕대에 활약하던 소판 김흠돌, 파진찬 홍원, 대아찬 진공, 이찬으로 상대등이었던 김군관이 모반과 연관되어 숙청되었던 것이다.

　이에 비해 김흠돌의 난이 일어난 이후에 진복은 상대등에 재임하고 있었다. 그리고 신문왕대 전 기간을 거쳐 효소왕 3년 정월 무렵에 상대등에서 퇴임하였다.[13] 이 점으로 보아, 진복은 소판 김흠돌의 모반을 진압하

10) 이기백, 1974,『신라정치사회사연구』, 일조각, 127쪽.
11) 하일식, 1996,「신라 정치체제의 운영원리」,『역사와 현실』20 ; 2006,『신라집권관료제 연구』, 혜안, 284쪽 ; 상대등과 시중에 대한 연구 동향은 李仁哲, 1994,「新羅 中代의 政治形態」,『韓國學報』77을 볼 것.
12)『삼국사기』권8, 신문왕 원년. 이찬 군관은 문무왕 20년 2월에 상대등이 되어 신문왕 원년 8월 진복이 상대등에 임명될 때 물러났을 것이다(이기백, 1974, 앞의 책, 130쪽).
13) 진복은 퇴임연월이 남아있지 않으나 그 후임자가 취임하였을 때에 퇴임하였다고 보는 것이 무난하다고 생각된다(이기백, 1974, 위의 책, 130쪽).

는데 적극적으로 가담하였을 가능성이 크다. 이로 보아 그는 신문왕과 밀접한 관계를 가진 인물이었다.[14] 그렇다면 신문왕대 상대등 진복의 정치적 영향력은 어떠하였을까. 상대등은 귀족의 대표로서 왕권과 官僚群(臣權)의 정치적 완충역할을 하였다. 그는 자신이 거느리는 하급관료가 없기 때문에 왕권이 강화될 때 그 존재가치가 감소되어졌다.[15] 그런데 신문왕대는 무열왕권이 확립되고 왕권에 비판적인 김흠돌, 김군관 등에 대한 응징이 있었다.[16] 이로 보아 진복은 강화된 왕권 아래, 상대등으로서 왕권과 관료군(신권)의 정치적 완충에 그 역할을 다하였을 것이다.

이와 같이 신문왕의 왕권에 협조적이었던 진복은 효소왕 3년(694) 1월까지 상대등에 재임하였다. 그는 효소왕이 즉위하고 나서 어떤 정치적 성향을 가졌을까. 이와 관련하여 효소왕의 나이가 주목된다. 효소왕은 신문왕의 적장자로 신문왕 7년(687)에 태어나 신문왕이 돌아간 12년(692)에 왕위에 올랐다. 그러므로 그는 6살의 어린 나이로 왕위에 올랐다. 이런 점으로 보아, 즉위 이후에 효소왕 자신이 정치적인 역량을 발휘할 수는 없었을 것이다. 따라서 효소왕이 즉위한 이후, 모후인 신목왕후가 섭정하였을 것이다.[17] 이와 함께 신문왕대 전 기간에 걸쳐 상대등을 역임한 진복이 효소왕이 즉위한 이후부터 적어도 효소왕 2년까지 상대등으로서 정치적 영향력을 행사했을 것이다.

---

14) 신문왕의 즉위 직후 임명된 眞福은 문무왕대의 중시 역임자이다. 또한 그는 중시출신으로 상대등에 임명된 최초의 인물이다. 이러한 중시 출신의 상대등 임명은 중대 전제왕권의 성립 이후 빈번히 나타나는 현상으로, 그것은 상대등의 성격을 변화시키고자 하는 전제왕권의 정치적 목표에서 나온 것이라고 한다. 이때 진복은 문무왕이나 신문왕과 정치적 성격을 같이한다고 한다(김수태, 1996, 앞의 책, 14~15쪽).

15) 신형식, 1985, 앞의 책, 139쪽.

16) 신형식, 1985, 위의 책, 90쪽.

17) 김영미, 1988, 「聖德王代 專制王權에 대한 一考察」, 『梨大史苑』 22, 23合輯, 377쪽.

진복의 상대등 퇴임은 어떻게 이루어졌을까. 이를 중대가 개창된 무열왕대부터 효소왕대까지의 왕의 즉위와 상대등 임명 과정을 통해 살펴보자. 중대가 개창된 무열왕대에 처음으로 상대등에 임명된 금강은 무열왕 2년(655) 1월에 상대등에 취임하여 동왕 7년 1월에 퇴직하였다. 그가 임명된 시기는 즉위한 다음해, 정월이었으므로 원년에 임명된 것과 차이는 없다. 뒤를 이어 즉위한 문무왕대에는 무열왕 7년 1월에 상대등에 취임한 김유신이 문무왕이 즉위한 후에도 그대로 재직하여, 동왕 13년 7월까지 재임하고 있다. 신문왕대에는 원년(681) 8월에 진복이 상대등에 취임하여 동왕의 전 기간에 걸쳐 상대등에 재직하고 있다.[18]

이 가운데 김유신은 중대의 개창에 뚜렷한 역할을 한 인물로, 신문왕대에 이르도록 문무왕과 더불어 二聖이라 불려졌다.[19] 따라서 김유신은 단순히 귀족의 대표라는 상대등이라는 관점에서 바라볼 수가 없다. 적어도 신문왕대까지로 본다면, 신왕이 즉위한 이후 새로운 상대등의 취임은 원년에 이루어졌다고 볼 수 있다. 진복은 효소왕 3년 1월에 상대등에서 물러나고 文穎이 상대등에 취임하였다.[20] 효소왕이 즉위할 때 6세에 불과하였으므로, 상대등 교체도 조금 늦은 시기에 이루어졌다고 보여진다.

진복의 뒤를 이어 효소왕 3년 1월에 이찬 文穎이 상대등이 되어 불과 1년간 재임하다가 효소왕 4년(695) 愷元으로 교체된다. 전임자인 眞福의 재임기간은 약 12년, 후임자인 愷元의 재임기간은 약 10년이었다.[21] 진복과 개원의 재임기간으로 보아, 상대등 문경의 퇴임은 정상적이지

---

18) 이기백, 1974, 앞의 책, 102~103쪽.
19) 『三國遺事』 卷2, 紀異 萬波息笛.
20) 『三國史記』 卷8, 孝昭王 3年 正月.
21) 이기백, 1974, 앞의 책, 103쪽, 표 나.

않다.

이와 관련하여 중시의 임면이 주목된다. 효소왕 1년(692) 8월에 중시에 임명된 대아찬 元宣은 4년 10월에 퇴임하여 그 재임기간이 3년 2월이었다. 그는 退老하였다고 한다. 그러나 그는 4년 10월에 경도에 지진이 일어나고 퇴로하였다. 따라서 천변지이가 중시(시중)의 퇴임이유로 생각된다.[22] 그런데 중대에 천재지변은 政治失策의 표현으로 생각되었다. 중시는 천재지변이 내포하고 있는 정치적 실책의 책임을 지고 물러났던 것이다.[23] 원선은 결국 정치적인 문제와 연관되어 중시 직을 물러났던 것이다.

한편 중대 중시의 재임기간은 평균 3년가량으로 그 교체 시기는 대략 봄(1~3월)으로 되어 있다. 중대 중시의 퇴임관계를 살펴보면 춘계에 교체되고 있지 않은 것은 모두 비정상적인 예이다.[24] 원선은 비록 3년 2개월 동안 중시에 재임하였으나, 퇴임한 달이 10월이었다. 퇴임한 달로 보아서도, 비정상적이었다.

그런데 신라 중대에 중시(시중)는 집사부의 장관이었다. 집사부는 신라의 핵심적인 정치기구였다.[25] 이것은 국왕직속의 중앙관부로 그 업무는 왕명출납, 인사, 외교 등 넓은 영역에 걸쳐 있었다.[26] 이와 같은 요직이었던 국왕 직속의 수장인 중시(시중)가 비정상적으로 교체되었던 것이다. 이 점은 효소왕 4년 무렵에 정국이 정상적인 상황이 아니었음을 시사한다.

앞에서 본 것처럼, 효성왕 4년에 상대등과 중시의 교체는 정상적인

22) 이기백, 1974, 위의 책, 156쪽, <표 나>.
23) 이기백, 1974, 위의 책, 165~166쪽.
24) 이기백, 1974, 위의 책, 158~166쪽.
25) 이기백, 1993, 「통일신라시대의 전제정치」,『한국사상의 정치형태』; 1996,『한국 고대정치사회연구』, 일조각, 319쪽.
26) 하일식, 2006, 앞의 책, 290~291쪽.

것이 아니었다. 그러므로 효소왕 4년에 중요한 정치적 변화가 나타났음이
분명하다. 이와 같은 정치적인 변화를 분명하게 보여주는 것이 元宣이
퇴임한 이후 시중직의 공백이다. 원선의 뒤를 이어 효소왕 5년(696)
1월에 이찬 幢元이 중시로 임명되었다. 그런데 그는 元宣이 퇴임한 이후
2개월 동안의 공백 뒤에 임명되었던 것이다. 그 전대인 신문왕대에
중시가 임명되지 않은 공백 기간이 없었다. 이 점은 효소왕 4년 10월에
있은 원선의 퇴임을 전후한 시기에 정치적인 갈등이 있었을 가능성을
말한다.

이어, 이찬 幢元은 효소왕 5년 1월에 중시가 되어 효소왕 7년 2월까지
2년 1개월을 재임하였다. 그는 退老하였다고 되어 있다.[27] 그러나 당원
역시 원선과 마찬가지로 천재지변이 중시의 사면 원인이 되었다고 한
다.[28] 이로 보아, 중시였던 당원의 사면 역시 그 구체적 원인은 알 수
없으나 정치적인 문제가 개입되어 이루어졌던 것이 분명하다.

---

27) 『삼국사기』 권8. 『삼국사기』의 효소왕대 기록에 있어 주목되는 것은 효소왕
   7년 봄 정월에 伊湌 體元을 牛頭州 摠管으로 임명하였다는 것이다. 신라는 통일
   이후 전국에 9州를 두었다(『삼국사기』 卷34, 雜誌 3). 9주의 장관은 모두 9人으로
   智證王 6년에 軍主라 하였다가 文武王 元年에 摠管으로 고쳤고, 元聖王 元年에
   都督이라 하였다(『삼국사기』 卷40, 雜誌 9). 그런데 유독 체원만이 우두주 총관으
   로 임명되었다는 기록이 있다는 것은 단순히 지나치기에 석연치 않다. 더욱이
   효소왕대 전 기간에 걸쳐 총관 임명 기사는 이 기사가 유일하다. 이로 보아
   체원이 기록에 남아 있을 정도로, 그는 이 당시 정치에 중요한 비중을 차지하고
   있는 인물일 가능성이 있다. 그리고 그가 우두주 총관이 된 이후인 효소왕
   7년 2월에 地動과 大風折木으로 중시 당원이 퇴로하고 있으며, 뒤를 이은 대아찬
   순원마저 동왕 9년 5월에 경영의 모반에 연좌되어 파면되고 있다. 이로 미루어
   보아, 체원은 이 시기 정국의 갈등에 있어 중요한 역할을 한 인물이었을 가능성이
   있다.
28) 이기백, 1974, 앞의 책, 156쪽, <표 나>. 京都에 地動이 있고 大風이 나무를
   꺾는 천재지변이 있었다. 이어 中侍 幢元이 退老하였다(『삼국사기』 권8, 효소왕
   7년 2월).

이찬 당원의 뒤를 이어, 순원이 효소왕 7년 2월에 대아찬으로 중시가 되었다.[29] 그런데 순원은 효소왕 9년 5월에 이찬 경영이 모반하다가 복주되므로, 이에 연좌되어 직이 파면되었다.[30] 중시가 모반에 연좌되어 파면된 것은 중대에 있어 이 경우가 유일하다. 그러므로 이는 이례적인 사건이다. 緣坐란 일가의 범죄에 관련되어서 처벌을 당한다는 뜻이다.[31] 그러므로 순원은 경영과는 혈연적으로 가까운 인물이었을 것이다.

여기에서 모반을 한 경영은 그 관등이 이찬이었다. 신라 중대에 중시(시중)로 취임하는 관등은 이찬(2관등)이 과반수를 차지하며, 다음으로 파진찬(4관등)과 아찬(5관등)이 그 뒤를 잇고 있다.[32] 관등으로 보아, 경영은 상당한 정치적 경력을 갖추고 있었다. 경영이 모반을 한 이유는 알 수 없다. 그러나 중시가 이에 연좌되었는데, 단지 파면되었다.[33] 이

---

29) 순원은 효소왕 7년 2월에 대아찬으로 중시가 되었다. 이 시기까지 확인된 중대 역대 시중은 17인이었다. 이들의 관등을 분석해 보자(이기백, 1974, 앞의 책, 156쪽, 신라 중대 중시(시중)일람표). 舒弗邯 1인, 伊湌(2관등)이 6인, 迊湌(3관등)이 1인, 波珍湌(4관등)이 4인, 大阿湌(5관등)이 3인, 阿湌(6관등)이 1인이었다. 그리고 그 관등을 확인할 수 없는 인물로 신문왕 3년 2월에 중시가 된 順知가 있다. 그렇다면 순원은 비교적 낮은 관등으로 시중에 취임한 것이 된다.

30) 『삼국사기』 권8, 효소왕 9년 여름 5월. 효소왕 9년 5월에 이찬 경영이 모반하다가 복주되고 중시 순원이 이에 연좌되어 직이 파면되었다. 경영의 난이 실패한 한 달 뒤에 효소왕의 배후세력으로 그 당시까지 섭정하였을 것으로 생각되는 모후인 신목왕후가 죽었다. 그것은 皇福寺 金銅舍利函銘에 신목왕후가 죽은 연월일이 언급되고 있는 것에서 알 수 있다. 왕비의 죽음의 원인은 경영의 난과 함께 왕권의 전제화를 반대하는 진골귀족의 반발을 수습하지 못한 결과로 말미암아 그녀와 관계되는 세력의 몰락에 영향을 받았던 것에 틀림이 없다고 한다(김수태, 1996, 앞의 책, 53~54쪽).

31) 張三植 編, 1975, 『大漢韓辭典』, 博文出版社, 1143쪽.

32) 신정훈, 2003, 『8세기 통일신라의 정치적 추이와 천재지변의 성격』, 중앙대학교 박사논문, 2003, 232쪽.

33) 김수태는 이찬 경영의 모반을 왕당파와 진골귀족세력의 대립으로 보고 있다. 그리고 이는 진골귀족세력에 대항하여 왕당파 세력이 일으킨 사건이라고 한다. 한편 이찬 경영의 모반이 실패하고 집사부 중시였던 김순원이 연루되어 파면되었

점은 신문왕대에 김군관이 김흠돌의 모반과 연관되어 불고지죄로 처형된 것[34]과 대비된다. 따라서 경영의 모반에 시중이 연좌되고도 파면에 그친 것은 무엇을 말하는 것일까. 이 점은 경영의 모반이 실제로 왕에 대한 반란을 꾀했다기 보다는 정치적 투쟁이었을 가능성이 있음을 시사한다. 경영이 가진 관등인 이찬은 고위관등이었다. 고위 관등을 가진 인물이 반란을 꾀할 정도로 정국은 혼란스러웠던 것이다.[35] 따라서 이 사건은 진골귀족 간의 미묘한 정치적 파장 속에서 전개되었음이 분명하다.[36]

이와 관련하여 이 무렵의 잦은 천재지변이 주목된다. 다음의 사료를 보자.

가) 흰 기운이 하늘에 뻗치고 孛星이 동방에 나타났다는 것이다(『三國史記』 卷8, 孝昭王 8年 2月).

나) 가을 7월에 동해수가 피 빛으로 변하더니 5일 만에 회복되었다(上同).

다) 8년 9월에 동해에 물싸움이 일어나고 그 소리가 王都에까지 들렸다.

다. 이 사실은 왕당파와 왕권의 전제화를 반대하는 진골 귀족세력과의 대립 속에서 왕당파 세력이 승리를 거두지 못하였다는 것을 말해 준다고 한다(김수태, 1996, 앞의 책, 52~53쪽).

34) 『삼국사기』 권8, 신문왕 원년.

35) 愷元의 상대등 취임 이후인 효소왕 9년 5월 중시 順元이 경영의 모반에 연좌되어 파면되었다. 이어 6월에는 神穆王后가 사망하였다. 그런데 효소왕 9년 6월에 歲星이 달을 범하고 있다. 달이 왕후를 상징하는 것이라면, 왕후를 범했다는 기사의 상징성으로 보아, 효소왕에 대항하는 모반과 관련이 있었을 것이라는 견해가 있다(김영미, 1988, 앞의 논문, 377쪽).

36) 순원은 효소왕 7년 2월에 대아찬(5관등)으로 시중이 되어 9년 5월에 일어난 경영의 모반에 연좌되었다. 그가 파격적으로 승진하였다고 하더라도 2년 동안에 이찬(2관등)으로까지 승진하기는 어려웠을 것이다. 시중이었던 순원은 이찬이었던 경영보다 관등이 낮았던 것이다. 경영은 비록 상대등과 시중에는 그 이름이 보이지 않는다. 그러나 관등으로 보아, 그는 병부령과 사정부령 등의 고위 관직을 역임하였을 가능성이 높다.

兵庫內에서 鼓角이 저절로 울렸다(上同).

가)의 흰 기운이 하늘에 뻗쳤다(白氣竟天)는 기사를 보자.『新唐書』
五行 2 白眚白祥條에 보이는 白鹿, 白狼, 白雲, 白氣 등의 백색은 전쟁을
드러내는 요상으로 이해되고 있다. 그러나 신라의 경우 백기경천을
예외로 한다면, 白鹿·白狐 등이 모두 왕에게 진상되고 있어 唐과는 달리
서상으로 파악되었다.[37) 이로 보아 백기경천은 천재지변으로 파악되었
다.

다음으로 孛星이 동방에 나타났다는 것을 보자. 성패는 혜성이다.『漢書』
五行志 7 下之下 文公 14년 조에, 孛란 악기가 발생하는 바를 말하는 것인데,
이를 孛라고 이름은 孛孛하여 막고 가리기 때문으로 어둡고 혼란되어
분명치 않은 모습을 뜻한다고 하였다.[38)『신당서』,『송서』,『진서』등의
천문기사를 보면 혜성의 출현은 전쟁이나 전쟁의 패배, 모반, 내란, 諸侯나
王者의 죽음 등을 예시하는 구징으로 파악되었다. 그리고 신라에서도
혜성은 거의 비슷하게 파악되고 있었다고 한다. 신라에서는 효소왕 8년
2월에 혜성이 출현한 다음 해인 9년 5월에 이찬 경영이 모반을 일으켰다
복주되고 중시 순원이 이에 연좌되어 파면되었다.[39)

나)에서 효소왕 8년 7월에 동해수가 피 빛으로 변하더니 5일 만에
회복되었다고 한다. 이것은 赤眚赤祥의 변이이다.『後漢書』五行 3에,
安帝 永初 6년 河東의 연못물이 색이 변해 모두 피와 같이 붉었다. 鄧太后가
정치를 오로지 하고 있었다는 것이다. 그리고 이에 대한 註文에서, 적을
죽이기를 즐겨하고 죄 없는 자를 죽이며 친척에까지 미치게 되면 물이

---

37) 이희덕, 1999, 앞의 책, 262~263쪽.
38) 이희덕, 1999, 위의 책, 156쪽.
39) 이희덕, 1999, 위의 책, 305~311쪽.

마땅히 피로 된다고 하였다. 신라에서는 무열왕 8년 6월 大官寺의 우물물
이 피가 되고 金馬郡의 땅에 피가 흘러 넓이가 5步가 되었다는 재이는
곧 이어 기록된 무열왕의 죽음과 연관된 것으로 보인다.[40]

다)에서 효소왕 8년 9월에 동해의 물이 서로 싸웠다는 것은 당시
정치세력간의 각축을 상징해 준다고 한다.[41] 한편 兵庫內에서 鼓角이
저절로 울렸다는 것은 鼓妖이다. 『新唐書』五行 3의 고요 조에, 고요는
임금이 총명하지 못한 것을 원인으로 보고 있다. 신라에서도 경덕왕
19년 봄 정월에 도성의 동북쪽에서 북을 치는 것과 같은 소리가 났으며
이어 혜공왕 2년 겨울 10월에 하늘에서 북소리와 같은 소리가 났다고
되어 있다. 신라기사에서는 아무런 설명을 발견할 수 없으나 전형적인
고요를 기록하고 있다. 이런 점으로 미루어 고요는 재이설의 범주에서
이해할 수 있다.[42]

위에 나타난 재이들은 연속적으로 일어났다. 이 점은 이 시기의 정치적
혼란을 상징하였을 가능성이 있다. 시기적으로 보아, 이러한 천재지변들
은 효소왕 9년 5월에 이찬 경영이 모반하였다는 점과 관련되었을 가능성
이 있다.[43]

한편 중시 순원이 사임할 때 상대등이었던 愷元의 정치적 입장은
어떠하였을까. 愷元은 이찬으로 효소왕 4년(695)에 임명되어 성덕왕 5년

40) 이희덕, 1999, 위의 책, 240~241쪽.
41) 박해현, 2003, 앞의 책, 78쪽.
42) 이희덕, 1999, 앞의 책, 267쪽.
43) 효소왕 8년 2월에 흰 기운이 하늘에 뻗치고 孛星이 동방에 나타났다. 이어
   8년 7월에 동해수가 피 빛으로 변하더니 5일 만에 회복되었다. 8년 9월에는
   동해에 물싸움이 일어나고 그 소리가 王都에까지 들렸다. 兵庫內에서 鼓角이
   저절로 울렸다(『삼국사기』권8, 효소왕). 이와 같은 사실들은 왕권에 반대하는
   진골귀족세력의 움직임이 일어났다는 것을 말한다고 한다(김수태, 1996, 앞의
   책, 51~52쪽).

(706)까지 상대등으로 재직하였다. 개원은 순원이 사임할 때인 효소왕 9년에 사임하지 않고 있다. 이 점은 愷元이 중시 순원과는 정치적 입장이 같지 않았음을 보여주고 있다.[44]

앞에서 보았듯이, 효소왕 7년 2월에 대아찬으로 중시가 된 順元은 효소왕 9년 5월에 정치적 책임을 지고 물러났다. 효소왕 9년 5월에 순원이 경질된 후 효소왕 11년 7월에 왕이 돌아갈 때까지 중시가 임명되었다는 기록이 없다.[45] 이는 두 가지로 생각할 수 있다. 첫 번째는 중시를 임명할 수 없었을 정도로 정치적 혼란이 있었을 가능성이다. 모반에 연루된 중시 順元은 파면에 그쳤다. 이 점은 정국의 주도권을 순원의 반대파가 완전히 장악하지 못하였음을 나타낸다. 다시 말해 순원을 지원하는 진골 귀족세력이 정국에 일정 부문 영향력을 가지고 있었음을 의미하는 것이다. 이 점으로 보아, 정국은 경영의 모반과 관련하여, 중시를 임명할 수 없을 정도로 혼란 속에 빠졌을 가능성이 있다. 두 번째는 기록의 누락 가능성이다.

사료의 불비로 어떤 점이 옳은지는 알 수 없다. 다만 우리는 효소왕대 상대등과 중시의 임면을 통해 다음의 사실을 파악할 수 있다. 상대등에 재임한 3명 가운데 1명의 퇴임이 비정상적이었다. 그리고 효소왕대에 중시 전원이 천재지변이 내포하는 정치적 문제나 정치적 책임을 지고 물러났다는 것이다. 이 점은 효소왕대의 정국이 매우 불안정하였음을 나타낸다.

여기에서 주목되는 점이 신라 골품제이다. 골품제하에서 진골은 왕권에 의해 관직에 임명된다기보다, 그 자신의 실력에 의해 관료와 군인이

---

44) 효소왕은 愷元을 상대등으로 삼아, 이들 가문의 협조로 왕권을 유지한 듯하다는 견해가 있다(申瀅植, 2004, 『통일신라사연구』, 한국학술정보, 151쪽).
45) 이기백, 1974, 앞의 책, 156쪽, <표 나> 신라 중대 중시(시중)일람표.

되었다. 그러므로 진골은 왕권에 허점이 보일 때는 왕권을 견제할 가능성
도 있었을 것이다. 한편으로 허약한 왕권을 중심으로 한 진골귀족 내부의
갈등도 상정해 볼 수 있다.

이렇게 왕권이 허점을 보이는 요인에는 여러 가지가 있을 것이다.
왕의 나이가 먼저 문제가 되고 있다. 신라가 백제와 고구려를 멸망한
이후인 신문왕~혜공왕 대까지의 왕들 가운데 어린 나이에 적장자로
즉위한 효소왕, 효성왕, 혜공왕 대에는 공통적으로 모반 또는 반란이
발생하고 있다. 효소왕은 6세, 효성왕은 16세, 혜공왕은 8세로 즉위하였
다. 어린 나이에 즉위한 왕대에 공통적으로 일어난 반란과 모반은 중대
왕권의 취약성을 나타내고 있는 것이다.[46]

그런데 신라는 676년 이후부터 최소한 성덕왕대 초반까지 진골귀족
집단지도체제의 원형이 그대로 보존된 상태였다. 다시 말해 진골귀족이
구서당, 육정은 물론이고 모든 중앙과 지방의 관서에 최정점에 위치해
있었던 것이다. 진골귀족집단이란 베버의 표현을 빌리자면 사회의 모든
특권을 독차지한 신분집단이었고 따라서 그 체질상 집단지도체제로
권력분할 구조를 가지고 있었던 것이다. 대아찬 이상의 관등은 진골만이
받을 수 있도록 하고 대아찬 이상의 관등 소지자만이 집사부 중시 등
各 部의 長官(令)에 오를 수 있도록 규정하였다. 비단 중앙행정기관의
장관뿐 아니라 武官 및 外官의 首職인 장군과 도독도 진골이 아니면
受任할 수 없도록 제도화되고 있었다. 정국은 진골 중심으로 운영되었던

---

46) 신정훈, 2003, 앞의 논문, 95쪽. 신문왕은 태자로 책봉된 때가 문무왕 5년(665)이었
  다. 문무왕은 재위기간이 21년이었다. 이어 신문왕이 681년에 즉위하였다. 이로
  보아 신문왕이 즉위하였을 때의 나이는 성년이었다. 신문왕이 즉위하자 곧
  이어 왕의 장인인 흠돌이 모반을 일으켰다. 그러나 이 모반은 곧 밝혀져 수습되었
  다. 그러므로 신문왕대의 모반은 신문왕 재위과정에서의 정치적 갈등 때문에
  일어난 것이 아니라 문무왕대의 정국과 관련이 있었다.

것이다.[47] 더욱이 중대 초기의 왕들인 무열왕, 문무왕, 신문왕의 경우는 적극적으로 신성함을 추구하려 하지 않았다. 신문왕을 진골로 적고 있는 『三國遺事』 塔像 靈鷲寺의 기록이 그 근거가 된다.[48]

이러한 독자성을 가진 진골이 어린 나이에 즉위한 효소왕에게는 어떠한 정치적 영향을 미쳤을까. 틀림없이 효소왕이 즉위한 이후 진골은 왕권에 기생하거나 복속하는 것이 아니라 그 독자성을 드러냈을 것이다. 어린 나이에 즉위함에 따라 나타난 효성왕대 왕권의 공백과 진골귀족의 영향력 확대는 상대등과 중시의 비정상적인 교체와 경영의 모반으로 드러났던 것이다.

Ⅲ. 조공이 가진 의미

新羅는 676년에 唐을 축출한 이후, 당과 긴장상태로 있었다. 그러나 전쟁이 일어나지 않은 이유는 唐과 吐蕃의 긴장 때문이었다. 이 무렵부터 신라는 당을 경계하고 있었다. 신문왕 3년 이후부터 10년에 걸친 신라 최대 규모의 군비확장이 이를 말해주고 있다.[49] 그런데 신라는 효소왕 8년(699), 武周(唐)에 대해 조공을 재개하고 있다. 이것은 나당전쟁 이후 실로 30여 년 만에 다시 이루어진 武周(唐)에 대한 입조였다.[50] 이와 같이 신라가 武周(唐)에 사신을 파견한 요인은 무엇일까.

이와 관련하여 武周(唐)의 정치적 변화와 대외적 긴장이 주목된다. 이 무렵 당의 실권자는 武后였다. 무후는 唐 太宗때인 貞觀 11년(637)에

---

47) 서의식, 1996, 「統一新羅期의 開府와 眞骨의 受封」, 『역사교육』 59, 85쪽.
48) 김기흥, 1999, 「신라의 성골」, 『역사학보』 164.
49) 서영교, 2006, 앞의 책, 123쪽.
50) 신형식, 1984, 앞의 책, 328쪽.

아름다운 용모로 인하여 才人으로 선발되었다. 그 후 高宗은 무후를 궁으로 불러들였다가 昭儀로 봉하였다. 上元 원년(674)에 高宗을 天皇이라 하고 武后를 天后라 하여 천하의 사람들이 二聖이라 하였다.[51] 사실상, 이 무렵에 무후가 실권자의 입장에 있었던 것이다.

고종이 弘道 원년(683)에 돌아간 후 中宗이 즉위하였으나, 무후에 의해 폐위되었다. 무후는 이어 睿宗을 光宅 元年(684)에 황제로 세웠다. 무후 자신이 황제를 갈아치우는 입장에 있었던 것이다. 무후의 이러한 행위는 당황실과 가까운 이들의 불만을 가져오게 하여, 이 해(684)에 李敬業이 起兵하였다. 이에 대해 무후는 30만 군사로써 이경업의 거병을 진압하였다.[52]

이 무렵에, 외적으로 돌궐·토번과의 충돌이 일어나고 있다. 다음의 사료를 보자.

　가-1) 光宅 원년(684)7월 … 乙丑에 突厥이 朔州를 침입하였다. 左武衛大將軍 程務挺이 그들을 패배시켰다. … 9월 丙辰에 좌무위대장군 정무연이 單于道安撫大使가 되어 돌궐을 대비하였다(『新唐書』卷4, 本紀 4, 則天順聖皇后武氏).

　가-2) 垂拱(685) 원년 2월에 … 돌궐이 변경을 침범하였다. 淳于處平이 陽曲道行軍大總管이 되어 격퇴하였다. 순우처평과 突厥이 忻州에서 전쟁을 하여 크게 졌다. … 11월 癸卯에 韋待價를 燕然道行軍大總管으로 하여 돌궐을 쳤다(『新唐書』卷4, 本紀 4, 則天順聖皇后武氏).

　가-3) 수공 3년(687) 2월 … 丙辰에 돌궐이 昌平을 침입하였다. 黑齒常之가

---

51) 『新唐書』卷4, 本紀 4, 則天順聖皇后武氏.
52) 『新唐書』卷4, 本紀 4, 則天順聖皇后武氏.

이를 쳤다. … 이달에(필자 주 : 8월) 돌궐이 朔州를 침입하였다. 燕然道
行軍大總管 흑치상지가 이들을 패배시켰다. … 10월 更子에 右監門衛中
郞將 爨寶璧과 돌궐이 전쟁을 하여 크게 졌다(『新唐書』卷4, 本紀 4,
則天順聖皇后武氏).

가-4) 수공 3년(687)12월 壬辰에 韋待價를 安息道行軍大總管으로 하였다.
　　　安西大都護 閻溫古를 따르게 하였다. 그리하여 吐藩을 쳤다(『新唐書』
　　　卷4, 本紀 4, 則天順聖皇后武氏).

　가-1), 2), 3)에서 보듯이, 唐 中宗이 폐위되고 睿宗이 즉위할 무렵인
684, 685, 687년에 돌궐은 지속적으로 당을 침입하고 있다. 사실, 돌궐은
무후대에 당과 일진일퇴를 거듭할 만큼 강력한 세력이었다.[53] 그리고
토번 역시 가-4)에서 보듯이, 당과 687년에 전쟁상태였다.

　이와 같은 대외적 긴장과 함께, 垂拱 4년(688)과 永昌 원년(689)에 측천무
후는 唐의 宗室을 숙청하고 있다. 垂拱 4년(688) 8월에 박주자사 瑯邪郡王
沖이 군대를 일으켰으나 진압되었으며, 越王 貞이 豫州에서 거병하였으나
실패하였다. 그리하여 12월에 당 종실을 죽이고 어린 자들을 귀양 보냈다.
이어 영창 원년(689) 4월에 汝南郡王 瑋와 鄱陽郡公 諲, 廣漢郡公 謐을
죽이고 그 가속을 巂로 옮겼던 것이다.[54] 당 황실의 종친은 숙청되거나
귀양 가게 되어 실질적으로 무후의 권력은 공고해졌다.

　한편으로 永昌 元年(689)에 당은 토번과 돌궐 양 세력과 대결을 벌이고
있다. 다음의 사료를 보자.

　영창 원년(689) 5월 丙辰에 韋待價와 吐藩이 寅識迦河에서 전쟁하여

---

53) 『新唐書』卷4, 本紀 4, 則天順聖皇后武氏.
54) 『新唐書』卷4, 本紀 4, 則天順聖皇后武氏.

크게 졌다. 己巳에 白馬寺僧 薛懷義를 新平道行軍大總管으로 삼아 突厥을
쳤다. … 8월 癸未에 薛懷義를 新平道中軍大總管으로 하여 돌궐을 쳤다(『新唐
書』卷4, 本紀 4, 則天順聖皇后武氏).

위에서 보듯이, 당은 689년 5월에 토번과 寅識迦河에서 전쟁하여 크게
졌다. 그리고 같은 달과 8월에는 돌궐을 공격하였던 것이다. 한마디로
이 무렵에 당의 외부정세는 긴장된 국면을 지니고 있었다. 따라서 당은
이와 같은 대외적 긴장관계를 안정화시킬 필요가 있었을 것이다.

앞에서 보았듯이, 돌궐과 토번 양대 세력과 전쟁을 하면서, 무후는
天授(690) 원년 9월에 나라의 이름을 고쳐 周라 하며, 帝位에 올랐다.
그리고 황제를 낮추어 皇嗣라 하고 성을 武氏로 하였던 것이다.[55] 이러한
왕조교체는 그야말로 혁명적인 것이었다. 그녀는 중국 역사상 처음이자
마지막으로 여자로서, 황제의 자리에 올랐던 것이다.

武周가 건국된 후에, 무주는 돌궐·토번과 더불어 거란과도 전쟁을
하였다. 먼저 무주와 돌궐과의 관계를 보자.

나-1) 延載 원년(694)에 … 突厥 묵철이 靈州에 침입하였다. 右鷹揚衛大將軍
李多祚가 그들을 패배시켰다. … 2月 庚午에 薛懷義를 伐逆道行軍大總管
으로 하여 18장군을 이끌고 묵철을 쳤다. … 己卯에 武威道大總管
王孝傑이 吐蕃과 冷泉에서 싸웠다. 그들을 패배시켰다. 3月 甲申에
설회의를 朔方道行軍大總管으로 하여 묵철을 쳤다(『新唐書』卷4, 本紀
4, 則天順聖皇后武氏).

나-2) 天冊萬歲 元年(695) 正月 … 왕효걸을 朔方行軍總管으로 하여 돌궐을
쳤다. … 7월 辛酉에 吐藩이 臨洮에 침입하였다. 王孝傑을 肅邊道行軍大

總管으로 하여 이를 쳤다(『新唐書』 卷4, 本紀 4, 則天順聖皇后武氏).

나-3) 神功(697) 元年 正月 … 癸亥에 돌궐 묵철이 勝州에 침입하였다.
平狄軍副使 安道買가 패배시켰다(『新唐書』 卷4, 本紀 4, 則天順聖皇后武氏
氏).

나-1)에서 보듯이, 연재 원년(694)에 돌궐 묵철이 무주의 영주를 치고
있으며, 무주는 이를 패배시켰다. 그리고 18장군으로 하여금 돌궐을
치고 있는 것이다. 연이어 무주는 천책만세 원년(695)에, 왕효걸로 하여금
돌궐을 쳤다. 신공 원년(697) 정월에 다시 돌궐이 무주의 승주에 침입하였
다. 돌궐과 무주의 일진일퇴가 거듭되고 있는 것이다.

그런데 聖歷 원년(698)에 무주와 돌궐 간에 혼인에 관한 문제가 나타나
고 있다. 이 해에 무후는 묵철의 혼인 요청을 받았다. 이에 淮陽王 武延秀의
딸을 돌궐의 묵철에게 들여 왕비로 하게 하였다. 그러나 묵철은 연수가
唐室인 李家의 諸王이 아니라는 이유로 別所에 가두었다. 더욱이 돌궐은
무연수와 함께 돌궐에 갔던 右豹韜衛將軍 閻知微를 可汗으로 하여, 10여
만 명의 병력으로 무주의 靜難과 平狄 등을 습격한 데 이어 嬀·檀 등의
州에 침입하였다. 이에 무후는 司屬卿 高平王 重規와 右武威衛大將軍 沙吒忠
義, 幽州都督 張仁亶, 右羽林衛大將軍 李多祚 등에게 명하여 병력 30만으로
쳤다. 그러나 돌궐 묵철의 세력이 매우 강하여, 沙吒忠義와 後軍總管
李多祚 등이 모두 중무장을 한 병력을 가지고 있었으나, 돌궐과 서로
바라볼 뿐 감히 싸우지 못하였다.[56]

여기에서 주목되는 것은 돌궐 묵철의 행동이다. 무주는 이미 690년에
건국되었다. 돌궐의 묵철이 혼인을 청한 698년에 이런 사실을 몰랐을

---

56) 『舊唐書』 卷194上, 突厥 上.

리가 없다. 그러므로 묵철이 무연수가 당실의 제왕이 아니라는 이유로 그를 別所에 가둔 것은 무주의 정통성을 인정하지 않겠다는 의미였을 것이다. 더욱이 무연수와 함께 돌궐에 갔던 우표도위장군 염지미가 오히려 묵철과 함께 무주를 치고 있는 것이다.

다음으로 武周와 吐蕃과의 관계를 보자.

다-1) 天授 2年(691) 5月 丁亥에 … 岑長倩을 武威道行軍大總管으로 하여 吐蕃을 쳤다(『新唐書』卷4, 本紀 4, 則天順聖皇后武氏).

다-2) 長壽 元年(692) 10月 丙戌에 武威道行軍總管 王孝傑이 吐藩을 패배시켰다. 四鎭을 수복하였다(『新唐書』卷4, 本紀 4, 則天順聖皇后武氏).

다-3) 延載 元年(694) … 甲戌에 돌궐 묵철이 靈州를 침입하였다. 右鷹揚衛大將軍 李多祚가 패배시켰다. … 2月 庚午에 薛懷義를 伐逆道行軍大總管으로 하여 18장군을 이끌고 묵철을 쳤다. … 己卯에 武威道大總管 王孝傑이 토번과 冷泉에서 싸웠다. 그들을 패배시켰다(『新唐書』卷4, 本紀 4, 則天順聖皇后武氏).

다-4) 天冊萬歲 元年(695) 7월 辛酉에 吐藩이 臨洮에 침입하였다. 王孝傑을 肅邊道行軍大總管으로 하여 이를 쳤다(『新唐書』卷4, 本紀 4, 則天順聖皇后武氏).

위에서 보듯이, 691~692년, 694~696년에 무주와 토번 사이에 연이은 교전이 나타나고 있다. 주목되는 점은, 무주는 몽골 쪽의 돌궐, 서역 방향의 토번과 동시에 적대적인 상황에 놓여 있었다는 점이다. 나-1), 2)와 다-3), 4)에서 보듯이, 694년과 695년에는 돌궐과 토번이 동시에 무주와 전쟁을 하고 있는 것이다.

이어, 萬歲通天 元年(696)에는 무주에 복속되어 있던 거란이 반기를 들었다. 同年(696) 5월에 契丹首領 松漠都督 李盡忠이 誠州刺史 孫萬榮과 더불어 도독 趙文翽를 죽이고 군대를 일으켜 반란했던 것이다. 이들은 營州를 공격하여 함락시켰다. 8월에는 張玄遇와 曹仁師 麻仁節 등이 거란과 黃麞谷에서 싸워 졌다. 역시 神功 원년(697) 3월에 王孝傑과 蘇宏暉 등이 군대 18만을 이끌고 孫萬榮(斬)과 東硤石谷에서 싸웠으나, 왕의 군대가 크게 졌다. 그러나 동년 4월에 右金吾衛大將軍 武懿宗이 거란을 쳤으며, 5월에 婁師德과 右武衛將軍 沙吒忠義가 거란을 쳤던 것이다.[57]

이와 같이 696년과 697년에는 만주지역에도 무척 어지러운 정세가 진행되고 있었다. 앞에서 보았듯이, 거란의 반란은 만주지방에 대해 무주가 확실한 지배력을 가지고 있지 못하였음을 말해 준다. 이 점은 聖歷 연간(698~700)에 만주에서 발해가 무주와의 항전을 거쳐 건국되었던[58] 사실에서도 알 수 있다. 더욱이 발해에는 동돌궐의 吐屯이 파견되어 발해와 동돌궐은 연결되어 있었던 것이다.[59]

신라는 무후가 무주를 건국한(690) 이후, 무주의 중요한 관심 사항이 당황실의 숙청과 무주의 건국을 공고히 하는 데 있음을 파악하였을

---

57) 『新唐書』 卷4, 本紀 4, 則天順聖皇后武氏. 만세통천 원년(696)에 돌궐의 묵철은 거란을 공격하여, 거란의 무리가 크게 흩어졌다. 묵철은 이진충과 손만영의 家口도 사로잡았다. 이에 무후는 묵철을 頡跌利施大單于 立功報國可汗로 특진시켰다. 그러나 묵철은 聖歷 원년(698)에 다시 河北에 침입하였던 것이다(『舊唐書』 卷194上, 突厥 上). 돌궐은 거란문제에 있어서는 무주와 이해관계가 일치하였으나 결코 우호적인 관계가 아니었던 것이다.

58) 『舊唐書』 卷199下, 北狄渤海靺鞨.

59) 임상선 편역, 1990, 『발해사의 이해』, 신서원, 208~209쪽. 발해는 698년에 건국되지만 그때에 당과 다툰 사정 때문에 돌궐과 통교하고 거기에서 파견된 吐屯의 감찰 징세를 받고 있었다. 그러나 돌궐진영에 속한 한편으로, 侍子를 보내거나 책봉을 받기도 하며 당과의 접근을 도모하여 토둔의 감찰은 그다지 강한 것은 아니었던 것 같다(임상선 편역, 1990, 위의 책, 208~209쪽).

가능성이 높다.[60] 또한 무주의 최대 과제가 동돌궐, 토번 등을 제압하는데 있다는 것을 알았을 것이다. 다시 말해, 당의 소멸과 무주의 건국으로 인해, 신라는 무주의 침략을 의식하는데 이전보다 힘을 쏟지는 않았을 것이다.

이와 함께, 무후는 특수한 정치적 입장을 가지고 있었다. 그녀는 중국에서 최초로 여자로서 황제가 되었다. 이런 점은 무후로 하여금 대외적 팽창보다는 새로 건국된 무주 황실의 기틀을 다지는 데 더욱 신경을 쓰도록 하였을 것이다.

여기에서 나당전쟁 이후 新羅와 唐(武周)의 관계를 주목해 보자. 신문왕은 당 고종의 책봉에 사은은 물론 조공도 하지 않았다. 다음 효소왕 역시 즉위할 때에(692) 무후의 선왕(신문왕)에 대한 弔祭와 冊封에 대해서 전혀 외교적 대응이 없었다. 이로 보아, 당(무주)측이 보다 능동적으로 신라에 대한 접촉을 시도하였다.[61] 특히 신라 측의 요구가 없었음에도, 무후는 효소왕에게 冊封使를 보냈다. 그것은 정치적으로 동등한 나라 간에서나 볼 수 있는 현상인 것이다.[62]

---

60) 무주의 상황을 신라는 알고 있었을까. 신라가 나당전쟁에서 당을 한반도로부터 축출한 중요한 요인은 정보력에 있었다. 신라는 당과 토번과의 긴장관계를 이용해 나당전쟁을 수행하였던 것이다. 이어 신문왕대 역시 중앙군단인 9서당을 완성하며 당의 추이에 신경을 곤두세웠던 것이다(서영교, 2006, 앞의 책, 338~345쪽). 이로 보아, 신라는 신문왕대부터 효소왕대까지 강대국이었던 당(무주)의 내정과 외교를 파악하는데 온 힘을 기울였을 것임에 틀림없다.

61) 신형식, 1984, 앞의 책, 327쪽. 당 태종은 고구려를 침략하는 기간 동안에 토번과 화친정책을 추진하였다. 이것이 당 태종의 딸인 文成公主와 토번 왕의 결혼으로 나타났다(서영교, 2006, 위의 책, 73~76쪽). 당은 고구려와 전쟁을 할 때에, 토번과 화친을 추구하였던 것이다. 이에 비해, 무주는 동돌궐과 교전할 뿐만 아니라 토번과도 적대관계였다. 이 점이 더욱 무주로 하여금 신라에 우호적인 정책으로 나아갔을 가능성이 있다.

62) 신형식, 1984, 앞의 책, 351쪽.

신라는 고구려와 백제의 멸망, 나당전쟁의 전개 과정에서 당이 가진 국력과 파괴력을 경험하였다. 그리고 나당전쟁의 여진이 작용하는 때에, 중국에서 왕조의 교체가 일어났다. 당이 멸망하고 무후가 무주를 건국하였던 것이다. 무주는 돌궐·토번 등과의 긴장으로 인해 대외적 정세가 긴박하고 불안하였다. 이런 상황에서, 신라가 의도적으로 무주와의 긴장관계를 유지할 필요는 없었을 것이다. 이와 같은 배경 하에, 신라는 효소왕 8년(699) 무주에 조공을 하였던 것이다.

Ⅳ. 맺음말

지금까지 신라 효소왕대의 정치적 변동을 살펴보았다. 맺음말은 지금까지의 논지를 정리하는 것으로 대신하고자 한다. 신문왕대 전 기간에 걸쳐 상대등을 역임한 진복은 흠돌의 모반을 진압하는 데 큰 역할을 하였을 가능성이 있다. 이로 보아 그는 신문왕과 밀접한 인물이었다. 그런데 상대등은 귀족의 대표로서, 자신이 거느리는 하급관료가 없었다. 그러므로 왕권이 강화될 때 그 존재가치가 줄어들었다. 신문왕대의 강화된 왕권 아래에서, 진복은 왕권과 관료군(신권)의 정치적 완충 역할을 하였을 것이다. 신문왕의 뒤를 이어 효소왕이 6세의 어린 나이로 왕위에 올랐다. 효소왕의 즉위 초 모후인 신목왕후가 섭정할 때에도, 진복은 효소왕 3년 1월에 상대등에서 물러날 때까지 정치적 영향력을 행사하였을 것이다.

진복의 뒤를 이어 효소왕 3년 1월에 상대등이 된 문경은 동왕 4년에 퇴임하여 재임기간이 불과 1년이었다. 전임자인 진복의 재임기간이 약 12년, 후임자인 개원의 재임기간은 약 10년이었다. 재임기간으로

보아, 상대등 문경의 퇴임은 정상적이지 않았다. 동 시기인 효소왕 4년에
시중 역시 비정상적으로 교체되었다. 효소왕 1년 8월에 중시에 임명된
대아찬 원선이 4년 10월에 퇴임하였던 것이다. 그는 지진이라는 천재지변
으로 퇴임하였다. 중대에 천재지변은 정치실책의 표현으로 생각되었다.
중시였던 원선은 천재지변이 내포하고 있는 정치적인 문제와 연관되어
물러났던 것이다. 그 뒤를 이어 시중이 된 이찬 당원 역시 천재지변과
연관된 정치적인 문제로 퇴임하였다.

  당원을 이어 순원이 중시가 되었으나, 그는 효소왕 9년 5월에 이찬
경영의 모반과 연관되어 파면되었다. 고위관등을 가진 경영의 모반에
시중이 연좌되어 파면된 것은 무엇을 의미하는 것일까. 그것은 경영의
모반이 왕에 대한 반란이라기보다는 진골귀족간의 정치적인 각축이었을
가능성을 의미한다. 이 무렵의 잦은 천재지변은 약화된 왕권 아래 진골귀
족간의 정치적 혼란을 상징하고 있다. 효소왕대 3명의 상대등 중에
1명의 퇴임이 비정상적이었다. 그리고 중시 전원의 퇴임이 정치적인
문제와 연관되어 있었다. 이 점은 효소왕대의 정국이 매우 불안정하였음
을 말한다. 효소왕대의 정치는 기본적으로 중대의 정치시스템 하에서
이루어졌다.

  중대는 진골귀족집단이 정치를 주도하였다. 왕권도 이러한 집단지배
체제제의 기저 하에서 작용하였다. 그러므로 왕권은 집단지배체제를
어떻게 조정하는 능력이 있느냐에 따라 그 강약이 결정되었다. 어린
나이에 즉위한 효소왕은 강력한 세력을 가진 진골들의 정치적 각축을
조정할 수 있는 능력과 역량이 없었다. 이 점이 경영이 모반을 일으키고,
상대등과 중시가 비정상적으로 교체되는 현상으로 나타났던 것이다.

  한편 신라는 나당전쟁을 통해, 676년에 唐을 축출한 이후 당과 긴장관
계에 있었다. 그러나 효소왕 8년(699)에 신라는 武周(唐)에 대해 조공을

재개하고 있다. 이러한 신라와 무주(당) 사이의 외교관계의 변화에서
주목되는 것이, 무주(당)의 정치적 변화와 대외관계이다. 唐은 上元 원년
(674)에 高宗이 天皇이 되고 武后가 天后가 되었다. 이때 무후는 실권자로서
정국을 좌우하였다. 고종이 弘道 원년(683)에 돌아간 후 무후는 中宗을
폐위시키고 睿宗을 황제로 세웠다. 이와 같은 무후의 정치적 전단에
대해, 李敬業은 起兵하였으나 실패하였다. 이 무렵에 돌궐·토번과의 충돌
이 잇달아 일어나고 있다. 무후는 天授(690) 원년에 나라 이름을 周라
하고 황제가 되었다. 건국 후, 무주는 돌궐·토번과 더불어 거란과도
전쟁을 하였다. 이런 상황에서, 만주지역에서 696~697년에 거란의 반란
이 일어났다. 이로 보아, 무주는 만주에 대해 확실한 지배권을 갖지
못하였다. 더욱이 聖歷 연간(698~700)에는 만주에서 발해가 무주와의
항전을 거쳐 건국되었다.

　무후는 대내적으로 신생제국의 정치적 안정을 도모할 필요가 있었다.
대외적으로는 적대적인 돌궐·토번·발해에 둘러싸여 있어, 우호세력의
확보가 필요하였다. 당나라에서 무주로의 정세 변화와 무주와 돌궐·토번
과의 전쟁으로 인해, 신라는 무주와의 긴장관계를 유지할 필요는 없었을
것이다. 이런 배경 하에, 신라는 효소왕 8년(699) 무주에 조공을 하였다.
신라 효소왕이 무주에 조공을 보낸 것은 신라와 무주간의 외교관계의
재개를 내포하는 것만은 아니었다. 그것은 신라와 무주의 정치적 입장이
맞물려 나타난 것이었다.

제3장 신라 성덕왕대의 정치적 변화와 성격
성정왕후의 출궁과 소덕왕후의 입궁에 대하여

Ⅰ. 머리말

신라는 삼국을 통일한 후, 중대시기를 개막하였다. 중대는 태종 무열왕의 자손들이 왕위를 계승해 간 시기이다. 권력구조상으로 보면, 이전의 시대와는 달리 왕권이 크게 강화되었으며 문화상으로는 신라문화의 극성기였다고 할 수 있다.[1] 이러한 중대시기 가운데 聖德王代(702~737)는 정치적인 안정을 바탕으로 사회전반에 걸쳐서 전성기를 구가하는 시기로 알려져 있다.[2]

그런데 성덕왕대에는 두 번의 왕비교체가 이루어지고 있다. 첫 번째 왕비는 乘府令 蘇判 金元泰(大)의 딸이었다. 그녀는 성덕왕 3년 5월에 왕비(成貞王后)가 되었다. 그러나 그 출궁이유가 사료에 나타나지 않은 채, 성덕왕 15년 3월에 출궁되고 있다. 이어 4년 후인 성덕왕 19년 3월에 伊飡 順元의 딸이 왕비(炤德王后)가 되고 있다.

성덕왕대의 왕비교체와 관련된 종래의 연구를 살펴보자. 成貞王后를

1) 한국정신문화연구원, 1991, 『한국민족문화대백과사전』 13권, 711쪽.
2) 한국정신문화연구원, 1991, 위의 책 12권, 422쪽.

出宮시킬 때 그녀의 아들인 重慶이 태자로 있었다는 점에 주목한 연구가
있다. 이러한 성정왕후의 출궁은 정치적인 세력 관계에서 이루어졌다는
것이다.[3]

　그리고 성정왕후의 출궁을 왕권과 진골귀족세력의 대립에서 살핀
연구가 있다. 성정왕후의 세력으로 상징되는 진골귀족세력은 성덕왕
14년에 중경이 태자로 책봉되는 것을 계기로 그들의 힘을 다시 회복하려
하였다는 것이다. 그러나 성정(엄정)왕후가 출궁 당하자, 진골귀족세력
은 몰락하고 김순원으로 대변되는 왕당파세력으로 완전한 교체가 이루
어졌다는 것이다.[4] 한편 성정왕후의 父인 김원태 세력이 김순원 세력과의
각축에서 패배하면서 정국의 주도권이 김순원에게 넘어가 성정왕후가
출궁되었으며, 김순원의 딸이 왕비가 되었다는 견해가 있다.[5]

　앞에서 보았듯이, 신라 聖德王代에 성정왕후에서 소덕왕후로 왕비
교체가 이루어지고 있다. 주목되는 것은, 성정왕후가 출궁되었다는 점이
다. 더욱이 그녀가 출궁된 이유가 사료 상에 언급되어 있지 않다. 그녀는
상당한 경제적인 배려를 받은 채로 출궁되었던 것이다. 이어서 後妃인
소덕왕후가 입궁하고 있다. 그런데 이러한 왕비의 교체 시에 잦은 천재지
변들이 나타나고 있는 것이다.

　천재지변을 王者의 不德한 정치에 대한 天譴으로 보는 기능은 중국은
물론 삼국 및 통일신라에 이르기까지 지속되고 있었다.[6] 종래의 연구에
서 성덕왕대에 일어난 성정왕후의 출궁과 소덕왕후의 입궁시에 보이는

---

　3) 李基白, 1982, 『韓國史講座』(1) 古代篇, 一潮閣, 312~313쪽.

　4) 金壽泰, 1996, 『新羅中代政治史硏究』, 一潮閣, 78~80쪽.

　5) 박해현, 2003, 『신라중대정치사연구』, 국학자료원, 117쪽.

　6) 李熙德, 1999, 『韓國 古代 自然觀과 王道政治』, 혜안, 343쪽. 본 글의 대상 시기는
　　　성덕왕대이다. 그러므로 중국의 사료에 보이는 천재지변에 대해, 검토 시기는
　　　唐代까지로 한정하기로 한다.

천재지변의 정치적 의미는 살펴지지 않았다. 본 장은 이에 관해 검토하고
자 한다. 그리고 이와 관련되어, 성덕왕대 왕비교체를 전후한 시기의
정치적 상황이 어떠하였는지를 살펴보고자 한다.

Ⅱ. 성정왕후의 출궁과 천재지변

성덕왕 14년과 15년에는 重慶의 太子冊封과 成貞(嚴貞)王后의 출궁이라
는 중요한 정치적 사건이 있었다. 다음의 사료를 보자.

가-1) 성덕왕 14년 여름 4월에 菁州에서 흰 참새(白雀)를 바쳤다. 5월에
　　　죄인들을 사면하였다. 6월에 크게 가물었다. 王이 河西州 龍鳴嶽에
　　　사는 居士 理曉를 불러 林泉寺 못 위에서 비를 빌었더니 곧 비가
　　　열흘 동안이나 계속되었다. 가을 9월에 太白이 庶子星을 가렸다. 겨울
　　　10월에는 流星이 紫微星을 범하였다. 12월에는 流星이 天倉으로부터
　　　大(太)微로 들어갔다. 죄인들을 석방하였다. 왕자 重慶을 封하여 太子로
　　　하였다(『三國史記』 卷8, 聖德王).
가-2) 성덕왕 15년 봄 정월에 流星이 달을 범했다. 달에는 빛이 없었다.
　　　3월에 … 成貞(혹은 嚴貞이라고도 한다)王后를 내보내는데, 비단 5백필,
　　　밭 2백결, 벼 1만석, 저택 한 구역을 주었는데 康申公의 옛 집을
　　　사서 주었다. 큰 바람이 불어서 나무를 뽑고 기와가 날고 崇禮殿이
　　　무너졌다(『三國史記』 卷8, 聖德王).
가-3) 성덕왕 16년 여름 4월에 지진이 있었다. 6월에 태자 重慶이 죽으니
　　　시호를 孝殤이라 하였다(『三國史記』 卷8, 聖德王).

위에서 보듯이, 성덕왕 14년 6월에 가뭄이 있었다. 신라에서는 한발에
대한 대책으로, 창고를 열어 饑民을 구제하고 사신을 파견하거나 왕이

몸소 백성을 위로하고 있다. 농번기에 농민을 괴롭히는 토목공사 등을 정지하는 대책도 있다. 그 다음으로 刑政을 재검하여 억울하거나 가혹한 형벌이 가해지지 않았는지를 살펴서 감형을 해주거나 형을 면제해 주는 대책으로 錄囚·慮囚라고 하는 은전을 베풀고 있다. 한발이 발생할 때 寬仁政策은 중국은 물론 우리나라에서도 가장 보편적으로 취해졌다. 그것은 王者가 天命에 순응하는 길이었다.[7] 이러한 군주의 태도는 天譴에 대한 응답이며 천인합일사상의 전형을 이루는 것이다. 이와 같은 전형적인 재이관은 신라시대부터 수용되어 통일신라에도 이어지고 있었다.[8]

이와 같은 전통 속에서, 성덕왕 14년 6월에 王은 河西州 龍鳴嶽에 사는 居士 理曉를 불러 林泉寺 못 위에서 비를 빌었다. 그랬더니 곧 비가 내려 열흘 동안이나 계속되었다고 한다. 성덕왕이 居士 理曉를 불러 林泉寺 못 위에서 비를 빌었다는 점은, 이 시기에 가뭄을 단순한 자연재해가 아니라고 인식하였음을 보여준다.[9]

이어 성덕왕 14년 9월에 太白이 庶子星을 가렸다.[10] 10월에 流星이

---

7) 이희덕, 1999, 위의 책, 104쪽. 『後漢書』五行志 1에 가뭄에 관한 대책이 있다. 京都에 가뭄이 들자 和帝가 雒陽寺에 행차하여 죄수들을 재심사하고 억울한 죄수의 일을 바로잡고 令을 거두어 죄의 경중에 따라 형량을 정하였다. 행차 중 궁궐에 돌아오기 전에 단비가 내렸다는 것이다. 그리고 『新唐書』高宗本紀 3에, 가뭄이 들자 正殿을 피하고 평상시의 음식을 감하고 죄수를 재심하였다는 것이다(이희덕, 1999, 위의 책, 56~57쪽). 이처럼 가뭄에 대한 군주의 自責, 減膳, 善政과 寬刑 등은 치자들의 일관된 가뭄대책이었다(이희덕, 1999, 위의 책, 106쪽).

8) 이희덕, 1999, 위의 책, 258쪽.

9) 성덕왕 15년 6월에 역시 가뭄과 관련되어 居士 理曉가 기록되어 있다. 성덕왕 15년 6월에 가물어, 또 居士 理曉를 불러 기도를 드리니 비가 왔으며, 죄인들을 사면하였다는 것이다(『삼국사기』 권8, 성덕왕). 이 기록에서 보듯이, 가뭄에 대해 거사를 불러 기도를 드리고 있다. 그리고 죄인들을 사면하였던 것이다. 이것은 신라가 이 시기에 가뭄을 단순한 천재지변으로 인식하지 않았음을 말한다.

紫微星을 범하고 12월에는 다시 流星이 天倉으로부터 大(太)微로 들어갔던 것이다.

성덕왕 14년 10월과 12월의 두 차례의 유성출현에 이어서 죄수를 특사하는 仁政이 베풀어지고 있다. 이로 보아 신라는 유성현상에 대하여 단순한 점성적인 측면 외에, 이것을 天譴으로 파악하였다.[11] 이러한 일련의 천재지변들 뒤인 12월에 중경이 태자로 되고 있다.

위에서 보듯이, 중경이 태자로 책봉될 무렵에 천재지변이 자주 일어나고 있는 것이다. 태자로 책봉되는 것은 정치적인 행사이다. 이와 같은

---

10) 太白은 金星을 가리킨다.『史記』天官書에 의하면, 태백은 서방을 나타내고 가을에 해당되며 軍事를 지배하는데, 그 운행이 정상을 벗어나면 군주가 왕위를 반드시 탈취 당하게 된다고 한다(이희덕, 1999, 앞의 책, 323쪽).『漢書』天文志에도 태백이 기록되어 있다. 太白은 제후와 왕의 근심, 망국, 장군과 재상의 죽음, 人民流亡, 女主의 득세 등을 나타내는 조짐으로 되어 있다(이희덕, 1999, 위의 책, 30쪽). 太白이 庶子星을 가렸다는 기록은『漢書』,『宋書』,『南齊書』,『唐書』 등에는 없다. 그런데 이와 관련되어『唐開元占經』卷51에, 文曜鉤의 말을 인용한 것이 있다. 太白이 太子와 庶子星을 犯하고 지키면 각기 지키는 바로써 죽음과 같은 죄가 있다는 것이다.

11) 이희덕, 앞의 책, 1999, 316쪽. 고려시대의 權敬中은『漢書』의 註解를 인용하여 流星이란 별이 흐를 때에 빛이 지난 자취가 뚜렷이 보이는 별을 가리키는 것으로, 그 吉凶이 나타나는 곳은 바로 그 별이 나타나는 방향을 보고 장소를 논한다고 하였다. 그리고『舊唐書』天文下 災異에서도 유성이 구체적인 전쟁의 승패를 나타내는 豫兆로서 파악되었다(李熙德, 2000,『高麗時代 天文思想과 五行說 硏究』, 一潮閣, 153쪽).『新唐書』卷32, 天文二에 의하면 大和 4年 6月에 나타난 유성에 대하여 '占曰 民失其所 王者失道 綱紀廢則然'이라 하였다(이희덕, 2000, 위의 책, 244~245쪽). 그리고 北斗의 北에 紫微星이 있으며 天帝의 居所라 하여, 紫微宮이라 한다는 것이다(이희덕, 2000, 위의 책, 312쪽). 그렇다면 流星이 紫微星을 범했다는 것은 天帝의 居所에 나타난 구징인 것이다.
한편 流星이 天倉으로부터 大(太)微로 들어갔다는 의미를 살펴보자. 天倉은 天帝의 식량창고이다(『史記』卷27, 天官書 5). 그리고 大(太)微는 星垣의 이름으로 三垣의 하나이다. 翼·軫의 북에 있으며 天子의 宮廷, 五帝의 座, 12諸侯의 府 등을 상징한다(이희덕, 2000, 위의 책, 313쪽). 流星이 天倉으로부터 大(太)微로 들어갔다는 천재 역시 天帝와 연관된 구징으로 해석된다.

정치적인 행사에 천재지변이 잦은 것은 정치적인 의미와 관련이 있을까.

이와 관련하여, 中代에 있어 元子(太子) 탄생시의 천재지변이 주목된다.

먼저 신문왕대의 기록이 있다. 元子 理洪(孝昭王)이 출생한 신문왕 7년 2월에 나타난 천재지변을 보자. 원자가 출생한 날에 일기가 음침하고 어둡고 하늘에서 大雷電이 발생했다는 것이다. 이는 당시 신문왕에게는 매우 충격적인 사건으로 받아들여졌다. 그래서 두 달 후인 4월에, 대신을 祖廟로 보내 태조대왕으로부터 문무왕에 이르기까지 4대조에게 제사를 올리고 있다. 제사의 축문 내용을 통해 보면, 신라인들은 천변의 원인은 王道의 상실에 있고 그것이 天譴으로 나타났다고 보았다. 신문왕은 원자의 탄생과 함께 내린 天雷를 크나큰 천견으로 간주하였던 것이다.[12]

다음으로 경덕왕대에 건운(혜공왕)의 탄생시에 천재지변이 나타나고 있는 점이 눈에 띈다. 경덕왕 17년 가을 7월 23일에 왕자(혜공왕)가 태어났다. 이와 동일한 시기에 우레와 번개가 심하더니 절 열여섯 곳에 벼락이 쳤다는 것이다.[13] 그런데 혜공왕이 즉위한 이후에 천재지변이 잇따르고 반란, 모반으로 중대는 종식되었다. 이로 보아 혜공왕이 출생할 때의 우레와 번개, 절 열여섯 곳에 벼락이 친 것은 단순한 자연재이가 아니라 정치적 의미를 함축하였을 가능성이 있다. 이홍(효소왕)과 건운 (혜공왕)의 사실로 보아, 중경이 태자로 책봉될 무렵에 나타난 천재지변은 정치적 의미를 가졌을 가능성이 있다.

가-1)에서, 중경이 태자로 책봉된 시기는 성덕왕 14년 12월이었다. 여기에서 중경이 태자로 된 달(月)이 12월이라는 점이 주목된다. 신라 중대에 태자로 된 시기를 살펴보자. 무열왕의 元子인 法敏(文武王)이

---

12) 이희덕, 1999, 앞의 책, 270~272쪽. 『新唐書』 五行 3에, 雷電을 威刑의 상징으로 해석하고 있다(이희덕, 1999, 위의 책, 270~271쪽).
13) 『삼국사기』 권9, 경덕왕.

무열왕 2년 3월에, 政明(神文王)이 문무왕 5년 가을 8월에 태자로 되고
있다. 理洪(孝昭王)은 신문왕 11년 봄 3월 1일, 重慶은 성덕왕 14년 12월,
承慶(孝成王)은 성덕왕 23년 봄, 憲英(景德王)은 효성왕 3년 여름 5월,
乾運(혜공왕)은 경덕왕 19년 7월에 태자로 되고 있다.

7명의 태자 가운데, 봄(1~3월)에 태자로 된 예가 3번이다. 그리고
여름(4~6월)이 1번, 가을(7~9월)이 2번이며 겨울(10~12월)이 중경이
태자로 된 예로, 1번이다. 이런 예들로 보아, 태자가 된 시기는 봄이
반수에 가깝다. 그러므로 신라 중대에는 봄에 태자로 삼는 것이 정상적인
예들로 파악된다.

그런데 중경이 태자로 책봉된 달은 12월이었다.[14] 중대에, 겨울에
유일하게 태자로 된 인물이 중경이었던 것이다. 중경이 태자로 책봉된
달(月)이 비정상적이었던 것이다. 이로 보아, 이 시기의 정국은 혼란스러
웠다.[15]

이와 관련하여 살펴보아야 될 것이 있다. 그것은 가-2)에서 보듯이,
중경의 어머니인 성정(엄정)왕후가 중경이 태자로 책봉된 3개월 후에
宮에서 出宮되고 있는 것이다.[16] 이어 4년 후인 성덕왕 19년 3월에 이찬

---

14) 중대에, 여름에 태자로 된 예는 1번 있었다. 효성왕대에 헌영(경덕왕)의 예가
그것이다. 그런데 헌영의 태자책봉에는 정치적 갈등이 있었다(신정훈, 2003,
『8世紀 統一新羅의 政治的 推移와 天災地變의 性格』, 中央大學校 博士論文, 12~13
쪽).

15) 중경의 태자책봉으로 말미암아 엄정왕후의 출궁이 일어났다. 또한 그러한 엄정왕
후의 출궁과 함께 영향을 받은 중경의 죽음이 발생한 것으로 보인다고 한다(김수
태, 1996, 앞의 책, 79쪽).

16) 『삼국사기』에는 成貞王后는 嚴貞王后로도 불리어졌다고 기록되어 있다(『삼국사
기』권8, 성덕왕 15년 3월). 그리고 그의 父는 승부령 소판 金元泰로 되어 있다(『삼
국사기』권8, 성덕왕 3년 5월). 그리고 『삼국유사』에는 陪昭王后로 諡號는 嚴貞으
로 기록되어 있다. 父의 이름은 元大 阿干으로 되어 있다(『三國遺事』卷1, 王曆
聖德王). 그런데 신라의 인명 등에서는 발음이 같은 한자는 통용되는 경우가

순원의 딸을 맞아들여 왕비로 삼고 있다.[17]

중대 역대 왕비들 가운데 성덕왕 이전에 출궁된 왕비가 있었을까. 神文王의 왕비가 그러한 경우이다. 신문왕의 왕비인 金欽突의 딸은 아버지의 모반에 연좌되어 출궁되었다.[18] 그런데 성정왕후의 출궁은 신문왕대에 김흠돌의 딸이 모반으로 출궁되었던 것과는 달랐다. 성정왕후는 반란과 연관되어 출궁된 것이 아니었다. 그녀는 출궁될 때에 비단 5백필, 밭 2백결, 벼 1만석, 저택 한 구역 등의 상당한 경제적인 배려를 받고 있는 것이다.

또한 주목되는 것이 先妃인 성정(엄정)왕후에 대한 기록이다. 먼저 성정(엄정)왕후에 대한 기록이『삼국유사』에 있다.『삼국유사』에 先妃 陪昭王后는 諡號가 嚴貞으로 元大 阿干의 딸이라 했다.[19] 한편『삼국사기』에는 성덕왕 3년 5월에 승부령 소판 김원태의 딸을 왕비로 받아들였다고 되어 있다. 그리고 성덕왕 15년 3월에 성정(일운 엄정)왕후를 출궁시켰던 것이다.[20]『삼국사기』의 金元泰는『삼국유사』의 元大 阿干과 통한다. 그러므로 김원태의 딸은『삼국사기』에 성정(일운 엄정)왕후로,『삼국유사』에 배소왕후로, 시호는 엄정으로 기록되어 있는 것이다.

여기에서 주목되는 것이 諡號이다. 시호란 生前의 행적을 사정하여

많았다(서영대, 2002,「水路夫人 설화 다시 읽기」,『용, 그 신화와 문화』한국편, 서울 : 민속원, 209쪽). 따라서『삼국사기』의 金元泰와『三國遺事』의 元大는 동일 인물이었을 것이다.

17)『三國史記』卷8, 聖德王. 순원의 딸은 성덕왕 23년 12월에 炤德王后로 되어 있다(『삼국사기』권8, 성덕왕).『三國遺事』에도 성덕왕의 後妃가 기록되어 있다. 後妃 占勿王后는 諡號가 炤德으로 順元 角干의 딸이라는 것이다(『三國遺事』卷1, 王曆 聖德王).

18)『三國史記』卷8, 神文王 卽位年.

19)『三國遺事』卷1, 王曆 聖德王.

20)『三國史記』卷8, 聖德王.

死後에 임금이 내려주는 칭호이다.[21] 김원태(대)의 딸에게 시호가 내려졌
다는 것은 그녀가 반란 또는 모반에 연좌된 것도 아니며, 정치적으로
완전히 몰락한 것도 아니라는 것을 반영한다.[22]

또한 後妃인 炤德王后를 들이기 전에 先妃인 成貞王后에게는 아들 重慶
이 있었다. 그리고 先妃를 출궁시킬 때 중경은 이미 太子에 책봉되어
있었다. 이로 보아, 성정왕후의 출궁은 정치적인 세력관계에서 이루어졌
을 것이다.[23]

더욱이 그녀가 출궁되기 2개월 전인 성덕왕 15년 봄 정월에 유성이
달을 범했으며, 달에는 빛이 없는 천재지변이 일어나고 있다.[24]

먼저 유성이 달을 범했다는 천재지변을 보자. 이와 같은 천재지변은
『漢書』, 『宋書』, 『南齊書』, 『唐書』 등 중국의 사료에 보이지 않는다. 따라서
성덕왕 15년 봄 정월에 기록된 유성이 달을 범했다는 것은 신라인의
독특한 천문기록이었을 것이다.

---

21) 張三植 編, 1975, 『大漢韓辭典』, 博文出版社 1409쪽.

22) 先妃인 김원태의 딸은 성정(엄정)왕후로 『三國史記』에 기록되어 있다(『三國史記』
卷8, 성덕왕 15년 3월). 그리고 『三國遺事』에는 陪昭王后로 諡號는 嚴貞으로 기록되
어 있다(『三國遺事』 卷1, 王曆 聖德王). 이 기록에서 『三國史記』의 엄정왕후는
『三國遺事』에 시호로 된 엄정왕후와 일치한다. 그런데 『三國遺事』에는 배소왕후
라는, 『三國史記』에 기록되지 않은 명칭이 나온다.
    後妃인 金順元의 딸도 그러하다. 김순원의 딸은 『三國史記』에 炤德王后로 기록되
어 있다(『삼국사기』 권8, 성덕왕 23년 12월). 『三國遺事』에는 占勿王后로 諡號는
炤德이었다고 되어 있다(『三國遺事』 卷1, 王曆 聖德王). 『三國史記』에 보이지 않는
占勿王后가 『三國遺事』에 기록되어 있는 것이다. 이는 『三國遺事』가 『三國史記』가
저본으로 한 사료와 다른 사료도 저본으로 하였음을 의미한다.

23) 李基白, 1982, 앞의 책, 312~313쪽.

24) 성덕왕 15년 봄 정월에 流星이 달을 범했으며, 달에는 빛이 없다고 기록되어
있다. 그 후 3월에 成貞王后가 출궁되고 있다. 달에 생긴 변화가 왕후의 신분변화를
의미한다면, 해에 나타난 대상은 왕과 관련된다고 볼 수 있다고 한다(김영미,
1994, 『신라불교사상사연구』, 민족사, 159쪽).

그렇다면 유성이 달을 범했다는 기사가 의미하는 것은 무엇일까. 앞에서 유성이 가진 의미를 볼 수 있었다. 그렇다면 한국인의 정서에서 달이 가진 의미를 살펴보자. 신라 향가 願往生歌에서의 달은 서방정토의 빛, 서방정토와 사람 사이의 매개 또는 구원자로 나타난다. 한편 신라의 延烏郎과 細烏女 설화에서, 세오녀는 달의 정기였다. 세오녀는 여성이므로 달은 여성을 상징하고 있다. 또한 고구려 고분벽화에서 해는 남성적인 원리로 형상화되고, 달이 여성적인 원리로 묘사되었다. 벽화에서 해를 머리에 이고 나는 月神은 하체는 용신이고, 상체는 여성으로 표현되었다. 이러한 형상은 고대 우주 발생설과 관련되어 신화적으로 그려 왔다. 해는 陽, 달은 陰으로 음은 大地, 어둠, 정적, 여성 등의 상징성을 지녔다.25) 이로 본다면, 달은 서방정토의 빛 또는 서방정토와 사람 사이의 매개 또는 구원자로 표현된다. 그리고 여성으로도 상징되는 것이다.

그런데 流星이 달을 범했다는 기사에 뒤이어 달에 빛이 없다는 기사가 나오고 있다. 이어 2개월 후에 성정왕후가 출궁되고 있다. 이로 보아 유성이 달을 범했다는 기사는 여성인 성정왕후와 관련된 정치적 갈등과 연관된다고 보여진다.

다음으로 달에 빛이 없는 천재지변을 살펴보자. 중국의 사서를 보면 日月無光은 많이 기록되어 있으나 月無光이 기록된 예는 드물다.『漢書』, 『宋書』,『南齊書』,『唐書』등에 월무광은 보이지 않는다. 그런데『唐開元占經』에 월무광이 기록되어 있다. 太公陰秘에 이르기를, 임금이 밝지 않고 신하가 불충하면 달에 빛이 없다는 것이다.26) 또한 같은 책에, 京氏妖占에

---

25) 한국문화상징사전 편찬위원회 편, 1992,『한국문화상징사전』Ⅰ, 동아출판사, 192~196쪽.

26) 太公陰秘曰 君不明 臣不忠 故無光(『唐開元占經』卷11). 大星이 달에 들어가 달에 빛이 없으면, 그 나라가 두 번 침범되며 망한다고 하였다. 일설에는 그 나라의 임금이 멸망하며 四夷가 침범해 온다는 것이다. 또한 大客星이 달에 들어가

서는 달에 빛이 없으면 臣下가 난을 일으키며 敎令이 행해지지 않고
백성이 굶주리며 나라가 망한다고 하였다. 京氏易飛候에서는 달에 빛이
없으면(月不光) 貴人이 죽는다고 하였다.[27]

이어 성정왕후가 출궁된 성덕왕 15년 3월에는 큰 바람이 불어서 나무를
뽑고 기와가 날고 崇禮殿이 무너졌다.[28] 주목되는 것은 이러한 천재지변
이 일어나는 동일한 시기에 성정왕후가 출궁되고 있는 것이다. 따라서
15년 3월의 천재지변은 단순한 천재지변이 아니라 정치적 의미를 가지고
있었다고 보인다.

그런데 중국의 경우,『新唐書』五行 2 常風 條에 대풍발목이 일어난
것에 대한 占으로 大臣의 專恣로 氣가 성하며 무리가 거슬러 뜻을 같이하며
임금이 蒙暗을 행하면 나타나는 현상이라 하였다.[29] 신라 중대와 하대에
해당되는『三國史記』본기에 대풍발목이 기록된 예는 8회이다. 이들
기사에서는『新唐書』五行志의 설명과 같이 大臣의 專恣나 군주의 暗蒙으
로 돌릴 수 있는 사료는 보이지 않는다. 그러나 정사 편찬의 관행상
本紀 기사에 대풍발목의 원인이나 豫兆를 기록하는 예는 매우 드물다.
그러므로 신라본기의 기사도 그러한 범주에서 이해하여야 할 것이다.
따라서 신라의 경우에도 대풍발목 기사는『新唐書』五行志와 같이 오행적
질서의 소산이라고 한다.[30]

이와 같이 성정왕후가 출궁될 무렵에 천재지변들이 연속적으로 일어

달에 빛이 없으면, 그 나라가 멸망하며 四夷가 침범해 온다고 한다(『唐開元占經』
卷77).

27) 『唐開元占經』卷11.

28) 『後漢書』에서 大風拔樹(木)현상은 安帝의 親讒과 曲直不分에 원인이 있었던 것으로
해석되고 있다(이희덕, 1999, 앞의 책, 93쪽).

29) 이희덕, 2000, 앞의 책, 319~320쪽.

30) 이희덕, 1999, 앞의 책, 243~244쪽.

났다. 이 같은 천재지변들은 성정왕후의 출궁과 관련된 정치적인 갈등을
나타낸다고 보여진다.

이렇게 중경이 태자로 책봉되고 성정왕후가 출궁될 때에 상대등과
시중의 정치적 입장은 어떠하였을까. 앞에서 보았듯이, 성덕왕 14년
12월에 중경이 태자로 책봉되고 그 3개월 뒤인 15년 3월에 성정왕후는
출궁되었다. 이 무렵의 상대등과 시중을 살펴보자.

위의 정치적 사건이 일어날 때에, 상대등은 仁品이었다. 인품은 이찬으
로서 성덕왕 5년 1월에 상대등이 되었다가 19년 1월에 사망하여 14년을
재직하였다.[31] 시중을 살펴보자. 孝貞이 이찬으로서 성덕왕 13년 1월에
시중이 되어 17년 1월까지 4년간 재임하고 있다.[32]

우리는 중경이 태자로 책봉되고 성정왕후가 출궁되는 시기에 정치적
갈등이 있었음을 알 수 있었다. 그런데 상대등과 시중은 이 시기에
교체되지 않고 있다. 상대등 인품은 이 무렵에 그 직을 계속 수행하였다.
시중 효정 역시 그러하였다. 이 점은 상대등과 시중이 적어도 중경의
태자책봉과 성정왕후의 출궁에 중립적이었음을 의미하는 것이다. 혹은
더 나아가 생각한다면, 이를 지원하는 입장이었을 가능성도 있다.

Ⅲ. 소덕왕후의 입궁과 천재지변

성정왕후는 성덕왕 15년 3월에 출궁되었다. 이어 後妃인 소덕왕후가
입궁하고 있다. 다음의 사료를 보자.

---

31) 이기백, 1974, 앞의 책, 103쪽, <표 나> 신라 중대 상대등 일람표.
32) 이기백, 1974, 위의 책, 156쪽, <표 나> 신라 중대 중시(시중) 일람표.

나) 성덕왕 19년 봄 정월에 지진이 있었다. 상대등 인품이 죽고 대아찬
　　배부가 상대등이 되었다. 3월에 이찬 順元의 딸을 맞아들여 왕비로
　　삼았다. 여름 4월에 크게 비가 내려 산이 열세 곳이나 무너졌으며
　　우박이 내려 볏모가 상하였다. 5월에 관리를 시켜 해골을 묻게 했다.
　　完山州에서 흰 까치를 진상했다. 6월에 왕비를 책봉하여 왕후로
　　삼았다. 가을 7월에 熊川州에서 흰 까치를 진상했다. 蝗蟲이 곡식을
　　해쳤다. 中侍 思恭이 물러나고 波珍湌 文林이 중시가 되었다(『三國史
　　記』卷8, 聖德王).

　위에서 보듯이, 김순원의 딸이 입궁할 무렵에 천재지변들이 자주
발생하고 있다. 순원의 딸은 성덕왕 19년 3월에 왕비로 되고 있다. 그
2개월 전인 정월에 지진이 있었다.[33] 신라에서는 성덕왕 9년 정월에
지진이 발생하자 죄인에게 赦令을 내리고 있다. 이어 혜공왕 13년 3월과
4월에 지진이 거듭되자 상대등 김양상이 時政을 極論하는 상소를 올리고
있다. 이로 미루어 신라에서도 지진을 단순한 자연적 재해로 보지 않고
天譴說에 입각한 재이관을 가지고 있었다.[34]
　그 후 4월에 큰 비가 와서 산이 13개소나 무너졌으며,[35] 우박이 와서

---

33) 『後漢書』志16 五行 4에 지진에 관한 기록이 있다. 이에 따르면, 후한대의 지진
　　발생을 외적의 침구와 패전의 구징으로 예시하고 있다. 또한 '女主盛 臣制命'과
　　외척의 발호라는 비정상적 정치현상의 출현을 예시하는 것으로도 해석하였다
　　(이희덕, 1999, 앞의 책, 70~71쪽). 그리고 『新唐書』오행 2에 지진의 咎徵에
　　대한 해석이 있다. 지진이란 陰이 강성하여 正常을 뒤집으면 나타난다고 하여,
　　지진이 입히는 물리적 피해를 넘어서서 臣疆, 妃專恣, 夷犯華 등 제국의 안위를
　　뒤흔드는 조짐으로 설명하고 있다(이희덕, 1999, 위의 책, 252쪽).
34) 이희덕, 1999, 위의 책, 252~253쪽.
35) 『漢書』五行志 第七下之上에 成公 5년 여름에, 梁山의 붕괴와 함께 黃河가 3일간
　　막혀 흐르지 않았던 災異에 관해 기록되어 있다. 이에 대해 劉向은 山은 陽으로
　　君主를 상징하고, 水는 陰으로 平民을 상징하는 것으로 君道가 무너져서 밑으로부
　　터 혼란이 일어나서 백성이 그들의 거처를 잃게 되리라는 天戒라고 해석하고
　　있다(이희덕, 2000, 앞의 책, 328~329쪽). 『後漢書』五行志는 山崩에 대해 後漢代

禾苗를 해쳤다.36) 6월에 왕비를 책봉하여 왕후로 하였다. 이어 한달 뒤인 7월에, 蝗蟲이 곡식을 해치고 있다.37)

왕비로 되고 왕후로 책봉할 무렵의 잦은 천재지변들을 단순한 자연현상이라고 보기에는 석연치 않다. 이와 관련하여, 성덕왕 19년 7월에는 천재지변으로 中侍인 思恭이 교체되고 있는 점이 주목된다.38) 新羅 中代에 천재지변은 정치적 失策의 표현으로 여겨졌다. 그리하여 중시(시중)는 이에 정치적 책임을 지고 사퇴하였던 것이다.39)

君道의 붕괴와 아울러 竇太后 형제의 專權을 그 원인으로 제시하고 있다(이희덕, 1999, 앞의 책, 92쪽). 그리고 『新唐書』 五行二 山摧條에, 山崩과 강물의 역류는 國破라고 하는 크나큰 재앙을 예조하는 것으로 파악되고 있다(이희덕, 2000, 앞의 책, 328~329쪽).

36) 『漢書』 五行志 中之下에 의하면, 僖公 29년의 가을 大雨雹이 내렸다는 기사에 대한 劉向의 의견이 있다. 이에 따른다면, 雹은 陰이 陽을 위협하는 것이라고 하였다. 희공은 그 晩年에 公子 遂를 믿고 등용하였는데 수는 권력을 한손에 쥐고 흔들어 장차 君主를 살해하려 하였다. 그래서 陰이 陽을 위협하는 현상이 나타난 것이다(이희덕, 2000, 위의 책, 206쪽). 그리고 『後漢書』 五行 3에는 우박을 가혹한 형벌과 참소 등의 원인으로 설명하고 있다(이희덕, 1999, 앞의 책, 64쪽). 이어 『新唐書』 卷36, 五行三 雹條에 우박에 대한 기록이 있다. 雹이란 陰이 陽을 위협하는 象이고 군주가 그 비판을 미워하고 賢者를 억압하고 사악한 자를 기용하면 우박과 비가 더불어 내리게 된다는 것이다. 그리고 참소를 믿고 무고한 자를 죽이면 우박이 내려 지붕의 기와를 부수고 수레를 파괴하고 牛馬를 죽이게 된다는 것이다(이희덕, 2000, 앞의 책, 235쪽).

37) 『後漢書』 五行 3에, 황충은 不時의 大作이나 군주의 貪苛가 황재를 발생시키는 원인으로 기술되어 있다. 당시 蔡邕은 이 蝗災를 구제할 수 있는 방책으로서, 시급하지 않은 공사는 그치고 賦斂의 비용을 절약하고 청렴하고 인덕이 있는 사람을 관리로 등용하고 탐학한 관리를 내칠 것을 제시하고 있다(이희덕, 1999, 앞의 책, 124~125쪽). 그리고 『新唐書』 五行 3의 蝗條에, 無功而祿者가 있거나 군주가 失禮煩苛하거나 邪人이 많고 충신이 없으면 蝗蟲의 재이가 발생한다고 하였다. 이에 대해, 太宗의 적극적인 황충 퇴치책이 있었다. 신라의 경우 혜공왕대 蝗루에 대비하여 백관의 상소를 명하고 있다. 이로 보아 蝗災는 단순한 재난을 넘어선 五行說적인 측면에서 받아들여졌던 것으로 보인다(이희덕, 1999, 위의 책, 269~270쪽).

38) 이기백, 1974, 앞의 책, 156쪽, <표 나> 신라 중대 중시(시중) 일람표.

또한 신라 中代·下代의 中侍(侍中)는 천재지변의 발생에 뒤이어 책면되었다. 물론 이러한 중시의 교체에 있어 내면적인 실제적 사유는 대부분 당시 권력투쟁에 의한 것이었다.[40] 따라서 중시 사공의 교체도 권력투쟁과 관련되었을 가능성이 있다.

그리고 신라 중대에 중시의 교체 시기는 春季(1~3월)가 정상적이었다. 춘계가 아닌 시기에 중시가 교체된 것은 비정상적인 예이다.[41] 思恭의 중시 퇴임과 文林의 임명은 춘계가 아닌 7월에 이루어졌다. 사공이 중시를 퇴임한 달로 보아서도, 이 시기의 정치적 상황은 혼란스러웠음을 알 수 있다.

그렇다면 성덕왕 19년 7월에 중시가 교체된 것은 천재지변이라는 표면적 현상 속에 내면적인 정치적 갈등이 있었음을 말한다. 그리고 이와 같은 정치적 혼란은 그 시기로 보아, 김순원의 딸이 왕비로 되는 사실과 관련되었을 가능성이 있다. 이를 시사하는 것이 순원의 딸이 왕비와 왕후로 되었을 때에 나타난 천재지변이었던 것이다. 그 결과로 중시의 교체가 이루어졌던 것이다.[42]

---

39) 이기백, 1974, 위의 책, 165~167쪽.

40) 이희덕, 1984, 『고려유교정치사상의 연구』, 일조각, 37~38쪽.

41) 이기백, 1974, 앞의 책, 166쪽.

42) 金順元은 孝昭王 9년(700) 5월에 일어난 慶永의 謀叛에 연좌되어 파면되었다 (『삼국사기』 卷8, 효소왕). 그런데 성덕왕 19년(720)에 그의 딸이 왕비로 되고 있다(『삼국사기』 卷8, 성덕왕). 이 점은 김순원의 정치적 입지가 효성왕 9년 무렵부터 무척 좁아졌다가, 성덕왕 19년 무렵에는 그의 딸이 왕비로 될 정도로 정치적 비중이 커졌음을 말한다. 이와 관련하여 성덕왕 5년(706)에 만들어진 皇福寺金銅舍利函銘이 주목된다. 이 사리함명을 만들 때, 김순원은 성덕왕의 명을 받아 일을 담당하였다. 그런데 성덕왕초 김순원이 이렇게 王室事業에 종사하고 있다는 것은 효소왕 말과는 달리 성덕왕대에 들어오면 김순원이 왕실과의 관계 속에서 다시 활동할 수 있었다는 것을 말해주는 것이라고 한다(김수태, 1996, 앞의 책, 74~75쪽).

　앞에서 보았듯이 성덕왕 15년 3월에 김원태의 딸인 성정왕후가 비정상
적으로 출궁되었다. 4년 후인 성덕왕 19년 3월에 김순원의 딸이 왕비로
되고 있다. 그리고 이 무렵에 천재지변들이 일어나고 중시가 교체되었다.
천재지변과 중시 교체로 보아, 김순원의 딸이 왕비로 되는 데에는 상당한
정치적 진통이 수반되었을 것이다.

　또한 성덕왕 19년 정월에 상대등이 된 裵賦가 大阿湌이라는 점이 주목된
다.[43] 이어 19년 7월에 중시가 된 문림은 파진찬이었다.

　신라시기에 상대등은 신라의 최고관직으로, 貴族會議의 주재자였
다.[44] 그리고 상대등은 진골귀족의 대표적 존재로서 국왕의 정치적
파트너와 같은 위치에 있었다.[45] 한편 중시(시중)는 국왕의 행정적 대변
자이며, 왕 가까이에서 중요한 國政을 총괄하였다.[46] 그러나 통일기에
중시를 거쳐 병부령이나 상대등이 되는 경우는 자주 있었으나 그 반대의
경우는 발견되지 않는다. 중시는 당대의 최고실력자가 맡는 관직이
아니었다. 다만 진골귀족 중의 유력자가 당대의 최고 실력자로 성장하는
과정에서 관행적으로 거칠 수 있는, 거치는 것이 보다 유리한 관직이었을

---

43) 성덕왕 19년 3월에 이찬 순원의 딸이 왕비로 되었다. 그 2개월 전인 19년
　　1월에 상대등 仁品이 돌아가자 裵賦가 대아찬으로서 상대등이 되고 있다(『삼국사
　　기』卷8, 성덕왕). 중대 역대 상대등의 취임관등은 伊湌이나 舒弗邯이었다(이기백,
　　1974, 앞의 책, 103쪽, <표 나> 신라 중대 상대등 일람표). 그런데 배부는
　　대아찬으로서 상대등에 취임한다. 그는 중대에 유일하게 대아찬으로서 상대등
　　에 취임하였던 것이다. 이 점으로 보아, 배부는 파격적으로 상대등에 취임하였다.
　　배부가 상대등이 된 2개월 후인 성덕왕 19년 3월에 이찬 순원의 딸이 왕비가
　　되고 있다. 배부가 파격적으로 상대등에 취임한 뒤에 순원의 딸이 왕비가 되었던
　　것이다. 이로 보아. 배부는 이찬 순원의 딸을 왕비로 들이는 데 상당히 중요한
　　역할을 한 인물이었을 가능성이 있다.
44) 이기백, 1974, 위의 책, 127쪽.
45) 하일식, 1996,「신라 정치체제의 운영원리」,『역사와 현실』20, 19~20쪽.
46) 申瀅植, 1985,『신라사』, 이화여자대학교 출판부, 140쪽.

수는 있다.[47]

성덕왕 19년 정월에 상대등이 된 배부의 취임 관등이 대아찬(5관등)이
며, 7월 취임한 중시 문림의 취임관등이 파진찬(4관등)이라는 점은 무엇
을 말하는 것일까. 그것은 이 시기의 정치적 상황이 복잡하였음을 의미하
는 것이다.[48] 그리고 이러한 정치적 상황은 그 시기로 보아, 김순원의
딸이 왕비로 되는 것과 관련되어 있었을 것이다.

Ⅳ. 맺음말

이상으로 성정왕후의 출궁과 소덕왕후의 입궁을 중심으로 신라 성덕
왕대의 정치적 성격을 살펴보았다. 결론은 본문의 내용을 요약하는
것으로 대신하고자 한다.

성덕왕 14년 6월에 가뭄이 있었다. 그리고 9월에 太白이 庶子星을
가렸으며 10월에는 流星이 紫微星을 범하였다. 12월에는 流星이 天倉으로
부터 大(太)微로 들어갔다. 이와 같은 잇따른 천재지변 뒤에 왕자 중경을
태자로 삼고 있다.

태자책봉을 할 무렵에 잇따르고 있는 천재지변은 정치적인 의미를
함축하고 있었다. 그것은 中代에 있어 원자들이 태어날 때에 나타난
천재지변으로 보아 알 수 있다. 중경을 태자로 책봉할 때에 나타난

---

47) 하일식, 1996, 앞의 논문, 23쪽.
48) 귀족회의의 주재자인 상대등 배부가 국왕의 행정적 대변자인 시중 문림보다
    그 관등이 낮다는 것은 무엇을 의미하는 것일까. 추측이지만, 이 시기에 상대등의
    정치적 입지가 위축되었으며 이에 비해 시중의 권한은 강해졌던 것은 아닐까.
    이러한 추측에 따른다면 이 시기에 정치적 갈등은 있었으나 왕권이 제한을
    받는 것은 아닐 것이다. 더 나아가 생각해 본다면, 이러한 파격적인 권력구조와
    관련된 갈등이 일련의 천재지변과 관련되었을 가능성을 생각해 볼 수 있다.

천재지변은 태자책봉과 관련된 정치적 갈등을 의미하고 있다. 그런데 중경은 성덕왕 14년 12월에 태자로 책봉되었다. 신라 중대에 태자로 책봉되는 시기는 봄이 정상적이었다. 중경은 유일하게 겨울(12월)에 태자로 책봉되고 있다. 시기로 보아, 중경이 태자로 책봉될 때에 정국은 갈등이 있었다.

중경을 태자로 책봉한 3개월 뒤인 성덕왕 15년 3월에 김원태의 딸인 성정(엄정)왕후가 출궁되었다. 그녀는 출궁할 때에 상당한 경제적인 배려를 받고 있다. 더욱이 그녀가 시호를 받았다는 것은 중요한 정치적 의미를 가지고 있다. 시호란 생전의 행적을 사정하여, 사후에 임금이 내리는 칭호이다. 그녀가 시호를 받았다는 것은 성정왕후가 정치적으로 완전히 몰락한 것이 아니라는 점을 보여준다.

그녀가 출궁될 무렵에도 천재지변이 잇따르고 있다. 15년 정월에 유성이 달을 범했으며 달에는 빛이 없는 천재지변이 일어나고 있다. 출궁된 15년 3월에 큰 바람이 불어서 나무를 뽑고 기와가 날고 숭례전이 무너졌던 것이다. 그녀가 출궁될 무렵에 나타난 천재지변은 정치적인 갈등을 나타내고 있다.

한편 성덕왕 19년 3월에 이찬 순원의 딸을 왕비로 삼았다가 6월에 소덕왕후로 삼았다. 이 무렵에 역시 천재지변이 잇따르고 있다. 19년 정월에 지진이 있었다. 4월에 큰 비가 와서 산이 13개소나 무너졌으며 우박이 와서 화묘를 해쳤다. 그런데 성덕왕 19년 7월에 천재지변으로 사공이 물러나고 문림이 중시가 되고 있다. 이와 같은 천재지변으로 인한 중시교체는 그 시기로 보아 순원의 딸이 왕비(왕후)로 되는 것에 대한 정치적인 진통을 시사하고 있다.

그런데 성덕왕 19년 정월에 상대등이 된 배부의 관등은 대아찬이었다. 이에 비해 19년 7월에 중시가 된 문림은 파진찬이었다. 귀족회의의 주재자인 상대등이 국왕의 행정적 대변자인 중시보다 관등이 낮은 것이다. 그런데 신라 중대에 있어, 중시를 거쳐 상대등이 되는 예가 통상적이었다. 이는 상대등이 중시보다 상급관직임을 의미하는 것이다. 이 점은 이 시기의 정국이 복잡하였음을 의미하는 것이다.

　이와 같이, 성덕왕대에 태자를 책봉할 때와 왕후를 출궁하고 새로 책봉할 무렵에 공통적으로 잦은 천재지변이 나타나고 있다. 그것은 이 무렵의 정국이 안정적이지 않았음을 보여주는 것이다.

제4장 통일신라시기 진골의 독점관직과 승진과정

I. 머리말

統一新羅時期의 上大等과 侍中(中侍)에 관한 정치적 중요성은 일찍부터 검토되어져 왔다. 먼저 상대등에 관한 연구를 살펴보자. 上大等은 『三國史記』 職官志의 첫머리에 있으며 摠知國事했다는 기록에서, 朝臣의 首班으로 副王的인 지위에 있었다는 견해가 제출되었다.[1] 이어 상대등의 정치적 위상 변화가 검토되었다. 상대등은 中代에 貴族會議의 주재자였다. 그러나 상대등은 實權者의 위치에서 후퇴하여 執事部의 행정에 대한 득실을 論駁하는 정도의 구실을 하였다. 下代에 들어와 상대등은 귀족회의의 주재자로서 정치의 실권을 장악하였다.[2] 한편 上大等의 정치적 위상에 관해서 다른 견해가 제출되었다. 상대등은 和白의 의장으로서 또는 귀족

---

1) 田鳳德, 1956, 「新羅最高官職 上大等論」, 『法曹協會雜誌』 第5卷-1, 2, 3 合倂號 ; 1968, 『韓國法制史硏究』, 서울대학교 出版部, 320~325쪽.

2) 李基白, 1962, 「上大等考」, 『歷史學報』 19 ; 1974, 『新羅政治社會史硏究』, 一潮閣, 127~128쪽. 상대등과 왕권과의 관계에 대한 다양한 견해는 李基白, 1993, 「統一新羅時代의 專制政治」, 『韓國史上의 政治形態』 ; 1996, 『韓國古代政治社會史硏究』, 一潮閣, 305~318쪽을 볼 것.

의 대표적 지위를 가진 副王的 존재였다. 그렇지만 상대등은 거느리는 관부나 하급관리는 없었다. 그러므로 상대등의 직능은 왕과 귀족의 마찰을 극복하면서, 원만한 국정 집행의 조정자일 가능성이 크다는 연구가 있었다.[3] 또한 上大等은 大等으로 구성된 群臣會議에서 의장인 국왕을 보좌하거나, 국왕을 대신하여 군신회의를 주재하는 부의장이었다는 견해가 있다.[4] 이어 상대등은 首相으로서, 또 貴族會議의 議長으로서 국무를 총리하였다는 검토도 있다.[5] 다양한 견해에도 불구하고, 상대등이 통일신라시기에 귀족의 대표적 존재였다는 점에 대해서는 견해가 일치하고 있다.

한편 侍中 역시 중요한 비중으로 검토되어졌다. 이에 대한 연구를 살펴보자. 시중은 中代에는 왕권의 방파제적인 역할을 담당하였으며, 정치적 실책의 책임을 졌다. 시중이 장관으로 있는 執事部는 위로는 王命을 받들고 아래로는 行政을 分掌하는 여러 官府를 거느리는 가장 중요한 最高行政官府였다.[6] 그리고 下代에, 시중은 貴族的 성격으로 변화하였다는 것이다.[7] 이에 대해서는 다른 견해가 있다. 侍中은 國王의 행정적 대변자이며, 왕 가까이에서 중요한 국정을 총괄하였다. 그러나 집사부의 관원수가 27명에 불과하며, 후대의 일이지만 侍中을 거쳐 兵部令이 되었지 兵部令을 거쳐 侍中이 된 예는 없었다. 그러므로 집사부는 왕의 측근에서 機密事務를 관장하는 현대의 總務處에 해당한다는 견해가

---

3) 申瀅植, 1985, 『新羅史』, 이화여자대학교 출판부, 136쪽.
4) 李仁哲, 1993, 『新羅政治制度史研究』, 一志社, 26쪽.
5) 李泳鎬, 1995, 『新羅 中代의 政治와 權力構造』, 慶北大 大學院 博士學位論文, 224~225쪽.
6) 李基白, 1964, 「新羅 執事部의 成立」, 『震檀學報』 25, 6·7合倂號 ; 1974, 앞의 책, 171쪽. 이기백은 집사부가 신라의 최고관부라고 한 견해를 수정하여, 신라의 핵심적인 정치기구라고 하였다(이기백, 1996, 앞의 책, 319쪽).
7) 李基白, 1974, 위의 책, 190쪽.

있다.8) 이어 집사부가 왕명출납의 기능을 가졌다고 보는 견해가 제출되
었다. 이는 執事라는 말 자체의 뜻과도 일치한다는 것이다. 그러므로
집사부는 왕명출납기관으로서 왕정의 기밀을 관장하였고, 중시도 국왕
의 측근세력으로서 전제왕권의 비호 하에 막강한 권력을 행사하였다는
것이다.9) 집사부가 특정한 하나의 업무를 분장하였다고 보는 견해도
있다. 그리고 집사부의 중시는 퇴임 후 상대등, 병부령 등으로 진출함으로
써 상대등을 능가하지도 않았고 상대등과 대립적이지도 않았다는 검토
가 있다.10) 이러한 연구를 통해, 우리는 집사부의 시중 역시 통일신라시기
의 정치에 중요한 역할을 하였음을 알 수 있다.

앞에서 보았듯이, 상대등과 시중의 정치적 중요성은 이론의 여지가
없이 인정되고 있다. 그런데 지금까지는, 시중이 상대등으로 된 비율과
상대등 중에서 시중 출신이 어떠한 비율을 차지하는지는 연구되지 않았
다. 그리고 이러한 비율이 중대와 하대에서는 어떻게 변화되는지는
살펴지지 않았다. 이에 대한 검토를 통해, 시중의 중요성이 어떠한가를
살펴보고자 한다. 또한 시중과 상대등의 관계에 대한 한 단서를 찾아
볼 수 있기를 기대해 본다. 본 글에서는 이 점을 검토해보고자 한다.

종래의 연구는 상대등과 시중을 중심으로 이루어졌다. 이러한 원인은
『三國史記』本紀에 상대등과 시중의 임면사실이 비교적 자세하게 기술되
었기 때문이다. 그러나『三國史記』職官志에는 侍中과 上大等뿐만 아니라
兵部令, 調府令, 京城周作典令(修城府令), 四天王寺成典衿荷臣(監四天王寺府
監令), 倉部令, 禮部令 등의 관직과 취임관등이 나타나고 있다. 사실 新羅

---

8) 申瀅植, 1985, 앞의 책, 140쪽.

9) 李仁哲, 1993, 앞의 책, 105~106쪽.

10) 이영호, 1995, 앞의 논문, 226~227쪽. 상대등과 시중의 관계는 이영호, 1995,
    위의 논문, 90~107쪽과 이기백, 1996, 앞의 책, 278~328쪽을 볼 것.

中代에 시중에서 바로 상대등이 되는 경우는 없었으며, 下代에는 단두 명뿐이었다.[11] 이 점은 중대와 하대의 시중들이 시중보다 높은 상급관직을 거쳐 상대등이 되었음을 말하는 것이다. 이러한 상급관직과 관련하여 주목되는 것이 있다. 그것은 『삼국사기』직관지에는 각 관직에 취임할 수 있는 관등을 규정하고 있는 것이다. 이러한 취임관등에 관한 규정을 통해, 신라의 고위 관직을 살펴보고자 한다.

Ⅱ. 상대등과 시중의 승진관계

앞에서 본 것처럼, 시중과 상대등은 통일신라에서 중요한 관직이었다. 그렇다면 시중에서 상대등이 되는 비율을 中代와 下代로 나누어 살펴보자.[12] 먼저 中代 150년 동안을 살펴보자. 중대에 시중으로 확인되는 인물로는, 40명이었다. 이 중에서 상대등이 되는 인물은 5명이다. 그러므로 40명의 시중 중에서 5명이 상대등이 된 것이다. 이는 비율로는 12.5%이다. 그리고 下代 155년 동안을 살펴보자. 하대의 시중은 39명이 임명되었

---

11) 李基白, 1974, 앞의 책, 182쪽. 시중(중시) 출신이 뒤에 상대등이 된 예는 中代에도 있었다. 그리고 이것은 중시(시중)의 귀족적 성격으로의 전환으로 이해된다고 한다. 이렇게 이미 중대에서 싹트기 시작한 시중의 귀족적 성격으로의 발전은 下代가 되면 기정사실로 된다고 한다. 시중으로부터 곧 상대등으로 진급할 뿐만 아니라 시중 출신이 상대등이 되는 경우를 허다하게 발견할 수 있기 때문이라고 한다. 그리고 新羅 下代 약 40명의 시중 중에서 시중으로부터 곧 상대등이 된 것은 단 2명이다. 그렇더라도 시중을 거쳐 상대등이 된 많은 예와 아울러서 생각할 때에 이는 결코 가볍게 넘겨 버릴 수가 없다고 한다. 이 사실은 시중과 상대등 사이의 거리가 가까워지고, 兩者가 對立 관계로부터 親近 관계로 전환된 듯한 느낌을 주기 때문이라는 견해가 있다(이기백, 1974, 위의 책, 182쪽).
12) 신라 중대와 하대의 상대등과 시중에 관해서는 이기백, 1974, 위의 책, 103쪽 <표 나>, 113쪽 <표 다>, 156~157쪽 <표 나?>, 176~177쪽 <표 가>를 참고하였다.

다. 이 중에서 상대등이 된 인물은 10명이었다. 이 비율은 25.6%이다. 이로 본다면, 중대에 시중에서 상대등이 되는 비율은 12.5%이며, 하대는 25.6%이다. 결국 이는 중대보다 하대 시기가 시중이 상대등으로 승진하는데 더욱 유리하였음을 말한다. 또한 시중에서 상대등이 되는 비율이 많다는 것은 시중의 정치적 중요성을 나타내는 것이다. 이로 보아, 중대보다 하대에 시중의 정치적 중요성이 커졌다고 해석할 수 있다.

한편 상대등을 역임한 인물 가운데 시중을 거친 사람을 살펴보자. 중대 150년 동안에 상대등은 15명이 임명되었다. 그리고 하대 155년 동안에 상대등에 임명된 것으로 확인된 인물은 20명이었다. 그런데 중대에는 상대등 15명 중에서 5명이 시중을 역임하였다. 하대에는 상대등 20명 가운데 시중을 역임한 인물은 10명이었다.[13] 그렇다면 중대에는 상대등을 역임한 인물이 시중을 거친 비율은 어떠하였을까. 상대등 15명 중에서 5명이 시중을 역임하였다. 그 비율은 33.3%이다. 하대에는 상대등 20명 중에서 10명이 시중을 거쳤으므로, 그 비율은 50%이다. 이러한 사실은 무엇을 말하는 것일까. 중대와 하대 모두 상대등이 되기 위해서는, 시중을 거치는 것이 다른 관직에 비해 상대적으로 유리하다는 것을 보여주는 것이다. 또한 중대보다 하대가 시중을 거치는 것이 상대등에 취임하는 데에 유리함을 보여준다. 이는 하대에는 시중을 거친 상대등 역임자가 50%라는 것에서 알 수 있다.

한편으로 본다면, 중대의 상대등 가운데 66.7%는 시중을 거치지 않았으며, 하대는 50%가 시중을 거치지 않았다. 이것은 시중을 반드시 거치지 않더라도 상대등이 될 수 있다는 것을 보여주는 것이다.

그런데 시중은 진골독점관직 가운데 그 취임관등이 가장 낮다.[14]

---

13) 이기백, 1974, 위의 책, 183쪽.
14) 진골독점관직의 취임 관등은 뒤의 도표를 참고할 것.

중, 하대를 통틀어 시중을 역임한 인물은 약 79명이었다. 그런데 시중이 바로 상대등이 되는 경우는 중대에는 없었으며, 하대에는 단 두 명뿐이었다. 그 예를 살펴보자. 僖康王 2年에 시중에서 상대등이 된 金明과 景文王 2年에 시중이 된 魏珍이 그들이다.

먼저 김명을 살펴보자. 김명은 興德王 10년에 시중이 되었다.[15] 흥덕왕이 돌아간 후 김명은 僖康王(悌隆)을 받들어, 阿湌 祐徵과 그의 아버지 均貞에 대항해 대궐에 들어가 서로 싸웠다.[16] 이어 김명은 희강왕 2년 정월에 상대등이 되었다.[17] 김명이 상대등이 된 것은, 희강왕을 즉위시키는데 중요한 역할을 하였기 때문이었다. 따라서 그가 시중에서 상대등이 된 것은 정상적인 과정을 거쳐 이루어진 것은 아니었다.

또한 景文王 2年에 시중이 된 魏珍을 검토해 보자. 위진은 阿湌으로서, 경문왕 2년(862) 1월에 시중에 임명되어 경문왕 14년(874) 1월까지 12년 동안 시중에 재임하였다.[18] 하대 시중의 평균 재임기간은 약 4년이었다.[19] 따라서 그의 시중 재임기간은 하대 시중의 평균 재임기간보다 훨씬 더 길었다. 더욱이 그는 역대 하대 시중들 가운데서 가장 장기간 동안 시중직에 재임하고 있다. 그리고 위진은 경문왕 14년 1월에 상대등이 되고 있다.[20]

그런데 경문왕은 희강왕의 아들인 啓明의 아들이었다.[21] 경문왕의 즉위는 왕통이 金均貞系에서 金憲貞系로 넘어갔음을 의미한다. 이는 金啓

---

15) 『三國史記』 卷10, 興德王 10年 2月.

16) 『三國史記』 卷10, 僖康王 元年.

17) 『三國史記』 卷10, 僖康王 2年 正月.

18) 『三國史記』 卷11.

19) 李基白, 1974, 앞의 책, 178쪽.

20) 『三國史記』 卷11, 景文王 14年 1月.

21) 『三國史記』 卷11, 景文王 卽位年.

明, 景文王 부자의 두 차례에 걸친 균정계 여자와의 혼인으로 맺어진 양계의 타협, 연합의 소산으로 생각할 수도 있다. 그렇지만 그것은 김균정계 내부의 방계 귀족의 입장에서는 불만의 요소로 작용했던 것 같다. 경문왕 6년과 8년, 14년의 잇따른 모반과 반란 사건은 그 때문인 것으로 추측된다.[22]

이로 보아, 경문왕이 즉위한 이후의 정치적 상황은 불안정하였을 것이다. 이것이 경문왕 6년과 8년의 모반과 반란으로 나타났을 것이다. 위진은 경문왕과 밀접한 인물로, 시중으로서 경문왕 6년과 8년에 일어난 모반과 반란 사건을 진압하는데 중요한 역할을 하였을 것이다. 이러한 배경 하에, 위진은 시중에 장기간 재임하다가 상대등으로 승진하였을 것이다. 그런데 신라는 겸직을 시행하고 있었다. 비록 사료의 제약으로 알 수는 없으나, 위진은 시중으로서 병부령이나 숙정대령 등과 같은 요직을 겸임하고 있다가, 상대등이 되었을 가능성이 있다.

이와 같이, 김명은 왕위쟁탈이라는 비상시국을 거쳐 시중에서 상대등이 되었다. 위진은 경문왕대에 시중을 역임하면서 병부령과 같은 요직을 겸임하다가, 상대등이 되었다고 보여진다. 따라서 우리는 중대와 마찬가지로, 하대 역시 시중에서 바로 상대등이 되는 예는 정상적이지 않다는 것을 알 수 있다.

Ⅲ. 진골독점관직과 승진

각 관부의 장관에 취임할 수 있는 관등이 『三國史記』 職官志에는 규정되어 있다. 여기에서 주목되는 것이 있다. 그것은 신라는 골품제에 따라,

---

22) 李基東, 1984, 『新羅 骨品制 社會와 花郎徒』, 一潮閣, 173~174쪽.

5관등 大阿湌 이상으로는 眞骨만 임명된다는 점이다.[23] 따라서 이와 같은 진골독점관직이 무엇인가가 궁금해진다.『三國史記』직관지에 규정되어 있는 진골독점관직에 대한 관등을 도표로 나타내면 다음과 같다.

〈표〉『삼국사기』 직관지에 규정된 신라의 진골독점관직과 관등

官等 \ 官職	上大等 (1인)	執事部 中侍 (侍中) (1인)	兵部令 (3인)	調府令 (大府令) (2인)	京城周 作典令 (修城 府令) (5인)	四天王 寺成典 衿荷臣 (監四天 王寺府 監令) (1인)	倉部令 (2인)	禮部令 (2인)
太大角干								
大角干								
1 角干(伊伐湌)								
2 伊湌								
3 迊湌								
4 波珍湌								
5 大阿湌								
6 阿湌								
7 一吉湌								
8 沙湌								
9 級伐湌								
10 大奈麻								
11 奈麻								
12 大舍								
13 舍知								
14 吉士								
15 大烏								
16 小烏								
17 造位								

23)『三國史記』卷38, 職官 上. 괄호 안의 관직명은 景德王代에 개명된 것이다.

官等 \ 官職	乘府令 (司馭府令) (2인)	司正府令 (肅正臺令) (1인)	例作府令 (修城府令) (1인)	船府令 (利濟府令) (1인)	領客府令 (司賓府令) (2인)	位和府衿荷臣 (司位府令)(3인)	内省私臣 (殿中令) (1인)
太大角干							
大角干							
1 角干(伊伐湌)							
2 伊湌							
3 迊湌							
4 波珍湌							
5 大阿湌							
6 阿湌							
7 一吉湌							
8 沙湌							
9 級伐湌							
10 大奈麻							
11 奈麻							
12 大舍							
13 舍知							
14 吉士							
15 大烏							
16 小烏							
17 造位							

위의 <표>에 보이는 관직들은 관부의 장관을 맡은 고위관직들이다. 신라는 골품제에 따라, 대아찬(5관등) 이상은 진골만이 오를 수 있었다. 따라서 위의 도표에서 보듯이, 上大等, 侍中, 兵部令, 調府令, 京城周作典令(修城府令), 四天王寺成典衿荷臣(監四天王寺府監令), 倉部令, 禮部令 등의 관직은 진골만이 독점하는 관직이었다.[24] 그러므로 우리는 이들 관직을

---

24) 四天王寺成典衿荷臣과 더불어 奉聖寺成典, 感恩寺成典, 奉德寺成典, 奉恩寺成典, 靈廟寺成典, 永興寺成典이 『三國記』職官志에 보이고 있다. 이 가운데 사천왕사성전, 봉성사성전, 감은사성전, 봉덕사성전, 봉은사성전의 장관은 衿荷臣이었다. 그리고 영묘사성전은 上堂이, 영흥사성전에는 大奈麻가 장관으로 있었다. 그런데 사천왕사성전금하신을 제외한 성전들의 장관 취임관등이 직관지에는 보이지 않는다. 따라서 도표에서는 이들 성관 책임자의 관등과 관직을 기술하지 않았다.

진골독점관직이라고 부를 수 있다.

　<표>에서 보듯이, 신라의 고위관직은 진골이 차지하고 있었다. 이로 보아, 신라는 진골 중심으로 정국이 운영되었다고 볼 수 있다.

　한편 위에서 보듯이, 집사부의 시중은 진골독점관직 가운데 가장 취임관등이 낮은 관직이라는 것을 알 수 있다.[25] 취임관등 상으로, 시중보

　여기에서 衿荷를 살펴보자. 『三國史記』 色服志에는 波珍湌 大阿湌은 衿荷, 緋冠을 쓴다고 하였다. 그러므로 금하는 파진찬이나 대아찬의 별칭이라고 한다(李丙燾, 1977, 『國譯 三國史記』, 577쪽). 이로 보아, 사천왕사성전, 봉성사성전, 감은사성전, 봉덕사성전, 봉은사성전의 장관은 진골만이 임명될 수 있었다.

　한편 영묘사성전은 장관이 上堂이었다. 상당의 관위는 어떠하였을까. 사천왕사성전의 상당은 경덕왕대에 卿으로 고쳤다가, 혜공왕대에 다시 상당이라 하였다가 애장왕대에 또 경으로 고쳤다. 봉성사성전의 상당은 경덕왕대에 副使로 고쳤다가 뒤에 다시 상당으로 하였다. 감은사성전의 상당은 경덕왕대에 부사로 고쳤다가 혜공왕대에 다시 상당으로 하였으며, 애장왕대에 경으로 고쳤다. 봉덕사성전의 상당은 경덕왕이 부사로 고쳤고 혜공왕이 다시 상당으로 하였으며, 애장왕이 또 경으로 고쳤다. 봉은사성전은 혜공왕대에 부사에서 얼마 뒤 상당으로 개칭했고, 애장왕대에 또 경으로 고쳤다. 영묘사성전은 상당을 경덕왕대에 判官이라 고쳤다가 뒤에 다시 상당이라 하였다. 또한 위화부의 상당은 애장왕대에 경으로 개칭하였는데, 관등은 급찬으로부터 아찬까지였다. 永昌宮成典의 상당은 경덕왕대에 경으로 고쳤으며, 혜공왕대에 다시 상당으로 개칭했다가 애장왕 6년에 또 경으로 고쳤고 관등은 급찬으로부터 아찬까지였다(『삼국사기』 권38, 직관 상). 『三國史記』 職官志의 기록으로 본다면, 상당이 경과 부사로 바뀌었다. 그리고 위화부와 영창궁성전에 규정된 상당의 관등은 급찬으로부터 아찬까지였다. 따라서 상당의 관위는 급찬으로부터 아찬까지였을 것이다. 또한 『三國史記』 色服志에는 이찬(2관등), 잡찬(3관등)은 錦冠을 쓰고 파진찬(4관등), 대아찬(5관등)은 衿荷 緋冠을 쓰고 上堂 大奈麻(10관등), 赤位 大舍(12관등)는 組纓을 매었다고 하였다. 이로 보아, 상당은 급찬(9관등)에서 아찬(6관등)을 가리키는 관위명이었다고 한다(鄭敬淑, 1985, 「新羅時代의 將軍의 成立과 變遷」, 『韓國史研究』 48, 9쪽). 그러므로 영묘사성전의 장관은 6두품이 임명될 수도 있었을 것이다. 그리고 영흥사성전의 장관은 대나마이므로, 6두품이 임명될 수 있었을 것이다.

25) 『三國史記』 職官志의 武官條에, 諸軍官의 將軍職이 기술되어 있다. 六停將軍은 眞骨 上堂에서 眞骨 上臣으로, 九誓幢將軍은 眞骨 級湌에서 角干으로 취임자격이 규정되어 있다. 그리고 이들 제군관의 장군은 36인이 정원이었으며, 景德王代에

다 우위의 관직으로는 어떤 것이 있을까. 표에서 보듯이, 시중은 취임할
수 있는 관등이 大阿湌에서 伊湌까지였다. 여기에서 시중과 같이 취임관
등의 하한은 대아찬이며, 상한은 시중보다 높은 角干(伊伐湌)인 관직이
주목된다.

　　四天王寺成典衿荷臣(監四天王寺府監令)은 1인으로, 대아찬에서 각간(이
벌찬)까지 취임할 수 있었다.[26] 그리고 乘府令(司馭府令)은 2인으로, 대아
찬에서 각간(이벌찬)까지 취임할 수 있었다.[27] 司正府令(肅正臺令)은 1인
으로, 대아찬에서 각간(이벌찬)까지 취임할 수 있었다.[28] 그리고 例作府令
(修城府令)과[29] 船府令(利濟府令)은[30] 1인으로, 대아찬에서 각간(이벌찬)

　　　熊川州停에 3인을 더 두었다고 되어 있다. 그러므로 제군관 장군의 정원은
　　　경덕왕대에 들어와 39인이 된다.
　　　그런데 육정장군의 위계는 관등 관직 미분화시대의 것이었다. 육정장군은 진골
　　　신분의 급찬 이상의 관등소지자가 임명되는 관직이었다는 견해가 있다(정경숙,
　　　1985, 위의 논문, 9~10쪽 ; 이문기, 1997, 앞의 책, 307~308쪽).
　　　한편 『삼국사기』 직관지는 제군관 장군의 취임자격을 진골이라 규정하고 있다.
　　　제군관의 장군은 진골독점관직인 것이다. 그런데 제군관의 장군은 취임관등이
　　　급찬 이상이었다. 그러므로 진골독점관직 가운데 가장 관등이 낮다. 그러나
　　　제군관의 장군은 武官職이면서, 首都와 地方에 파견되었다. 따라서 우리는 실제적
　　　으로, 中央의 진골독점관직 가운데 시중이 가장 취임관등이 낮은 것을 알 수
　　　있다.
　26) 四天王寺는 당의 침략을 물리치기 위해서 창건한 호국사찰이었다. 따라서 이
　　　절은 통일 이후 신라 중대 왕실의 가장 중요한 사원이었다(김상현, 1999, 『신라의
　　　사상과 문화』, 115쪽). 그리고 四天王寺成典衿荷臣(監四天王寺府監令)은 位가 大阿
　　　湌에서 伊伐湌(角干)까지였다. 이로 볼 때 사천왕사의 寺格이 국가적으로 큰
　　　비중을 가지고 있었다(李載昌, 1964, 「三國史記 佛敎 鈔存, 附註」, 『佛敎學報』 2,
　　　317쪽).
　27) 乘府는 宮中의 乘輿와 儀衛에 관한 官司라고 한다(이병도, 1977, 앞의 책, 579쪽).
　　　그리고 승부가 왕과 진골이하 관료들의 車乘에 관한 일을 관장하였다는 견해가
　　　있다(이인철, 1993, 앞의 책, 34쪽).
　28) 司正府는 刑律과 彈劾을 맡은 官司이다(이병도, 1977, 위의 책, 579쪽). 그리고
　　　사정부는 중앙의 行政官과 軍官에 대한 감찰형정을 하였다는 견해가 있다(이인
　　　철, 1993, 위의 책, 34~35쪽).

까지 취임할 수 있었다. 領客府令(司賓府令)은[31] 2인으로, 대아찬에서 각간(이벌찬)까지 취임할 수 있었다. 따라서 우리는 취임관등으로 보아, 시중보다 우위의 관직으로 사천왕사성전금하신(감사천왕사부감령), 승부령, 사정부령(숙정대령), 예작부령, 선부령, 영객부령 등이 있는 것을 알 수 있다.

이들 관직의 취임관등이 관등의 하한은 대아찬으로 시중과 같으나, 상한은 각간(이벌찬)으로 시중보다 높다. 그러므로 이들 관직의 장관들은 취임관등 상으로, 시중보다 높다고 할 수 있다. 따라서 시중직에서 물러난 후에, 이들 관직에 취임한 인물도 있었을 것이다.

그리고 이와 같은 관직들보다 더 높은 비중의 관직이 있었을까. 먼저 京城周作典令(修城府令)을 주목해 보자.[32] 이 관직은 대아찬에서 대각간까지가 취임관등이었다. 이는 사천왕사성전금하신(감사천왕사부감령), 승부령, 사정부령(숙정대령), 예작부령, 선부령, 영객부령등의 관직에 비해, 취임관등의 하한은 같으나 상한은 높다. 그런데 경성주작전령(수성부령)은 정원이 5인이었다. 따라서 이 관직은 본직을 가진 사람이 맡는 겸직이라고 생각된다. 실제로 혜공왕대에 주성된 성덕대왕신종명에는 金邕이 병부령으로서 수성부령을, 金良相은 숙정대령(사정부령)으로서 수성부

---

29) 例作府는 營繕關係의 사무를 맡는 官司이다(이병도, 1977, 위의 책, 579쪽). 또한 예작부는 城池의 토목공사나 중앙관사의 건축, 수리 그리고 교각, 도로건설 등을 담당한 관부로 생각된다는 견해가 있다(이인철, 1993, 위의 책, 36쪽).

30) 船府는 舟楫(船舶)에 관한 일을 관장하였다(이병도, 1977, 위의 책, 580쪽). 그리고 선부가 公私의 舟楫과 水軍을 장악하였다는 견해가 있다(이인철, 1993, 위의 책, 37쪽).

31) 領客府는 外使接待를 관장하였다는 견해가 있다(이병도, 1977, 위의 책, 581쪽). 그리고 영객부는 賓客, 凶儀등을 맡은 관부라는 견해가 있다(이인철, 1993, 위의 책, 38쪽).

32) 京城周作典(修城府)는 京城 城郭의 修理를 맡은 官司이다(李丙燾, 1977, 위의 책, 576쪽).

령을 겸임하였고 명기되어 있다. 또한 憲德王 5年에 건립된 斷俗寺 神行禪師碑에 金憲貞은 國相과 兵部令으로서 修城府令을 겸임하였던 것으로 되어 있다. 따라서 경성주작전령(수성부령)은 겸직의 관직이었을 것이다.

다음으로 位和府衿荷臣(司位府令)을 주목해 보자.[33] 위화부금하신은 3인으로, 이찬에서 대각간까지가 취임관등이었다. 따라서 취임관등의 하한은 지금까지 언급한 진골독점관직들인 시중, 사천왕사성전금하신, 승부령, 사정부령(숙정대령), 예작부령, 선부령, 영객부령 등의 하한관등인 대아찬보다 높다. 그리고 그 취임관등의 상한은 대각간이다. 취임관등의 상한 역시, 위에서 언급한 관직들의 상한인 각간(이벌찬) 보다 높다. 이로 보아, 위화부금하신에는 위에서 언급한 관직의 인물들이 승진하여 취임하였을 것이다.

지금까지 언급한 관직들보다 더 격이 높은 신라 최고관직으로는 어떤 것이 있었을까. 먼저 上大等을 주목해 보자. 상대등은 관등 규정이 『삼국사기』 직관지에 없다. 그러나 상대등의 취임관등은 大阿湌에서 太大角干까지라고 생각된다.[34] 다음으로 兵部令을 보자. 병부령은 3인으로, 대아

---

33) 『三國史記』 眞平王 3年 正月條에는 위화부가 고려의 吏部와 같은 것이라고 하였다. 이로 보아, 위화부는 문관의 인사를 관장한 관부로 생각된다. 그런데 『三國史記』 祿眞傳에서 보면, 상대등이 내외관의 인사를 관장하고 있다. 위화부의 금하신이 인사문제를 관장하였는데, 상대등도 인사문제를 관장하고 있다. 이로 보아, 위화부의 금하신 가운데 한명은 상대등의 겸직으로 생각된다(이인철, 1993, 앞의 책, 38~39쪽).

34) 상대등의 취임관등은 『삼국사기』 직관지에는 없다. 이와 관련하여, 병부령의 관등이 주목된다. 병부령은 대아찬에서 태대각간까지 취임할 수 있었다. 병부령에서 상대등으로 되는 예는 보인다. 그러나 상대등을 역임하다가, 병부령이 된 예는 보이지 않는다. 이는 상대등이 병부령 보다 격이 높은 관직이라는 것을 말한다. 그렇다면 상대등의 취임시 관등의 상한은 신라 최고관인 태대각간이었을 것이다. 상대등의 취임관등의 하한은 무엇이었을까. 상대등 보다 그 격이 낮은 시중과 병부령, 조부령 등의 취임관등의 하한은 대아찬이었다. 그리고 聖德王代에 大阿湌인 裴賦가 상대등에 임명되고 있다(『삼국사기』 권8,

찬에서 태대각간까지 취임할 수 있었다. 또한 調府令(大府令)은 2인으로, 衿荷에서 太大角干까지가 취임관등이었다.[35] 禮部令은 2인으로, 대아찬에서 태대각간까지가 취임관등이었다. 그리고 內省私臣(殿中令)은 1인으로, 취임관등은 衿荷에서 태대각간까지였다.[36] 따라서 우리는 상대등(1인)과 병부령(3인), 조부령(2인), 예부령(2인), 내성사신(1인) 등이 취임관등으로 보아, 신라의 최고 관직이라는 것을 알 수 있다.

한편 이와 같은 신라의 최고관직에 취임할 수 있는 관직에는 어떤 것이 있었을까. 이것은 상대등, 병부령, 조부령, 예부령, 내성사신 보다 취임관등이 낮은 시중, 사천왕사성전금하신, 승부령, 사정부령, 예작부령, 선부령, 영객부령, 위화부금하신 등의 관직이었을 것이다.

그런데 이들 최고관직은 어떠한 기능을 맡고 있었을까. 上大等은 大等으로 구성된 貴族會議의 주재자였다.[37] 그리고 兵部令은 軍政업무를 맡고 있었다.[38] 調府令(大府令)을 살펴보자. 調府는 貢賦를 관장하였다.[39] 따라서 조부령은 국가 공부에 관한 업무를 맡는 장관이었다. 禮部令이 관장한 업무는 무엇이었을까. 禮部는 敎育과 外交 및 儀禮 등을 관장하였다.[40] 예부는 부속관서로, 大道署, 國學, 音聲署, 典祀署, 司範署 등을 가지고 있었다.[41] 또한 내성사신은 大宮, 梁宮, 沙梁宮등 3궁을 兼掌했다.[42]

성덕왕 19년 정월). 이로 보아, 상대등의 취임관등의 하한은 대아찬으로 보여진다. 그러므로 상대등의 취임관등은 대아찬에서 태대각간까지였을 것이다.
35) 衿荷는 波珍飡 또는 大阿飡의 별칭이라고 한다(이병도, 1977, 앞의 책, 587쪽).
36) 『三國史記』卷39, 職官.
37) 李基白, 1974, 앞의 책, 127쪽.
38) 李文基, 1997, 『新羅兵制史硏究』, 一潮閣, 327쪽.
39) 『三國史記』卷4, 眞平王 6年 3月.
40) 李丙燾, 1977, 앞의 책, 578쪽.
41) 『三國史記』卷38, 職官 上.
42) 『三國史記』卷39, 職官 中 ; 『三國史記』卷4, 眞平王 44年.

  사실 취임관등으로 보아 신라의 최고관직인 상대등과 병부령, 조부령,
예부령, 내성사신 등은 맡은 직장으로 보아도 매우 중요한 관직이었다.
상대등이 중대와 하대에 정치적으로 중요한 비중을 차지하고 있음은,
『삼국사기』에 그 임면사실이 거의 빠짐없이 기재된 데에도 알 수 있다.
그리고 병부령은 중대에서 하대로의 전환기에 중요한 역할을 하였다.[43]
또한 국가의 중요한 업무의 하나는 貢賦를 징수하는 것이었다. 그러므로
이를 관장하는 調府令의 위상 역시 강력하였다고 생각된다.

  禮部를 살펴보자. 禮部의 부속관서는 신라의 국가적인 이념과 밀접한
직장을 맡고 있었다. 大道署는 寺典 혹은 內道監이라고도 하였으므로,
宮中所屬의 寺院을 관장하던 부서로 여겨진다.[44] 國學은 유교정치이념을
가르치던 교육기관이었다.[45] 典祀署는 제사를 관장하는 관서였다.[46]
그런데 신라에서는 불교와 함께 유교가 중시되었다. 또한 왕이 즉위할
때에는 신궁에 친사하였던 것이다. 예부는 이러한 업무들을 관장하는
것으로 보아, 중요한 관부였을 것이다. 또한 내성사신은 3궁과 거기에
소속된 관원들을 통제하므로, 어느 중앙행정관부의 장관에 못지않았
다.[47]

  그렇다면 상대등이 되는 데는 어떠한 관직에 있는 것이 유리하였을까.

43) 申政勳, 2001, 「新羅 宣德王代의 政治的 推移와 그 性格」, 『大丘史學』 65호, 21~23쪽.
44) 이병도, 1977, 앞의 책, 581쪽. 이인철은 大道署를 寺院을 관장하던 부서로 여겨진
    다고 하였다(이인철, 1993, 앞의 책, 43쪽).
45) 金哲埈, 1990, 『韓國古代社會研究』, 서울大學校 出版部, 411쪽.
46) 이병도, 1977, 앞의 책, 584쪽.
47) 이인철, 1993, 앞의 책, 56쪽. 新羅 中央官府에서 執事部, 司正府, 例作府, 船府
    등은 장관(令)이 1인이었지만, 대부분 복수장관제를 취하고 있었다(申瀅植, 1984,
    『韓國 古代史의 新研究』, 163쪽). 장관직의 複數制와 더불어 주목되는 것이 장관직
    의 兼職制이다. 이러한 장관직의 복수제, 겸직제라는 사실을 놓고 볼 때, 제1급
    중앙관서는 十 數人 내외의 진골 출신 귀족에 의해 독점되어 합의제의 방식으로
    운영되었던 것으로 추정된다고 한다(이기동, 1984, 앞의 책, 137~138쪽).

이와 관련하여 神文王代의 기록이 주목된다. 神文王 元年에 金軍官이 班序에 의하여 上位(上大等)에 올랐다는 것이다.[48] 이로 보아, 마치 상대등에 임명되는 서열과도 같은 것이 예정되었던 것으로 생각된다고 한다.[49] 그런데『삼국사기』직관지의 취임관등으로 보면, 상대등, 병부령, 조부령, 예부령, 내성사신 등이 최고관직이었다. 따라서 병부령, 조부령, 예부령, 내성사신 등의 관직에 있는 인물들이 유력한 상대등 후보였을 것이다. 이 가운데에『삼국사기』직관지에서 가장 먼저 기재된 병부령이 상대등으로 취임하는데 가장 유력하였다고 생각된다.

한편 이들 관서의 장관직에 취임하는 관등으로, 일률적으로 각 관서의 정치적 비중을 판단하는 것은 한계가 있다. 왜냐하면 비록 한 관서의 장관에 취임하는 관등이 낮다고 하더라도, 그 업무의 성격상 중요한 정치적 비중을 차지하는 관서가 있을 것이다. 이러한 관서로는 執事部와 侍衛府를 들 수 있다.

실제로 執事部의 장관인 侍中이 가진 취임관등은 상대등과 병부, 조부, 예부 등의 장관직에 취임할 수 있는 관등보다 낮다. 그러나 집사부는 신라의 핵심적인 정치기구였다.[50] 그리고 그 장관인 시중 직에는 왕과 혈연적으로 극히 가까운 인물(왕족)이 임명되었으며, 특히 侍從官으로서 왕과 특별한 관계였다. 그러므로 시중은 실제로는 관직상의 권한 이상의 권력을 가졌던 것이다[51] 따라서 집사부의 장관인 시중의 정치적 역할 역시 중요하였을 것이며, 그 정치적 비중도 높았을 것이다.

다음으로 侍衛府의 將軍을 살펴보자. 시위부의 장군직에 취임할 수

48)『三國史記』卷8, 神文王 元年.
49) 李基白, 1974, 앞의 책, 97쪽.
50) 李基白, 1996, 앞의 책, 319쪽.
51) 申瀅植, 1985, 앞의 책, 140쪽.

있는 관등은 급찬(9관등)에서 아찬(6관등)에 불과하다.[52] 그러나 시위부
는 국왕의 측근 군사력으로서, 왕권의 강화 속에서 성립되었다.[53] 이로
보아, 왕을 중심으로 왕과 진골과의 관계에서 정국이 운영되는 신라의
정치적 특성상, 시위부 장군 6인의 정치적 비중 역시 무시할 수 없었다고
생각된다.

또한 司正府(肅正臺)를 주목해 보자. 사정부의 장관인 司正府令(肅正臺
令)은 그 관등이 대아찬에서 이벌찬까지였다. 그러므로 사정부령(숙정대
령)은 상대등, 병부령, 조부령, 예부령, 내성사신 등에 비해, 취임관등
상으로 최고의 관직은 아니었다. 그러나 사정부는 중앙의 行政官과 軍官
에 대한 감찰업무를 담당한 관부였다.[54] 이로 본다면, 사정부는 이들
최고관직에 비교해 보아, 그 정치적 역할이 적지 않았을 것이다.

Ⅳ. 맺음말

맺음말은 지금까지의 검토를 정리하여 대신하고자 한다. 먼저 侍中이
上大等으로 된 비율을 검토하였다. 統一新羅時期는 中代보다 下代에, 시중
이 상대등으로 승진하는 비율이 높았다. 이것은 중대 보다 하대가 시중의
정치적 중요성이 커졌음을 의미한다. 그리고 상대등 중에서 시중 출신이
어떠하였는지를 검토하였다. 이러한 분석을 통해, 중대와 하대 모두
상대등이 되기 위해서는 시중을 거치는 것이 다른 관직에 비해 유리함을

---

52) 『三國史記』 卷40, 職官 下. 시위부 장군직의 관등은 급찬(9관등)에서 아찬(6관등)
  까지이다. 이는 시위부의 장군직이 일반 장군직과는 달리 진골 보다는 6두품을
  위한 것이라는 느낌을 준다고 한다(李文基, 1997, 앞의 책, 167~168쪽).
53) 이문기, 1997, 위의 책, 174~175쪽.
54) 이인철, 1993, 앞의 책, 34~35쪽.

알 수 있었다. 한편으로, 중대와 하대 모두 시중을 반드시 역임하지 않더라도 상대등이 될 수 있다는 것을 살필 수 있었다.

또한 『三國史記』 職官志의 관직에 대한 취임관등으로, 신라의 중앙 고위관직을 살펴보았다. 골품제에 따라, 대아찬(5관등) 이상은 진골만이 임명되었다. 취임관등을 통해, 上大等, 侍中, 兵部令, 調府令(大府令), 京城周作典令(修城府令), 四天王寺成典衿荷臣(監四天王寺府監令), 倉部令, 禮部令 등의 관직은 眞骨獨占官職임을 알 수 있었다. 이와 같이, 국가 중앙부서의 장관 대부분이 진골로 임명되었다. 그러므로 우리는 통일신라가 진골중심으로 정국이 운영되었음을 알 수 있었다.

그리고 『三國史記』 職官志를 보면, 취임관등이 가장 높은 관직은 上大等, 兵部令, 調府令(大府令), 禮部令, 內省私臣이었다. 취임관등으로 본다면, 이들 관직이 신라의 최고관직이었다.

따라서 진골귀족의 대표자인 상대등으로 취임할 수 있는 유력한 관직은 병부령, 조부령(대부령), 예부령, 내성사신이었다. 그 중에서도 『삼국사기』 직관지에서 가장 먼저 기재된 병부령이 상대등으로 취임하는 데 가장 유력하였을 것이다.

제5장 청주 운천동 신라사적비 재검토

Ⅰ. 머리말

清州 雲泉洞 新羅寺蹟碑는 1982년 3월 하순에 청주시 운천동(산직말 마을 입구)에서 발견되었다.[1] 이 비는 충북대학교 車勇杰 교수의 실물조 사에 의해 銘文이 새겨져 있는 것이 확인되었다.[2] 그리하여 충북대는 肉眼, 寫眞, 拓本, 기타를 총동원하여 판독에 주력하여 많은 글자를 검출 인쇄하였다. 그 후 이를 널리 검토하기 위하여 1982년 7월 10일에 忠北大博 物館과 湖西文化研究所가 공동으로 判讀會를 열었다. 판독회에는 李丙燾, 李崇寧, 任昌淳, 崔永禧, 秦弘燮, 鄭永鎬, 成周鐸 등이 참여하였다. 이 판독회 는 의심나는 字句에 대해 토의하였으며, 新羅의 寺蹟碑라고 규정하는 데에 의견이 일치하였다.[3]

---

1) 이 비는 清州 雲泉洞古碑(車勇杰), 西原 新羅寺蹟碑(李丙燾), 清州 雲泉洞 發見 新羅寺 蹟斷碑(任昌淳), 新羅 天壽山寺蹟碑(金煐泰, 國史編纂委員會), 清州 雲泉洞寺蹟碑(金 貞淑), 清州 雲泉洞 新羅寺蹟碑(충북대학교 박물관. 충청북도. 청주시) 등으로 불리고 있다.

2) 車勇杰, 1983, 「清州 雲泉洞 古碑 調査記」, 『湖西文化研究』 3, 7~8쪽. 청주 운천동 신라사적비는 현재 국립청주박물관에 소장되어 있다.

3) 李丙燾, 1983, 「西原 新羅寺蹟碑에 대하여」, 『湖西文化研究』 3, 6~17쪽. 清州 雲泉洞 新羅寺蹟碑는 지방유형문화재 134호로 지정되어 있다. 이 비는 지금 남아 있는

다음해인 1983년에는 『湖西文化硏究』에 이 사적비에 관한 세 편의 논문이 발표되었다. 차용걸은 청주 운천동 사적비의 조사경위와 함께 판독을 하였다.[4] 이병도는 이 비를 4면비로 추정하고 판독과 해석을 하였으며, 現存하는 우리나라 사적비 중에서 가장 연대가 오래되었음을 지적하였다.[5] 임창순은 이 비를 3면비로 보고 판독을 하였다. 그는 이 비는 寺蹟碑로서 最古의 것으로, 朝家의 보조는 있더라도 비를 세운 것은 지방에서 자체적으로 이루어졌다고 하였다.[6]

본 글은 다음의 목적에서 쓰여졌다. 이 사적비는 마모가 심하여 난해한 글자와 모호한 글자가 많다. 따라서 판독자간에 글자의 판독에 차이가 나타나고 있다. 본 글에서는 연구자들의 판독문을 종합하여 판독 대비표를 작성하였다. 또한 이 사적비에는 불교와 유교적 내용이 있었음이 지적되고 있다.[7] 그런데 이 비가 세워진 시대적 배경으로 보아, 불교와 유교적 요소뿐만 아니라 도교적 내용도 있었던 것으로 생각된다. 본 글에서는 이 점에 대해 살펴보고자 한다. 또한 이 비에 대해서는 삼면비로 보는 견해와, 사면비로 보는 견해로 나누어지고 있다. 비의 사용 용도와 관련하여, 삼면비와 사면비중에 어떤 형식을 취하였는지를 살펴보고자 한다. 다음으로 사적비가 세워진 무렵에 서원소경과 관련하여 나타나는 김원태와 김원정을 검토하고자 한다.

우리나라 寺蹟碑 가운데에서 가장 연대가 오래된 것이다. 이러한 비의 가치로 보아, 이 비의 문화재 등급을 상향하는 것이 필요하다고 생각된다.

4) 車勇杰, 1983, 앞의 논문.

5) 李丙燾, 1983, 앞의 논문. 李丙燾는 1982년 9월 『新東亞』에 「西原新羅寺蹟碑에 대하여」라는 글을 발표하였다. 그는 이 글을 바탕으로 수정하여, 1983년 『湖西文化硏究』에 논문을 발표하였다.

6) 任昌淳, 1983, 「淸州 雲泉洞發見 新羅寺蹟斷碑 淺見二三」, 『湖西文化硏究』 3.

7) 金貞淑, 1992, 「淸州 雲泉洞寺蹟碑」, 『譯註 韓國古代金石文』 제2권, 駕洛國史蹟開發硏究院, 143쪽.

Ⅱ. 비의 특징과 판독

1. 비의 특징

사적비가 발견된 곳은 淸州市 雲泉洞 449번지의 속칭 산직말에 있는 고사지였다. 사지는 마을의 민가에 사지의 유구로 보이는 치석을 한 주초석돌이 있어서 그 주변으로 추정된다. 그런데 현재는 택지가 개발되어 흔적을 전혀 찾을 수 없다. 사적비의 내용 중에 국왕의 덕을 칭송하고 삼한을 통일한 위업을 서술하며 절의 내력을 적고 있다. 아마도 사찰의 사적비는 神文王 5年(685)에 西原小京이 설치된 이후 그와 관련하여 세워진 것으로 추정된다. 이로 보아 청주지역에서는 가장 역사가 올라가는 사지로 추정되나, 절의 이름은 확인되지 않고 있다.[8]

사적비가 발견된 위치는 청주시 중심부를 흐르는 無心川의 서쪽으로 구릉으로 이어지는 곳이다. 그러나 본디 無心川邊에 있었다가 빨랫돌로 이용되던 것을 옮긴 것이라고도 한다.[9] 이 비는 가로 약 92cm, 길이가 약 95cm 크기의 화강암으로 두께가 15~20cm이다. 아래에 좌대에 끼었던 자국이 일부 남아 있다. 발견 당시 이 비는 동네 빨래판으로 사용되어 마모가 심한 상태였다. 이 비는 화강암제로 상단이 절단되고 하단부만

---

8) 忠北大學校 博物館·忠淸北道·淸州市, 1998,『文化遺蹟分布地圖-淸州市-』조사보고 제58冊, 165쪽. 이 비에는 壽拱二年歲次丙戌이라는 年記가 있다. 이것은 唐 則天武后때의 垂拱二年(686) 丙戌年과 관계된다. 686년(신문왕 6)에 이 비가 세워졌는지는 확실하지 않으나, 적어도 그 해의 일이 기록된 것은 확실하다(車勇杰, 1993,「西原京의 位置와 構造」,『湖西文化研究』11 ; 2001,『新羅 西原小京 研究』, 서경, 204~205쪽). 아마도 이 해에서 멀지않은 시기에 이 비가 건립된 것으로 추정된다(金貞淑, 1992, 앞의 논문, 142쪽).

9) 차용걸, 2001, 앞의 책, 204쪽. 청주시 운천동 449번지에 위치한 공동우물 遺址에서 빨랫돌로 사용되었던 비석의 단편이 발견되었다고 한다(이병도, 1983, 앞의 논문, 15쪽). 그렇다면 이 비석은 과거에 공동우물이 있을 때 빨랫돌로 사용되었을 가능성도 있다.

남아 현재는 거의 정방형이다.[10] 현존한 단비가 넓이는 대체로 원형이
보존되고 있는 듯하다. 원비의 길이는 정확히 알 수 없으나 현존한
신라 및 고려시대의 비를 보면 거의가 길이는 넓이의 갑절보다 조금
넘는 것이 보통이다. 이렇게 본다면 이 碑身의 본래의 길이는 2m정도였다
고 생각된다.[11]

銘文은 正字로 음각했는데 동네 빨래판으로 사용되어 보존 상태는
매우 나쁘다. 본래 주위에 匡郭線을 두른 흔적이 보이나 井間을 친 흔적은
나타나 있지 않다. 그리고 전후문장이 中國 六朝時代 이래에 유행하던
사육변려체임을 알 수 있고, 이것이 판독에 도움을 준다고 한다.[12]

이 비는 현존하는 우리나라 사적비 가운데에서 가장 연대가 오래된
것이다. 비문에는 壽拱二年歲次丙戌이란 대목이 나온다. 간지와 아울러
볼 때, 壽拱二年은 唐의 則天武后의 垂拱二年(丙戌)임이 틀림없다. 이때는
신라의 神文王 6年(686)에 해당한다. 이 기년이 신문왕 6년이라면 통일
초기에 비가 건립된 것이다.[13]

한편으로 羅麗以來의 寺蹟碑는 모두가 국왕의 명에 의하여 세워진
것이라고 한다. 그런데 이 비는 석재가 그다지 양질이 아니며 글씨와
刻이 최상의 공을 들인 것으로 보이지 않아 어디인가 조솔하다고 한다.
다시 말하면 다소 촌스러운 소박미가 있다. 이로 보아 朝家의 보조는
있었을지라도, 비를 세운 것은 지방에서 자체적으로 이루어진 것으로
생각된다고 한다. 따라서 이 비는 朝家의 보조를 받아 지방에서 자체적으

---

10) 忠北大學校 博物館·忠淸北道·淸州市, 1998, 앞의 책, 63쪽.
11) 任昌淳, 1983, 앞의 논문, 24쪽 ; 金貞淑, 1992, 앞의 책, 142쪽.
12) 李丙燾, 1983, 앞의 논문.
13) 李丙燾, 1983, 앞의 논문, 15~16쪽. 垂拱을 壽拱으로 書稱한 것은 垂, 壽 二字가
   音相同으로 인한 혼동일 수도 있다. 그렇지 않으면, 일부러 덕담을 겸하여 壽字로
   換書한 것이라고 보인다고 한다(李丙燾, 1983, 앞의 논문, 15쪽).

로 건립되었을 것이다.14)

2. 판독과 해석

이 비가 처음 판독된 1983년 이후 여러 판독문이 나왔으며, 삼면이
판독되고 있다. 그런데 내용으로 보아, 비문의 시작은 마멸이 비교적
적은 부분을 전면으로 하여 후면에서 이어지고 측면은 간단한 사실이
기록되었다는 임창순의 견해는 황수영, 김정숙이 따르고 있다. 한편
이병도는 세탁(기타)사용면을 제1면, 그 좌측면을 제2면, 그 후면을 제3면,
또 그 좌측면을 제4면으로 기록되었다고 하였다. 이병도의 견해는 차용
걸, 허흥식, 김영태 등이 같이하고 있다.

이 글에서 비문의 해석순서는 임창순의 견해를 따랐다. 그리고 판독은
이병도, 임창순, 차용걸, 허흥식, 황수영의 판독을 참조하였다.

이 사적비는 前後面의 銘文行數는 15行이며 側面이 3行이다. 본래 비문
에 몇 자가 쓰여 있었는지는 마모로 알 수 없다. 현재는 약 200여 자가
판독된다. 지금까지 판독문으로는 車勇杰, 李丙燾, 任昌淳(1983)과 許興植
(1984), 黃壽永(1985), 金煐泰(1992), 金貞淑(1992), 姜珉植(2001)등이 제시되
었다.15) 비면은 마모가 심하여 난해한 글자와 모호한 글자가 많다.

---

14) 임창순, 1983, 앞의 논문, 27~28쪽.

15) 車勇杰, 1983, 「淸州 雲泉洞 古碑 調査記」, 『湖西文化研究』 3 ; 李丙燾, 1983, 「西原
新羅寺蹟碑에 대하여」, 『湖西文化研究』 3 ; 任昌淳, 1983, 「淸州 雲泉洞 發見 新羅寺蹟
斷碑 淺見二三」, 『湖西文化研究』 3 ; 許興植 編著, 1984, 『韓國金石全文』 古代 ; 黃壽永
編, 1985, 『韓國金石遺文』 第4版 ; 金煐泰, 1992, 『三國新羅時代佛敎金石文考證』 ; 金
貞淑, 1992, 「淸州 雲泉洞寺蹟碑」, 『譯註 韓國古代金石文』 제2권 ; 姜珉植, 2001,
「신라 서원소경의 유적과 유물」, 『新羅 西原小京 研究』, 서경. 한편 國史編纂委員會,
1995, 『韓國古代金石文資料集』Ⅱ 伽耶 新羅篇에는 이 비에 대한 앞의 판독문들이
수록되어 있다.

제1면

15	14	13	12	11	10	9	8	7	6	5	4	3	2	1	行/字
□	壽	者	丹	仁	伐	□	□	□	□	□	□	□	□	沙	1
化	拱	沙	穴	□	□	□	□	□	□	□	□	□	□	門	2
矢	二	門	委	倉	□	□	堅	□	□	□	□	□	□	□	3
弟	年	普	羽	府	民	堅	固	□	天	□	□	□	□	□	4
子	歲	慧	之	充	合	鼓	善	蘭	德	□	□	趣	□	□	5
海	次	之	君	溢	三	之	根	香	長	河	逐	皎	□	□	6
心	丙	所	太	民	韓	場	具	盛	流	洛	燭	皎	□	□	7
法	戊	造	平	免	而	精	足	而	於	靈	□	而	□	□	8
師	茅	也	太	飢	廣	慮	□	長	四	圖	慈	生	□	□	9
□	茨	文	蒙	地	所	□	流	海	□	□	□	□	□	□	10
近	不	海	之	民	居	起	□	貨	義	□	□	□	□	□	11
明	剪	生	長	憂	滄	交	□	寶	心	□	□	□	□	□	12
敏	僅	知	奉	水	海	兵	□	繹	宣	□	□	□	□	□	13
清	庇	行	玉	土	而	深	□	而	揚	□	□	□	□	□	14
凉	經	之	帛	□	今	林	□	無	於	□	□	□	□	□	15
□	傳	所	□	□	威	之	□	絕	萬	□	□	□	□	□	16
□	□	作	□	□	地	□	□	□	邦	□	□	□	□	□	17
□	□	□	□	□	□	□	□	□	□	□	□	□	□	□	18
□	□	□	□	□	□	□	□	□	□	□	□	□	□	□	19

제2면

15	14	13	12	11	10	9	8	7	6	5	4	3	2	1	
□	□	□	□	□	□	□	□	□	□	□	□	□	□	□	1
□	□	□	□	□	□	□	□	□	□	□	□	□	□	□	2
□	□	□	□	□	□	□	□	□	□	□	□	□	□	□	3
□	□	□	□	□	□	□	□	□	□	□	□	□	□	□	4
□	□	□	□	□	□	□	□	□	□	□	□	□	□	□	5
□	□	□	□	□	□	□	□	□	□	□	□	□	□	□	6
陰	□	□	□	□	□	□	□	□	□	□	□	□	□	三	7
陽	□	□	□	□	□	□	□	□	□	□	□	□	□	尊	8
□	□	□	□	□	□	□	□	□	□	□	□	□	□	之	9
□	□	□	□	□	□	□	□	□	□	□	□	□	□	□	10
□	□	□	□	□	□	□	□	□	□	□	□	□	□	□	11
□	天	□	□	□	□	□	□	□	□	□	□	□	□	□	12
□	壽	□	□	□	□	□	□	□	□	□	□	□	□	□	13
□	山	□	□	□	□	□	□	□	□	□	□	□	□	□	14
上	長	□	□	□	□	□	□	□	□	□	□	□	□	六	15
下	□	□	□	□	□	□	□	□	□	□	□	□	國	代	16
□	□	□	□	□	□	□	□	□	□	□	□	□	主	之	17
□	□	□	□	□	□	□	□	□	□	□	□	□	大	徽	18
□	□	□	□	□	□	□	□	□	□	□	□	□	王	□	19

제3면

3	2	1	
□	主	□	1
□	聖	□	2
亦	大	阿	3
□	王	干	4
□	炤	□	5
□	亦	□	6
□	爲	□	7
□	十	□	8
□	方	□	9
□	檀	□	10
□	越	□	11
□	及	□	12
□	道	□	13
□	場	□	14
□	法	□	15
□	界	天	16
□	□	仁	17
□	□	阿	18
□	□	干	19

1) 판독대비표

제1면

行	字	이병도	임창순	차용걸	허흥식	황수영
1	1	□	□	沙	沙	□
1	2	□	□	門	門	□
1	8	□	無	□	□	無
1	10	□	□	寸	寸	□
2	8	□	發	而	而	發
4	8	□	□	經	經	□
5	4	□	異	□	□	異
5	5	□	區	□	□	區
5	10	啚	啚	圖	圖	啚
6	4	天	天	支	天	天
7	4	□	□	路	路	□
7	5	蘭	扇	蘭	蘭	扇
7	7	盛	盛	風	風	盛
7	11	貨	□	□	貸	□
7	13	繹	繹	□	繹	繹
8	3	□	堅	□	□	堅
8	4	□	固	□	□	固
8	9	□	歸	門	門	歸
8	11	□	於	□	□	於
8	12	□	常	而	而	常
8	13	□	行	行	行	行
8	14	□	廻	廻	廻	廻
9	9	慮	□	靈	靈	□
9	11	起	□	超	起	□
10	2	□	□	耶	耶	□
10	11	居	居	圖	居	居
10	12	滄	滄?	□	滄	□
10	15	수	□	□	振	□

行	字	이병도	임창순	차용걸	허흥식	황수영
10	16	威	□	□	威	□
11	2	□	□	寺	寺	□
12	3	委	委	喪	委	委
12	4	羽	羽	舟	羽	羽
12	6	君	君	恩	君	君
12	9	太	太	太	大	太
12	14	玉	玉	王	玉	玉
12	15	帛	帛	無	帛	帛
14	9	茅	茅	芽	茅	茅
14	14	庇	庇	應	庇	庇
15	3	矣	矣	主	主	矣
15	10	□	意	世	世	意
15	11	近	匠	近	近	匠
15	15	涼	源	□	涼	源
15	16	□	悠	□	□	悠
15	17	□	遠	□	□	遠

제2면

行	字	이병도	임창순	차용걸	허흥식	황수영
1	8	尊?	尊	寶	寶	尊
1	9	之?	之	□	□	之
1	10	□	□	□	□	一
1	18	徽?	徽	愍	徽	徽
1	19	□	□	經	經	□
3	18	□	□	降	降	□
11	14	□	□	六	六	□
12	14	□	□	亦	亦	□
13	14	□	□	壽	壽	□
14	11	□	□	□	善	□

제3면

행 자	이병도	임창순	차용걸	허흥식	황수영
2 5	炤？	炤	□	炤	炤

2) 해석

제1면

… 沙門 …

… □趣가 皎皎하게 (깨끗하게) 일어난다. …

… 드디어 △慈를 비추니 …

… 河洛靈圖16) …

… 하늘 같은 德은 四海에 길게 흐르며 의로운 마음은 萬邦에 宣揚된다. …

… 蘭香은 盛하여 길게 흐르고 貨寶(재화와 보물)는 잇달아 끊임이 없도다. …

… 堅固한 善한 뿌리가 빠짐없이 갖추어지고 …

… 북을 세운 장소는 精慮가 일어난 곳으로 서로 전쟁하니 깊은 수풀의 땅은 …

… □□民을 정벌하고 三韓을 합하여 땅을 넓히고 滄海에 살면서 위엄을 드리우시니 …

… 倉府는17) 가득차서 넘치니 백성은 굶주림과 추위의 근심을 면하였고

---

16) 河洛靈圖 : 河圖洛書의 뜻이다. 河圖는 伏羲氏때 黃河에서 길이 8尺이 넘는 龍馬가 등에 지고 나왔다는 그림으로, 『周易』의 팔괘의 근원이 된 것이다(李家源, 安炳周 監修, 1998, 『敎學大漢韓辭典』, 敎學社, 1752쪽). 洛書는 禹임금의 九年治水때 洛水에서 나온 神龜의 등에 있었다는 글로, 『書經』 중의 洪範九疇의 기원이 된 것이다(李家源, 安炳周 監修, 1998, 앞의 책, 1756쪽).

17) 倉府 : 양식창고와 금고 倉帑을 말한다(李家源, 安炳周 監修, 1998, 앞의 책, 224쪽).

하천과 육지는 …

　… 丹穴과 委羽의 임금과 太平과 太蒙의 어른이 玉과 비단을 받드니
…

　… (이곳에 立石한) 者는 沙門普慧가 지은 바이며, 글은 海生[18]이라는
곳의 知行이 지은 바이다. …

　… 壽拱 2年 丙戌에 띠로 인 지붕은 가지런히 자르지 못하여 겨우
經傳[19]을 감싸니 …

　1) … 弟子인 海心法師는 … 明敏하고 淸凉하며 …

　2) … 제자인 해심법사는 心中의 構想은 명민하고 맑은 水源은 아득히
　　　멀어 …(임창순)

　임창순은 제1면으로, 이병도는 제3면으로 보았다. 行間이 제대로 맞지
않고 글자의 크기도 똑같지 않다.[20] 문자가 많이 남아 있는 면을 전면
곧 제1면으로 가정하고 본다면, 일반적인 寺蹟碑등의 예와 마찬가지로
처음에는 불법을 찬양하는 내용으로 시작하고 있다. 다음에는 임금의
덕을 칭송하고 三韓을 통일한 위업이 서술되었고, 그 다음에 사적비로서
의 본론이 시작되었다. 창건한 사람의 이름과 연대가 나왔다. 그리고
재래의 건물이 초라하다는 말이 나오고 다시 창건자의 제자의 이름과
함께 그를 칭찬하는 어구가 나오고 있다.[21]

　1행의 처음을 차용걸은 沙門으로 판독하였다. 한편 5행의 河洛靈圖의

---

18) 海生은 地名이라고 한다(이병도, 1983, 앞의 논문, 19쪽).

19) 經傳 : 1) 儒家의 典籍인 경과 전의 통칭이다. 곧, 경서와 그 해설서이다. 2)
　　권위있는 학자의 著作. 經은 성인의 저작, 傳은 현인의 저술이다(李家源, 安炳周
　　監修, 1998, 앞의 책, 2484쪽).

20) 이병도, 1983, 앞의 논문, 11쪽.

21) 임창순, 1983, 앞의 논문, 24쪽.

문자로 보아, 이 비에는 유교적 내용이 있었을 것이다. 이와 관련하여 『三國遺事』의 紀異篇이 주목된다. 기이편의 서문에는 다음과 같은 구절이 있다. 帝王이 장차 일어날 때에는 符命[22]과 圖籙을[23] 받게 되므로, 반드시 남보다 다른 점이 있었다. 그래야만 능히 큰 변화를 타서 제왕의 지위를 얻고 큰일을 이룰 수 있는 것이다. 그런 까닭으로 河水에서 그림이 나오고 洛水에서 글이 나옴으로써 성인이 일어났다는 것이다. 청주 운천동 사적비에서 河洛靈圖의 전후 글자는 보이지 않는다. 그러나 『三國遺事』에서 河水에서 그림이 나오고 洛水에서 글이 나왔다는 구절은, 帝王의 지위를 얻고 큰일을 이룰 수 있는 것과 관련하여 서술되어 있다. 그렇다면 청주 운천동 신라사적비에서 하락영도라는 구절의 전후에는 제왕의 지위를 얻고 큰일을 이룰 수 있는 역사적 사건이 기술되어 있었을 것이다. 이것은 아마도 신라의 시조에 관한 내용이거나, 백제와 고구려를 통합하고 당을 축출한 무열왕과 문무왕에 관한 내용이었을 것이다.

10행의 三韓은 어떤 의미일까. 이 비문에서의 삼한은 고구려, 백제, 신라를 의미하는 것이다.[24] 또한 神文王 12년 조에는 김춘추가 김유신이

---

22) 符命 : 하늘이 임금이 될 사람에게 내리는 상서로운 징조(이가원, 안병주 감수, 1998, 앞의 책, 2373쪽).

23) 圖籙 : 앞날의 길흉화복을 예언하여 기록한 책(이가원, 안병주 감수, 1998, 앞의 책, 642쪽).

24) 盧泰敦, 1982, 「三韓에 대한 認識의 變遷」, 『韓國史研究』 38, 138쪽. 『三國史記』 金庾信傳에는 673년에 김유신이 자신의 일생을 돌아보며 三國을 三韓이라고 인식하였다. 그러나 김유신전 3권은 그의 玄孫 長淸이 지은 行錄 10권을 刪修한 것이다. 그러므로 삼국을 삼한이라 한 구체적인 표현의 첫 예라고 단정키 곤란하다고 한다(盧泰敦, 1982, 앞의 논문, 138쪽). 그런데 삼한과 관련하여 『三國遺事』 卷2, 紀異 萬波息笛條가 주목된다. 신문왕 2년(682) 5월 초하룻날에 日官 金春質(春日)이 점을 치면서, "聖考가 지금 해룡이 되어 삼한을 진호하고 또 金公庾信은 삼십삼천의 한 아들로서 지금 하강하여 대신이 되었다"고 하였다. 만파식적과 관련하여 삼한이 언급되고 있는 것이다. 여기에서의 삼한 역시 고구려, 백제, 신라를 의미한다. 이에 따른다면, 문헌으로는 『삼국유사』 만파식적조가 삼국을

라는 良臣을 얻어 정치에 한마음으로 힘써서 삼한을 통일하였다는 구절
이 있다.25) 여기에서의 三韓 역시 三國을 지칭하는 것이었다. 이 기록과
위의 寺蹟碑를 통하여 볼 때, 7세기 후반 신라인들 사이에서는 삼국을
삼한으로 여기는 인식이 형성되었음을 확인할 수 있다.26)

　12행의 丹穴은 『淮南子』에 南方의 太陽 바로 밑에 있는 지명으로, 遠方의
나라를 가리킨다고 한다.27) 그리고 委羽도 역시 『淮南子』(地形訓)에 보이
는 산의 이름으로서 그 註에 在北極之陰 不見日이라고 하여 극히 먼
곳을 의미하는 말이다. 太平은 『爾雅』(釋地)에 東至日所出 爲太平이라 하여
동방의 極遠地를 일컫는다. 그리고 太蒙은 『淮南子』(汜論訓) 註에 大蒙
西方日所入處也라 하여 서방의 極遠地를 의미한 말이다. 이와 같이 먼
곳에서 玉帛을 받들고 來朝한다는 것이다. 요컨대 당시 신라인의 主體意識
을 충분히 엿볼 수 있다.28)

　이와 관련하여 주목되는 것이 6행이다. 天德은 하늘의 덕을 뜻하거나,
임금의 덕을 뜻한다.29) 그런데 12행에서 보듯이, 極遠地에서 신라에
玉帛을 받들고 來朝한다는 것을 표현하고 있다. 따라서 이 비문에서의
天德은 임금의 덕을 나타내는 것으로 생각된다. 또한 6행의 四海는 사방의
바다를 뜻하거나, 天下를 뜻한다. 한편 이는 사방의 오랑캐를 나타내는
표현이다.30) 같은 행의 萬邦 역시 모든 나라로, 천하를 의미한다.31) 그러므

삼한으로 인식한 처음의 기록이 된다. 따라서 청주 운천동 신라사적비는 금석문
으로서 삼국을 삼한으로 인식한 처음의 것이 된다.
25) 『三國史記』 卷8, 神文王 12년.
26) 노태돈, 1982, 앞의 논문, 138쪽.
27) 李錫浩 譯, 1972, 『淮南子』(汜論訓), 乙酉文化社, 255쪽.
28) 이병도, 1983, 앞의 논문, 19쪽.
29) 이가원 안병주 감수, 1998, 앞의 책, 729쪽.
30) 이가원 안병주 감수, 1998, 앞의 책, 625쪽.
31) 이가원 안병주 감수, 1998, 앞의 책, 2780쪽.

로 6행은 당시 임금인 신문왕의 덕이 天下에 미치고 있음을 표현한 것으로 생각된다.

이와 같이 청주 운천동 신라사적비는 자주적인 의식을 표현하고 있다. 나아가 이 비는 新羅가 천하의 중심이라는 의식을 나타내고 있는 것이다. 이와 같은 의식은 어떠한 시대적 배경 하에서 이루어졌을까. 신라는 唐과 함께 660년과 668년에 백제와 고구려를 멸망시켰다. 이어 신라는 676년에 기벌포 싸움에서의 승리로 당을 한반도에서 몰아냄으로써 통일을 이루었다. 神文王(681~691)은 당군을 한반도에서 몰아내고 난 5년 후에 왕위에 올랐다.

신문왕대의 정치적 정세를 살펴보자. 신문왕 1~9년 사이에는 많은 정치적 변화가 있었다. 신문왕은 원년에 일어난 金欽突의 모반을 진압하고 兵部令이었던 金軍官을 처형하였다. 이것은 왕실에 반발하는 구귀족(중고세력)에 대한 강한 응징이었다. 이러한 강화된 왕권을 바탕으로 신문왕은 첫째로 병부령과 위화부령을 두었으며, 예작부를 두었다. 그리하여 신라의 14관부를 확립하여 무열왕권의 확립을 위한 중앙정부의 체제가 일단락되었다. 둘째로 국학을 설치하여 유교정치사상을 표방하였다. 셋째로 完山, 菁州 등을 끝으로 9州를 완비하여 전국(天下)을 하나의 행정체계로 묶을 수 있었다. 넷째로 무열왕권의 권위를 확립하려는 5묘제가 완비되었다. 끝으로 祿邑의 폐지와 田租의 지급과 같은 税制의 개혁이 있었던 것이다. 신문왕대는 중대에 있어 왕권의 절정기를 연 시기였던 것이다.[32]

또한 統一新羅 초기에 唐의 정치적 정세는 어떠하였을까. 당은 高宗(650~683)代에 武后가 정치의 중심으로 되어 있었다. 고종은 실제로

---

32) 申瀅植, 1985, 『新羅史』, 이화여자대학교 출판부, 90~95쪽.

政治傀儡가 되어 있었다. 그리하여 上元 元年(674)에 고종을 天皇이라 부르고, 무후는 二聖으로 불렸다. 683년에 고종이 죽고 中宗이 되어도 일체의 정치를 무후가 결정하였다. 그리하여 이 해에(683) 무후는 稱帝하였다. 무후는 684년에는 중종을 폐위시키고 예종을 즉위시켰다. 이러한 속에서 684년에는 唐皇室과 가까운 李敬業이 起兵하는 일이 벌어졌다. 무후는 이를 진압한 뒤 공포정책을 행하였다. 그리하여 688년에서 690년에 걸쳐 宗室의 諸王이 도살되었던 것이다.[33)]

그런데 청주 운천동 사적비가 건립된 시기는 신문왕 6년(686) 무렵으로 추정된다. 신라는 이 무렵에 당의 국내정치 정세를 파악하고 있었다고 생각된다. 이것은 신라가 唐 則天武后 때의 연호인 壽拱(垂拱)을 쓴 것에서 알 수 있다.

여기에서 新羅 善德王 12년(643)에 唐 太宗이 신라 사신에게 한 말이 주목된다. 당 태종은 신라가 여자로서 임금을 삼아서 이웃나라의 업신여김을 받는다고 하였다. 그리하여 태종의 친척으로서 신라의 임금을 삼을 것을 제안하였던 것이다.[34)] 이와 같은 당태종의 말에서 이 시기에 여자가 정치를 맡는 것에는 배타적인 관념이 지배하였음을 알 수 있다. 그런데 신라는 신문왕대에 당의 정국이 여자인 무후가 주도하는 상황이라는 것을 알고 있었을 것이다. 또한 당의 중종이 684년에 무후에 의해 폐위되는 것을 알고 있었을 것이다. 청주 운천동 신라사적비가 건립된 것은 신문왕 6년(686) 무렵이었다. 이러한 상황에서, 신라는 사적비에서 四海와 萬邦이라는 개념을 통해 天下의 중심으로 스스로를 표현하였던 것은 아닐까 생각된다. 이 비에서 신라를 천하의 중심에 두고 임금의 덕을 찬양하는 것은, 이러한 시대적 분위기에서 가능하였을 것이다.

---

33) 傅樂成 著, 辛勝夏 譯, 『中國通史』(上), 440~443쪽.
34) 『三國史記』 卷5, 善德王.

한편 비문 중에 丹穴이 주목된다. 단혈은 『淮南子』뿐만 아니라, 『山海經』
에도 보인다. 『山海經』에는 동쪽 5백리에는 丹穴山이 있고, 그 위에는
金과 玉이 많고 丹水가 나와 남으로 흘러 발해에 이른다는 것이다.[35]
그런데 『史記』 卷129, 貨殖傳에는 丹穴은 丹砂가 나는 鑛穴이라고 한다.[36]
여기에서 丹砂가 주목된다. 단사는 불로장생약인 仙藥중에서 최상의
것이다.[37] 이것은 신선사상과 관련된다고 한다.[38] 丹穴이라는 문자로
보아, 이 비에는 도교나 신선사상과 관련된 내용이 있었던 것은 아닐까.

이와 관련하여, 제2면의 陰陽이라는 글자가 주목된다. 비문에서는
음양의 전후 글자가 보이지 않는다. 이 비문에는 음양과 관련된 문구가
있었던 것은 아닐까. 그런데 음양이 만물을 이루는 본체가 된다는 관념은
중국에서는 전국시대에 이루어졌다고 한다. 음양사상은 삼국시대에
들어왔으며, 통일신라시대에도 음양사상을 볼 수 있다고 한다.[39]

그런데 중국에서는 北魏의 寇謙之(365~448)가 新天師道를 내세워 도교
의 철저한 개혁을 들고 나왔다. 이때의 도교는 신선설을 중심으로 하여
불로장생을 목적으로 삼았다. 그리고 불교적인 요소와 유교적인 것을
중요시하였다. 한편으로 노자를 도교 시조의 자리에 확고하게 앉혀
놓았다. 또한 역리, 음양, 오행 등의 제설이 편입되었다고 한다. 구겸지는

35) 『山海經』 卷1, 南山三經.
36) 李家源, 安炳周 監修, 1998, 앞의 책, 73쪽.
37) 『抱朴子 內篇』 卷11, 「仙藥」.
38) 鄭在書, 1994, 『不死의 신화와 사상』, 민음사, 48~50쪽. 신선사상, 도교와 관련하여
『抱朴子』가 주목된다. 이 책의 저자인 葛洪은 金液과 還丹을 합쳐서 부른 두
가지 약인 金丹을 선도의 중심점에 두고 있다(金瑗永 譯, 1983, 『抱朴子』(中國思想大
系), 新華社, 369쪽). 금액은 황금을 주된 재료로 하고, 환단은 단사를 주된 재료로
한다. 그런데 『포박자』는 현존하는 도교의 서적 중에서 가장 고전적인 서적이면
서, 그 중에서도 특히 신선사상과 신선술을 가장 조직적으로 밝힌 최초의 고전이
다(김봉영 역, 1983, 앞의 책, 58쪽).
39) 李恩奉, 1991, 『한국민족문화백과사전』 17, 한국정신문화연구원, 479~480쪽.

신천사도로 정비한 도교를 국가적인 종교로 정립시키는데 성공하였다. 그리고 이렇게 정비된 도교는 당, 송에 걸쳐서 국가에 의해 받아들여졌다고 한다.[40] 우리나라에도 삼국시대를 거쳐 통일신라시대에 이러한 도교가 수용되었다고 생각된다.

청주 운천동 사적비의 음양 전후에는 글자들이 마멸되어 보이지 않는다. 그러나 단혈이라는 글자와 더불어 생각한다면, 이 비문의 음양은 도교와 관련되어 기술되었을 가능성이 있다.

이와 관련하여 주목되는 것이, 통일신라시기의 학문적, 사상적 풍토이다. 먼저 무열왕의 아들인 金仁問이 주목된다. 김인문은 어려서 공부할 때에 유교경전과 아울러 노장사상이나 불교사상도 많이 읽었다고 한다.[41] 김인문이 활동한 시기는 삼국시대 말과 통일신라시기 초에 해당한다. 이로 본다면 통일 초기인 신문왕대 무렵에는 지식인들은 유교와 불교, 도교 사상들에 관한 지식을 가지고 있었을 것이다. 또한 성덕왕대 (702~737)에 조상된 甘山寺 彌勒·阿彌陀像 造像記가 주목된다. 미륵보살상 조상기에는 장자, 노자와 관계된 도교가 나타나며, 불교적 내용이 표현되어 있다. 그리고 아미타상 조상기에는 불교와 도교적 내용이 나타나며 지은 사람은 유학자인 설총으로 추정된다.[42] 이러한 통일신라시기의 사상적 흐름으로 보아, 청주 운천동 신라사적비에는 유교, 불교와 함께 도교적인 내용이 있었다고 보여진다.

---

40) 車柱環, 1984,『韓國의 道敎思想』, 同和出版公社, 27쪽, 108쪽. 음양에 대해 漢代의 今文學派의 학자들은 유가경전의 기초가 陰陽의 원리라고 보았다. 그리하여 陰과 陽으로써 자연현상을 분석하고 통제하고자 하였다(추 차이, 윈버거 차이 지음, 김용섭 옮김, 1998,『유가철학의 이해』, 소강, 127쪽).
41)『三國史記』卷44, 金仁問.
42) 金南允, 1992,「甘山寺 彌勒·阿彌陀像 造像記」,『譯註 韓國古代金石文』제3권, 駕洛國史蹟開發研究院, 293~302쪽.

한편 15행의 法師 다음은 明敏淸凉으로 보는 견해가 있다.[43] 이에
비해 法師 다음을 意匠明敏 淸源悠遠으로 읽는 견해가 있다. 意匠은 心中의
構想 또는 설계라는 뜻이다. 이 구는 의장과 청원이 명사로서 주어이며
명민과 유원은 형용사로서 술어가 되어 주술구의 對偶를 이루고 있다고
한다.[44] 한편 이 비에 沙門과 法師라는 문자가 있는 것으로 보아, 이
비에는 불교적인 내용이 있었을 것으로 생각된다. 따라서 이 비의 제1면
에는 유교와 불교적인 내용과 함께 도교나 신선사상적인 내용이 있었다
고 생각된다.

제2면

　… 三尊(三寶)의 … 六代의 아름다움 …

　… 國主大王 …

　… 天壽山長 …

　… 陰陽 … 上下 …

제2면은 글자가 거의 마멸되어 읽을 수 있는 글자는 몇 자 안된다.
제1행은 三尊[45] 또는 三寶로 판독된다.[46] 삼존으로 판독한다면 儒家의
설도 있고, 佛家의 설도 있다. 유가에서는 君, 父, 師를 三尊이라고 한다.
그러나 불가에서는 佛, 法, 僧을 지칭하기도 하고, 또는 阿彌陀三尊(阿彌陀·
觀音·勢至), 藥師三尊(藥師·日光·月光), 釋迦三尊(釋迦·文殊·普賢)을 말하기
도 한다. 그런데 비문의 삼존은 다음 줄 끝에 國主大王의 문구가 있으므로

　43) 이병도, 1983, 앞의 논문, 20쪽.
　44) 임창순, 1983, 앞의 논문, 27쪽.
　45) 이병도, 1983, 앞의 논문, 19쪽.
　46) 車勇杰, 1983, 앞의 논문, 9쪽.

유교의 삼존이라고 해석하는 것이 옳다고 한다. 한편 六代之徽(육대의 아름다움)은 신라 五廟制와 관련된다. 신문왕 초년 경에 오묘가 창설되었으며, 5대와 신문왕을 합쳐 6代가 된다고 한다. 따라서 육대지휘는 이상 6世의 영특한 미덕을 찬미한 것이라고 한다.[47]

제2행 끝에는 國主大王이 보인다. 신라의 금석문 가운데 국주대왕이라는 표현은 甘山寺彌勒菩薩造像記와 阿彌陀如來造像記가 있다. 이들은 모두 聖德王 때의 것으로 당시의 왕을 국주대왕이라 한 것이다. 따라서 운천동 사적비의 국주대왕은 이 비가 세워질 당시의 신라왕인 神文王으로 생각된다.[48]

그리고 제14행에 있는 天壽山長은 국왕에 대한 祝壽로,[49] 비문의 말미에 있는 銘으로 본다.[50]

제3면

… 阿干 … 天仁阿干 …
… 主聖大王 炤께서 또한 十方檀越[51]과 道場法界[52]를 위하여 …

제3면은 원비문과는 관계없이 이 절을 지을 때, 또는 이 비를 세울 때에 기부 혹은 공역에 참가한 사람들의 관직과 이름을 새긴 것으로 추정된다. 이러한 사례는 신라 지증대사비에도 있고 고려시대의 것으로는 많이 보인다. 그리고 이 면의 문자는 대소가 일정하지 않다. 곧 제1행의

47) 이병도, 1983, 앞의 논문, 17~18쪽.
48) 차용걸, 1983, 앞의 논문, 10쪽.
49) 이병도, 1983, 앞의 논문, 17쪽.
50) 임창순, 1983, 앞의 논문, 25쪽.
51) 十方檀越 : 十方은 천하, 우주를 뜻하며, 檀越은 시주의 뜻이다.
52) 道場法界 : 道場은 절을 말하며, 法界는 불법의 세계를 뜻한다.

아간 등의 자형은 제2행인 주성대왕 이하의 글자보다 현저히 작다. 이것은 그 내용이 연속되는 문장이 아닌 것을 알 수 있는 증거가 된다.[53]

그리고 제1행에 있는 아간과 천인아간의 아간은 신라 관위 17등 중의 제6위인 阿飡의 異寫로서 위의 아간에는 인명이 마손되었으나 아래의 아간에는 천인이란 인명이 남아 있다. 제2행의 좀 큰 글자의 각자 중 주성대왕 밑에는 반드시 한 글자가 들어 있으나, 마멸로 분명치 않다. 이 글자는 신문왕의 字인 日炤를 약칭하여, 炤 혹은 昭였던 것으로 보인다.[54]

Ⅲ. 삼면비와 사면비의 문제

이 비에 관해서 논란이 되고 있는 것은, 삼면비와 사면비의 문제이다. 임창순은 삼면비로, 이병도는 사면비로 추정하고 있다.

삼면비와 사면비에 관해서 먼저 임창순의 견해를 살펴보자. 비의 체제로는 前面에다 全文을 새기는 것이 원칙이다. 唐代의 巨碑들과 新羅, 高麗의 碑들도 모두 이 체제를 따랐다. 간혹 後面에 陰記라는 명칭으로 각자한 것이 있으나, 대개는 비의 주인공의 門徒의 姓名 또는 立碑에 관여한 사람들의 이름을 새긴 것이 보통이다. 간혹 原碑文 이후에 추가할 사실을 追記하는 예도 얼마간 있다. 그러나 측면에 새긴 예는 없다. 그런데 이 비는 字形을 너무 크게 써서 前面만으로는 부족했기 때문에 後面에까지 연속시키는 편법이 사용된 것으로 보인다. 그렇다고 해서 측면인 D면까지를 사용했다고는 보기 어렵다. 상례로 보아 전후면,

53) 임창순, 1983, 앞의 논문, 25쪽.
54) 이병도, 1983, 앞의 논문, 18쪽.

곧 A, B 양면에서 원문은 다 끝났을 것이며, C면은 다른 비의 예에 음기와 같이 입비에 관여한 인명과 이에 관한 간단한 사실이 기록되었을 것이다. 그러므로 A면과 B면이 원문이며, C면은 추기로 보아 삼면비라고 한다.[55] 그런데 이 시기 전후의 四面佛碑像의 書刻 순서로 보아, 임창순의 견해가 타당한 견해라 생각된다고 한다.[56]

한편 이병도는 이 비를 사면비로 추정하고 있다. 書頭는 각자의 마손이 심한 세탁(기타) 사용면이 전면으로 생각된다. 왜냐하면 반대면의 말미 부분에 立石(立碑)의 사실을 의미하는 沙門普慧之所造也와 비문 제작자를 표시한 듯한 구절이 있다. 이와 함께, 사찰 건립의 완공연대인 壽拱二年歲 次丙戌의 구가 실려 있는 쪽을 後面(裏面)으로 보는 것이 타당할 듯한 까닭이다. 다시 말하면 세탁(기타) 사용면을 제1면, 그 좌측면을 제2면, 그 후면을 제3면, 또 그 좌측면은 제4면으로 간고된다. 그런데 제4면은 각자의 마손이 심하여 한 글자도 알아볼 수 없다. 또한 제2면(측면)의 내용을 보면 그것은 前後兩面과는 문장상의 아무런 연속성을 갖지 아니한 독립된 구절이라고 한다.[57]

삼면비 사면비의 문제와 관련하여 주목되는 것이 있다. 그것은 이 비가 사용된 용도이다. 이 비는 빨래판이나[58] 도살용 깔판 또는 고추 가루를 빻는 용도에 사용되었던 것이다.[59] 제2면은 마모가 많아 글자

---

55) 임창순, 1983, 앞의 논문, 25~26쪽.
56) 김정숙, 1992, 앞의 책, 143쪽.
57) 이병도, 1983, 앞의 논문, 16쪽. 삼면비라는 임창순의 견해는 김정숙이 따르고 있으며, 사면비라는 이병도의 견해는 충북대학교 박물관이 따르고 있다.
58) 이병도, 1983, 앞의 논문, 15쪽 ; 차용걸, 1983, 앞의 논문, 8쪽.
59) 차용걸, 1983, 앞의 논문, 9쪽. 제2면(차용걸 교수는 후면으로 표현함)은 움푹움푹 파인 자국이 심하였다. 빨래판일 때, 이 제2면(후면)을 도살용 깔판으로 사용했다고 하며 도끼자국과 함께 움푹 파인 곳이 있어서 고추가루를 빻던 곳으로도 사용되었던 듯하다(차용걸, 1983, 위의 논문, 9쪽). 필자가 조사한 바에 따르면,

판독이 거의 되지 않는다. 이에 비해 제1면은 상대적으로 마모가 덜하여 글자가 많이 판독된다. 이로 본다면, 제2면이 빨래판이나, 도살용 깔판 또는 고춧가루를 빻는 데에 사용되어 마모되었을 것이다. 그렇다면 오랜 시간동안 제1면이 지면과 맞닿아 있으며, 제2면이 지면과 반대방향으로 있으면서 빨래판으로 사용되었을 것이다.[60]

또한 우측면인 제3면과 좌측면인 제4면은 인위적인 손길이 가해지지 않아 비교적 마모되지 않았을 것이다. 왜냐하면 제3면과 제4면은 측면으로, 이곳을 빨래판 또는 다른 용도로 사용하지는 않았을 것이기 때문이다. 그러므로 측면인 제3면과 제4면은 인위적인 손길이 연속적으로 가해지지 않았다고 볼 수 있다. 그런데 제3면과 제4면 중에서 제3면은 글자가 있는 반면, 제4면은 글자가 남아 있지 않다. 이것은 이 비가 삼면비였을 가능성을 시사한다.

Ⅳ. 김원태와 김원정

이 비와 관련하여 주목되는 것은, 우측면의 阿干과 관련된 문제이다. 1행에는 阿干과 天仁阿干이 명기되어 있다. 그런데 주목되는 것은 이 비의 측면에 있는 阿干 앞의 마멸된 글자이다. 신라 비석에서는 관명 앞에 인명을 표기하였다. 그렇다면 아간 앞의 마멸된 글자는 인명일 가능성이 높다.[61] 이와 관련하여 서원경과 관련된 기록을 주목해 보자.

제2면에는 움푹 파인 큰 홈이 3군데 있었다.

60) 이 비가 빨래판으로 사용되었다면, 세로로 놓인 것이 아니라 지면에 밀착되어 있었을 것이다.

61) 대략 官名의 다음에 人名이 붙는 경우도 있으나 진흥왕순수비 이래로 部名-人名-官等名의 순이 보통으로 되어 있고, 이러한 人名-官名의 전통에서 보면 天仁阿干에서 천인이 인명인 듯하다고 한다(차용걸, 1983, 앞의 논문, 10쪽). 천인아간에서

가) 신문왕 5년 봄(685)에 다시 完山州를 설치하고 龍元으로서 총관을 삼고 居列州를 나누어서 菁州를 설치하니 비로소 9州를 정비하고 대아찬 福世로서 총관을 삼았다. 3월에 西原小京을 설치하고 阿湌 元泰로서 仕臣을 삼고 南原小京을 설치하여 諸州·郡의 민호를 옮겨 나누어 살게 하였다(『三國史記』卷8).

나) 신문왕 (9년) 閏 9월 26일에 왕은 獐山城으로 행차하였고 서원경의 성을 쌓았다. 왕은 장차 달구벌로 도읍을 옮기려고 하였으나 실행하지 못하였다(『三國史記』卷8).

다) 裂起는 族姓은 史實에 失記되었다. 文武王 元年에 唐 皇帝는 소정방을 파견하여 고구려를 정벌하려 평양성을 포위하였다. … 문무왕은 대각간 김유신에게 명하여 쌀 4천석과 租 2만2천2백5십 석을 수송하게 하였다. … 이때 열기가 步騎監 輔行으로서 나아가 말하기를 "제가 비록 노둔하고 부족하지만 가는 사람의 수효를 채우겠습니다."라고 하였다. 드디어 軍師 仇近 등 15명과 함께 활과 칼을 가지고 말을 달렸다. … 뒷날 김유신의 아들 三光이 執政할 때 裂起는 그에게 군수로 나가겠다고 요청하였으나 허락하지 않았다. 열기가 祗園寺의 중 순경에게 말했다. 나의 공로가 큰데 군수를 요구하였으나 주지 않으니 삼광은 아마도 그 부친이 돌아가니까 나를 잊은 것인가 하였다. … 仇近은 元貞公을 따라서 西原述城을 축조하고 있었는데 원정공은 사람의 말을 곧이듣고 그가 일하는 것이 태만하다 말하여 …(『三國史記』卷47, 裂起).

천인은 인명, 아간은 경위명으로 짐작된다. 그런데 신문왕 1년 또는 2년 이후에 건립되었다고 추정된 文武王陵碑의 인명표기는 官等名이 人名의 앞에 가 있고, 人名 앞에는 臣자가 첨가되어 있다. 운천동 신라사적비는 문무왕릉비보다 늦게 만들어졌으나, 인명과 관등명의 순서는 신라 중고 금석문의 순서를 지키고 있다고 한다(金昌鎬, 1983,「永川 菁堤碑 貞元十四年銘의 再檢討」,『韓國史研究』43, 126쪽).

라) 김유신의 아내 智炤夫人은 태종대왕의 제3녀였고 아들 다섯을 낳았는
데, 장자는 伊湌三光이고 차자는 蘇判元述이고 삼자는 海干元貞이고
…(『三國史記』 卷43, 김유신).

가)에서 보듯이, 신문왕 5년 3월에 서원소경을 설치하고 아찬 元泰로서
사신을 삼았다.[62] 그리고 나)에서 신문왕 9년 윤9월에 서원경의 성을
쌓은 것은, 다)에서 김유신의 아들인 元貞公이 서원술성을 축조한 것과
동일한 것으로 생각된다.[63] 따라서 원정공이 서원술성을 쌓은 것은
신문왕 9년으로 생각된다. 시기로 보아, 비의 측면의 아간 앞의 마멸된
인명은 원태이거나 원정일 것이다.[64] 김원태와 김원정은 어떤 인물이었

---

62) 이 비에서 보여 주는 垂拱 2년(686)이란 연대는 신문왕 6년이다. 그런데 가)에서
보듯이 청주지방은 1년 전인 신문왕 5년 봄(685)에 신라 5소경의 하나인 서원소경
이 설치되었다. 서원경의 설치는 그에 따르는 상당한 시설을 갖추게 되었을
것이다. 신문왕 9년에 西原京의 성을 쌓기에 앞서서 사찰의 건립이 있었다고
추측된다(차용걸, 1983, 앞의 논문, 11쪽).

63) 원정공이 서원술성을 축조하고 있는 시기는 구체적으로 사료에 기록되어 있지
않다. 언제 원정공이 서원술성을 축조하였을까. 이 점은 원정이 활동한 시기에서
유추할 수 있을 것이다. 원정에 대해 구체적인 활동 연대를 알 수 있는 사료는
없다. 다만 김유신의 첫째 아들인 삼광이 집정하였다는 기록이 다)에서 나온다.
이 기록에서 보면 삼광이 집정한 것은 언제일까. 삼광이 집정한 것은 김유신이
돌아간 뒤였다. 김유신은 문무왕 13년에 돌아갔다(『삼국사기』 권43, 김유신
하). 따라서 삼광이 집정한 것은 문무왕대 중반 이후 시기였다고 보여진다.
또한 삼광은 신문왕 3년 2월에 김흠운의 딸을 부인으로 삼을 때 이찬 문경과
함께 파진찬으로서 혼인 날짜를 정하고 있다(『三國史記』 권8). 이로 보아 삼광은
문무왕대와 신문왕대에 활동한 인물이었을 것이다. 그렇다면 삼광의 아우인
원정 역시 문무왕대와 신문왕대에 활동하였을 것이다. 원정이 활동한 시기로
보아, 그가 서원경을 축조한 시기는 『三國史記』에 기록된 신문왕 9년 윤9월로
보여진다.

64) 차용걸, 1983, 앞의 논문, 11쪽. 서원경의 사신으로 元泰, 다음에 元貞이었는지
同人의 異記인지도 모른다고 한다(차용걸, 1983, 위의 논문, 11쪽). 원태와 원정은
앞에서 본 것처럼 다른 인물이다. 아마도 김원태가 서원소경에 초대사신으로
부임해왔으며, 원정은 후임 사신으로 신문왕 9년에 서원술성을 쌓았을 가능성이

을까. 먼저 김원태를 살펴보자. 김원태는 뒤 시기에도 활동하고 있었다. 성덕왕 3년(704)에 乘府令 蘇判 金元泰의 딸을 왕비로 하였다는 것이 기록에 나타나고 있다.[65] 따라서 김원태는 신문왕 5년에 아찬으로서 서원소경의 사신으로 있다가, 19년 후에는 소판으로 승진하여 승부령으로 있었던 것이다.[66]

그런데 金元泰의 딸이 뒤 시기에 신문왕의 아들인 성덕왕의 왕비가 되고 있다는 점이 주목된다. 김원태가 왕실과 혼인관계를 맺을 정도의 인물이었다는 것은 무엇을 말하는 것일까. 이것은 김원태가 진골로서 유력한 가문에 속해 있었음을 말하는 것이다. 이러한 그가 서원경의 초대사신이 되었다는 것은 중요한 의미를 가진다고 생각된다. 왕실과 혼인관계를 맺은 인물이 서원경의 초대사신이 되었다는 것은, 서원경의 정치적 중요성을 나타내는 것이라고 보여진다.

다음으로 김원정을 살펴보자. 다)에서 西原述城을 축조하고 있는 元貞公은 라)에서 보듯이 김유신의 셋째 아들이었다. 김유신은 삼국을 통일한 공신으로 문무왕대와 신문왕대에 최고의 공신으로 존중받고 있었다. 이것은 『三國史記』와 『三國遺事』에 기술되어 있는 다음의 사료로 알 수 있다. 문무왕은 김유신과의 관계를 물고기와 물의 관계로 비유하였다.[67] 그리고 신문왕대의 기록인 만파식적 설화에도 김유신이 관련되어 있다.

있다.

65) 『三國史記』 卷8.

66) 金壽泰, 1996, 『新羅中代政治史硏究』, 一潮閣, 65쪽 ; 梁起錫, 1993, 「新羅 五小京의 설치와 西原京」, 『湖西文化硏究』 11 ; 2001, 『新羅 西原小京 硏究』, 서경, 91쪽. 元泰는 元大(『三國遺事』 1, 王曆 聖德王)로도 표기되어 있다. 그는 성덕왕 2년 7월에서 동왕 4년 1월까지 중시를 역임한 元文과 동일인으로 생각된다(李基白, 1974, 『新羅政治社會史硏究』, 一潮閣, 167쪽). 김원태는 성덕왕의 추대세력으로 승부령, 중시 등의 중앙요직에 있었다(김수태, 1996, 앞의 책, 65쪽).

67) 『三國史記』 卷43, 金庾信傳 下.

이 설화에서 龍은 신문왕에게 문무왕은 大龍으로, 김유신은 天神이 되었다고 하였다. 그리고 용은 문무왕과 김유신을 二聖으로 표현하고 있다.[68] 따라서 문무왕대와 신문왕대에 김유신가의 정치적 지위는 무척 높았다고 할 수 있다. 문무왕대와 신문왕대의 분위기로 보아, 이 시기에 김유신의 아들들은 국가에서 중요한 대우를 받았을 것이다. 이 점은 다)에서 김유신의 장자인 三光이 執政하였다는 것에서도 알 수 있다. 그렇다면 신문왕대에 김유신의 아들인 원정이 서원술성을 축조한 것은 무엇을 의미하는 것일까. 이것은 서원경의 정치적 중요성을 나타내는 것이라 생각된다.

앞에서 본 것처럼, 신문왕대 서원경의 설치 무렵에 그와 관련된 김원태와 김원정은 진골 중에서도 유력한 인물이었다고 보여진다. 이로 보아 신라가 서원경을 중요시하였음을 알 수 있다.[69]

Ⅴ. 맺음말

청주 운천동 신라사적비는 우리나라 최고의 사적비이다. 이 비문에는 丹穴과 陰陽이라는 글자가 있다. 이러한 문자로 보아, 이 비문에는 도교나 신선사상과 관련된 문구가 있었던 것은 아닐까. 그런데 통일신라시기에는 유교와 불교, 도교 사상에 관한 지식을 가지고 있었다. 이러한 학문적

---

68) 『三國遺事』卷2, 紀異 萬波息笛.
69) 신라는 진흥왕 18년에 국원소경(중원소경)을 설치하였으며 이어 북원소경(문무왕 16년, 678) 금관소경(문무왕 20년, 680)을 설치하였다. 그리고 신문왕 5년(685)에 서원소경과 남원소경을 설치하였다. 신라는 5소경제를 마련하였던 것이다. 신문왕 5년에 동시에 설치된 서원소경과 남원소경은 중앙정부의 계획하에 설치된 것이었다. 그리하여 신문왕 9년 윤9월 26일에는 서원경의 성을 쌓고, 신문왕 11년 3월 1일에는 남원성을 쌓았던 것이다(『三國史記』卷8, 神文王). 이로 본다면 신문왕대에 남원소경에는 서원소경과 마찬가지로 소경의 설치 무렵에 사찰과 사적비가 건립되었을 것이다.

사상적 풍토로 보아, 청주 운천동 사적비에는 유교와 불교적 요소뿐만 아니라 도교적 요소나 신선사상이 기록되어 있었다고 생각된다.

한편 이 비는 빨래판 또는 기타의 용도로 사용되어 글자가 많이 마모되어 있다. 이로 인해 이 비를 3면비로 보거나 4면비로 생각했었다. 그런데 이 비는 사용 용도로 보아, 3면비였다고 생각된다.

또한 신라가 통일한 초기인 신문왕대에 서원소경의 설치와 관련하여 나타나는 金元泰와 金元貞은 진골 중에서도 유력한 인물이었다. 김원태의 딸은 신문왕의 아들인 성덕왕과 혼인하여 왕비가 되었다. 그리고 김원정은 김유신의 아들이었던 것이다. 이것은 신문왕대에 설치한 서원소경의 정치적 중요성을 나타내는 것이다. 본 글은 사적비의 마멸이 심해 논리 전개에 추측을 할 수 밖에 없는 점이 있었다. 더욱이 漢學과 金石文에 대한 소양 부족으로 논지 전개에 무리가 있었다고 생각된다. 독자제현의 질정을 구한다.

ABSTRACT

The Auspicious Things and Politics of Ancient Korean History

Shin, Jung-Hoon

Chapter I : Auspicious Things and Royal Authority in the Period of Goguryo and Baekje

1. Characteristics of Auspicious Things in Goguryo

This thesis analyzed and examined the auspicious phenomena in Goguryo. During the Goguryo period, we classified six auspicious types.

The first type was influenced by the China. As these examples, there are yellow dragon, auspicious cloud, mysterious bird, red crow, kettle, iron seal, white fish, auspicious rice plant.

The second type was original auspicious things of Goguryo or northern race. As these examples, there are white roe, military thing, eye of whale, long-tailed rabbit, purplish fox, white hawk.

In the third type, Chinese recognized portentous things. But in Goguryo, Chinese portentous things were conceived by auspicious. As these examples, there are Tiger, strange birds.

In the fourth type, Chinese conceived portentous things or auspicious things. But Goguryo understood auspicious things. As these examples, we look at the white deer, white horse.

In the fifth type, Chinese recognized auspicious things. On the contrary, Goguryo conceived portentous things. As these examples, there is white fox.

In the sixth type, auspicious things in Goguryo was influenced by the Chinese thought. On the other hand, these auspicious things were connected with Goguryo or northern race.

We have observed these auspicious things in Goguryo. Auspicious thought in Goguryo was influenced by the Chinese. On the other hand, Goguryo's auspicious thought was connected with northern race or original thought.

2. The Political Meaning of Auspicious Things in Goguryo

We know that auspicious things came the king's palace and king hunted the good omens directly. With this, auspicious things in Goguryo connected with the tendency of royal authority.

If the auspicious thought in Goguryo was influenced by Chinese, what did it means? it means that the royal authority in Goguryo was justified by the order of heaven. After all, Goguryo had her own independent character and sacred royal authority. In the mean time, *Samguksagi* wrote the white roe was catched by the kings of Goguryo. It was different from Chinese records in the description.

We noticed auspicious things in Goguryo to be found from B.C. 1th century to A.D. 3rd century frequently. During the period, auspicious things were used the establishment of sovereign power. From A.D. 4th century to the middle of A.D. 6th century, We noticed that auspicious things were not found many times. This means that the importance of auspicious things were diminished. In other words, the royal authority of this period in Goguryo was strengthened. We found that auspicious things were not found frequently from the middle of 6th century to King Bojang, The influential Nobility divided the power in that time. So the influential Nobility hold the royal authority in check. Judging from this, there was an indissoluble connection between the royal authority and auspicious things.

3. Auspicious Things and Royal Authority in the Period of Baekje

Auspicious things which indicated the royal virtues of the prince were shown in the period of Baekje. In fact, auspicious phenomena were written in *Samguksagi* and the phenomena in the period of Baekje were interrelated with the royal authority.

It is noticed that auspicious things in Baekje were found in the time of King Onjo, King Goi intensively. During the period, auspicious things were used to reflect the establishment of sovereign power. Except King Onjo and King Goi, auspicious things were found in the time of the other kings in Hansung period intermittently.

In the time of King Gaero, Baekje lost Hansung, the capital city of the nation by the attack of Goguryo. Then Baekje moved the national capital city from Hansung to Wungjin and Sabi. King Dongsung was only monarch who could find auspicious things in Wungjin and Sabthe period. But There were many natural calamities in the years of king Dongsung. These phenomena were connected with the lack of virtue of a ruler. These natural calamities were associated with the political confusion too.

There were no auspicious things could be found except the time of King

Dongsung in Wungjin and Sabi period. This means that the decline in the sovereign power in those days. The collapsing of the sovereign power could indicated the strengthen of the influence of nobility. Eventually those phenomena made Baekje lose her strength.

In conclusion, auspicious things in Baekje were related to the royal authority. There were two different eras in political situation of Baekje. The first era was in Hansung period and the second era was in Wungjin and Sabi period.

Chapter II : Auspicious Things and Royal Authority in the Period of Silla

1. The Political Meaning of Auspicious Things in the Middle Period of Silla

This thesis analyzed the auspicious things in the middle period of Silla. Auspicious phenomena was written in *Samguksagi*. Seven people was appointed the Crown Prince in the middle period of Silla. Among of them, five people was presented auspicious things. The appointment of the Crown Prince was mainly consistent with auspicious things. Whereas two queens among eight queens was presented auspicious things. We know that the appointment of the queens was not consistent with auspicious things. Next, victories and unification of three countries were correspond with auspicious things. Royal Virtue was correspond with auspicious things as well.

For this reason, auspicious things in the middle period of Silla was not merely natural phenomena but political meaning.

2. On the Meaning of Auspicious Things in the Later Period of Silla

The auspicious things which indicated the Royal virtues of the prince were showed in the later period of Silla. Auspicious phenomena was written in *Samguksagi*. Those phenomena were used to hold the royal authority sacred by applying to king's management of the political situation. Auspicious things in the later period of Silla were interrelated with the royal authority and political situation.

We divided into the two period for the later period of Silla through auspicious things. The first period was from King Wonsung to King Hunduck. There were auspicious things come to the throne in the period. State power was correspond with the auspicious things. The second period was from King Heungduck to King Kyungsoon. The auspicious things were not found to the throne in the era. Political instability was undergone during the second period. The revolt of Kim, hun-chang Caused the pull state's power in the late of King Hunduck.

Moreover, the struggle for the crown broke out during the Kings Heegang·Minae·shinmu. This politucal confusion was related to the weakening of the centralized authoritarian rule. In consequence, auspicious things were not found in the period.

For this reason, auspicious things in the later period of Silla was not merely natural phenomena but political meaning. In brief, auspicious things in the times was related to the state power.

Chapter III : Political Character in the Middle Period of Silla

1. The political Meaning for Amnesties and Special Favors in the Middle Period of Silla

This thesis deals with amnesties and special favors in the middle period of Silla. Amnesties and special favors in the middle period of Silla were written in *Samguksagi*. In this period, the natural disasters were significantly influencing in the politics. The natural disasters were assumed to be the reprimand from the God against the wrong politics management of the prince. It was thought that this kind of conception that the prince was to be connected with the God caused the result that the royal authority was separated from the Jingol aristocracy. And only the royal authority has the right of amnesties and special favors for the calamities.

King Mooyool was the first king in the day. There was no amnesty and special favor in the calamities of the King Mooyool epoch. King had the only amnesty right to the calamities in the political situation. And he dose not observe the amnesty right. King Mooyool was descendant of the King Gyngee who was knocked-out politician. This facts indicate that the limitation of royal authority in the King Mooyool.

The following king, Moonmoo held amnesties with the war in the unification. These amnesties might assisted in the strengthening of royal authority. King Shinmun played to ancestors in a shrine for mercy to the calamities. His measures intended to assist in the sanctification of the direct line of King Gyngee.

In King Hyoso, the natural disasters were assumed to be the reprimand from the God against the wrong politics management of the prince. However king does not exercise his prerogative of mercy. This means that the weakening of royal authority.

There were the highest rate measures for the natural disasters in the King Sungduk epoch. Jingol was powerful political strength in the middle period of Silla those days. Jingol hold the exclusive economical basis and political power at that time. However king only had the right of amnesty to the people. Therefore we know that there were struggle strengthening of royal power in the King Sungduk period.

The royal authority in the King Hyosung epoch who was ascended the throne followed by the King Sungduk lessened. There was not seen the right of amnesty and special favor in the King Hyosung.

As a successor, King Kyungduk era had twice amnesties and special favors. This means that the royal authority in the King Kyungduk was strengthen than the era of King Hyosung.

Also we know that the natural disasters were connected with the politics in the King Hyegong epoch.

We observed the several king's amnesties and special favors in the middle period of Silla. These were noticed that a high rate differences in the amnesties and special favors of the several kings in this times.

This means the instability of the royal power. These situations was resulted from the Jingol nobility. They had the mighty power in the politics and economy. In conclusion, the royal authority of the middle period of Silla was functioned in the mass rule systems.

2. The Political Change in the Period of King Hyoso of Silla

Sandadeung Jinbok might have the positive role in the rebellion of Kim Hum-dol. Therefore, he was intimate with the King Shinmun. Sandadeung Jinbok played an accord part between the royal authority and Jingol. After King Shinmun's death, King Hyoso had the accession to the throne in 6 years old.

Jinbok played the important role as the Sandadeung until the third year of King Hyoso. In the third year of King Hyoso, Munkyung was appointed as Sandadeung. But Munkyung resigned from his official position after one years. Also Joongsi Wonsun was retired from his office at the same period of the time. The natural disasters were influencing in the middle period of Silla. The replacement of Joongsi Wonsun was connected with the natural disasters.

Subsequently, Joongsi Soonwon was dimissed from his office. His dismissal was connected with the revolt of Ichan Kyoungyoung. These abnormal political situations in King Hyoso was based on the systems of the middle period in Silla. The Jingol nobility had the mighty power in the politics. The sovereign power was functioned in the mass rule systems. The political instability in King Hyoso was related to the traits in Silla.

On The other side, Silla send out T'ang in 676 in her land. The political relationship between Silla and T'ang was tensioned after 676. But Silla paid tributed to Wuchou (T'ang) in the 8th year of King Hyoso (699). T'ang undergoned the political transition. Empress Wu managed arbitrarily in authority after the death of Kao-Zong. There were several conflicts with Turk and Tibet at that time.

Empress Wu overthrew T'ang dynasty and she built the new empire named Wuchou. She became the Empress in 690. The new empire was necessary to stablize in political situation. She was surrounded by the opposed Turk, Tibet and Balhae. Silla did no more guard against the new Empire. Silla paid tributed to the new Empire in that changed environment.

3. Political Change and Character in the Period of King Sungduk, Silla
－About the Meaning in Expulsion of Queen Sungjung and Marriage of Queen Soduk－

There were many natural calamities In the year of King Sungduk 14. After the natural calamities, Prince Chungkyung was appointed by the crown prince. The natural disasters were occurd in these days. Accordingly, These phenomena were connected with the appointment of crown prince. We know that natural calamities implies political conflict in these days. Queen Sunjung was the first Queen as a mother of Chungkyung. She was expelled from the palace in King Sungduk 15. There were many natural calamities during the expulsion of Queen Sungjung. Also these natural calamities were associated with the political complications.

In addition to, King Sungduck married daughter of Yichan Sunwon in the year of King Sunduck 19. daughter of Yichan Sunwon was Queen Soduk. Natural calamities such as the earthquake, mountain collapse, and hail were occurred in the appointment of Queen Soduk. As a result of the natural calamities, Joongsi was replaced. The replacement of Joongsi implied the political travail.

In this manner, many calamities were occurred during the appointment of Crown prince and Queen Soduk. This means that the political instability was maintained in these days.

4. The Promotion of Central High Posts in the Unified Silla

This thesis investigated the ratio where Sijung(侍中) had become the Sangdaedung(上大等). In latter period more than middle period of the Silla(新羅), the ratio where the Sijung(侍中) is promoted to the sangdaedung was high. This means that political importance of the Sijung increased in latter period of the Silla.

Also at the official inauguration rank against the posts of the Samgugsagi jiggoanji(『三國史記』職官志), this thesis tried to observe the central high posts of the unified Silla(統一新羅). From Daeachan(大阿湌) to Taedaegakgan(太大角干) was only appointed to be Jingol(眞骨). In view of official inauguration rank, we know that Jingol possessed the Sangdaedung, Sijung, Byonngburyong(兵部令), Joburyong(調府令), Geungsungjujagjeungryong(京城周作典令), Sachengoangsaseungjengkemhashin(四天王寺成典衿荷臣), Changburyong(倉部令), Yeburyong(禮部令), et cetera. Therefore political situation in the Unified Silla(統一新羅) was operated by Jingol.

On the basis of the Samgugsagi jiggoanji, the highest official posts where the official inauguration rank were Sangdaedung, Byonngburyong, Joburyong, Yeburyong, Naeseungsashin(內省私臣). If we consider the official inauguration rank, these official posts were highest official posts of the Unified Silla. Consequently, the official posts which were able to inaugurated as Sangdaedung was Byonngburyong, Joburyong, Yeburyong, Naeseungsashin.

5. On the Unchon-dong Silla Monument in Chongju

The Silla Stone Monument in Unchon-dong Chongju is the oldest sajeukbi(寺蹟碑) in korea. Sajeukbi means recorded about history of the Temple. There are carved Thanheul(丹穴) and eumyang(陰陽) in the inscription. Thanheul and eumyang is concerned with the Taoism or the Supernatural being thought. This Stone Monument was built in Silla. The educated class of this Age had knowledge of the Taoism. So we can think that this inscrption recorded the Taoism or the Supernatural being thought.

This Stone Monument was defaced. This wear was resulted from washing or other uses. Look at the use of this Stone Monument, we may think that it was inscribed in the three surfaces.

In the beginning of the middle period(中代) of Silla, King Shinmung(神文王) instituted seowongsogyong(西原小京). Kim won tae(金元泰) and Kim won jung(金元貞) may be the local governor of the seowongsogyong in the King Shinmung. Kim won tae and Kim won jung was influential person in this time. Kim won tae's daughtor was married to King sungduck(聖德王) and Kim won jung was a son of Kim you shin(金庾信). These facts indicated the importance of the seowongsogyong.

참고문헌

1. 사료

『廣開土王陵碑文』,『廣川畫跋』,『舊唐書』,『南齊書』,『唐開元占經』,『史記』,『後漢書』,
『東國李相國全集』,『山海經』,『三國史記』,『三國遺事』,『三國志』,『宋書』,『隋書』,
『逑異記』,『新唐書』,『新增東國輿地勝覽』,『譯註 韓國古代金石文』『藝文類聚』,
『六藝之一錄』,『魏書』,『帝王韻紀』,『周禮注疏』,『晋書』『冊府元龜』『抱朴子 內篇』.

2. 단행본

權兒遠, 1980,『韓國社會風俗史研究』, 景仁文化社.

權兒遠, 2000,『古代韓民族文化史研究』, 一潮閣.

孔錫龜, 1998,『高句麗 領域擴張史 研究』, 書景文化社.

國立文化財研究所, 2001,『韓國考古學事典(下)』.

國史編纂委員會, 1995,『韓國古代金石文資料集』Ⅱ 伽耶 新羅篇.

金瑋永 譯, 1983,『抱朴子』(中國思想大系), 新華社.

김상현, 1999,『신라의 사상과 문화』, 一志社.

金壽泰, 1996,『新羅中代政治史研究』, 서울 : 一潮閣.

김열규, 2003,『동북아시아 샤머니즘과 신화론』, 아카넷.

김영미, 1994,『신라불교사상사연구』, 民族社.

金煐泰, 1992,『三國新羅時代佛敎金石文考證』, 民族社.

金瑛河, 2002,『韓國古代社會의 軍事와 政治』, 高麗大學校 民族文化研究院.

金哲埈, 1990,『韓國古代社會研究』, 서울大學校 出版部.

김현숙, 2005,『고구려의 영역지배방식연구』, 모시는 사람들.

노중국, 1988,『백제정치사연구』, 일조각.

노태돈, 1999,『고구려사연구』, 사계절출판사.

문동석, 2007,『백제지배세력연구』, 혜안.

박해현, 2003,『신라중대정치사연구』, 국학자료원.

傅樂成 著, 辛勝夏 譯, 1998,『中國通史』(上), 知英社.

서영교, 2006,『羅唐戰爭史 研究』, 아세아문화사.

신정훈, 2010,『8세기 신라의 정치와 왕권』, 한국학술정보.

申瀅植, 1981,『三國史記研究』, 一潮閣.

申瀅植, 1984,『韓國古代史의 新研究』, 一潮閣.

申瀅植, 1985,『新羅史』, 이화여자대학교 출판부.

申瀅植, 1990,『統一新羅史研究』, 三知院.

申瀅植, 1992,『백제사』, 이화여자대학교 출판부.

申瀅植, 2003,『고구려사』, 이화여자대학교 출판부.

李家源, 安炳周, 1998,『教學大漢韓辭典』, 教學社.

李基白, 1974,『新羅政治社會史研究』一潮閣.

李基白, 1982,『韓國史講座』(1) 古代篇, 一潮閣.

李基白, 1996,『韓國古代政治社會史研究』, 一潮閣.

李基東, 1984,『新羅骨品制社會와 花郎徒』, 一潮閣.

李基東, 1996,『百濟史研究』, 一潮閣.

이도학, 1995,『백제고대국가연구』, 일지사.

이도학, 2010,『백제 한성·웅진성 시대 연구』, 일지사.

李文基, 1997,『新羅兵制史研究』, 一潮閣.

李丙燾, 1977,『國譯三國史記』, 乙酉文化社.

李丙燾, 1985,『韓國古代史研究』, 博英社.

李仁哲, 1993,『新羅政治制度史研究』, 一志社.

李錫浩 譯, 1972,『淮南子』(氾論訓), 乙酉文化社.

李弘稙, 1971,『韓國古代史의 研究』, 新丘文化社.

李熙德, 1984, 『高麗儒教政治思想의 研究』, 一潮閣.

李熙德, 1999, 『韓國古代自然觀과 王道政治』, 혜안.

李熙德, 2000, 『高麗時代 天文思想과 五行說 研究』, 一潮閣.

임기환, 2004, 『고구려정치사연구』, 한나래.

임상선 편역, 1990, 『발해사의 이해』, 신서원.

張三植 編, 1975, 『大漢韓辭典』, 博文出版社.

全基雄, 1996, 『羅末麗初의 政治社會와 文人知識層』, 혜안.

田鳳德, 1968, 『韓國法制史研究』, 서울대학교 出版部.

전호태, 2000, 『고구려 고분벽화 연구』, 사계절출판사.

鄭求福 外, 1997, 『譯註 三國史記』 3 주석편(상), 한국정신문화연구원.

鄭在書, 1994, 『不死의 신화와 사상』, 민음사.

車柱環, 1984, 『韓國의 道教思想』, 同和出版公社.

河炫綱, 1988, 『韓國中世史研究』, 一潮閣.

한국문화상징사전 편찬위원회 편, 1992, 『한국문화상징사전』 I, 동아출판사.

한국정신문화연구원, 1991, 『한국민족문화대백과사전』.

許興植 編著, 1984, 『韓國金石全文』古代, 亞細亞文化.

黃壽永 編, 1985, 『韓國金石遺文』第4版, 一志社.

蔣非, 王小甫, 翁天樂, 趙冬梅, 張帆, 徐萬民 저, 김승일 옮김, 2005, 『한중관계사』, 범우.

추 차이, 윈버거 차이 지음, 김용섭 옮김, 1998, 『유가철학의 이해』, 소강.

3. 연구논문

姜珉植, 2001, 「신라 서원소경의 유적과 유물」, 『新羅 西原小京 研究』, 서경.

姜聲媛, 1983, 「新羅時代 叛逆의 歷史的 性格-『三國史記』를 중심으로-」, 『韓國史研究』 43.

권오영, 1995, 「백제의 성립과 발전」, 『한국사』 6, 국사편찬위원회.

金基興, 1987, 「고구려의 성장과 대외교역」, 『한국사론』 16.

金基興, 1999, 「신라의 성골」, 『역사학보』 164.

金南允, 1992, 「甘山寺 彌勒·阿彌陀像 造像記」, 『譯註 韓國古代金石文』 제3권, 駕洛國史蹟開發研究院.

金東敏, 2004, 「董仲舒 春秋學의 天人感應論에 대한 고찰－祥瑞, 災異說을 중심으로」, 『東洋哲學研究』 36.

金相鉉, 1999, 「신라 중대의 불교사상 연구」, 『국사관논총』 85.

金英美, 1988, 「聖德王代 專制王權에 대한 一考察」, 『梨大史苑』 22·23합집.

김영심, 2003, 「웅진·사비시기 백제의 영역」, 『고대 동아세아와 백제』, 서경.

金瑛河, 1997, 「高句麗의 發展과 戰爭」, 『大東文化研究』 32.

金永炫, 1989, 「百濟社會의 災異觀에 관한 考察」, 『歷史教育』 45.

金龍善, 1980, 「高句麗 琉璃王考」, 『歷史學報』 87.

金貞淑, 1992, 「淸州 雲泉洞寺蹟碑」, 『譯註 韓國古代金石文』 제2권, 駕洛國史蹟開發研究院.

金周成, 1995, 「사비천도와 지배세력의 재편」, 『한국사』 6, 국사편찬위원회.

金周成, 1995, 「지배세력의 분열과 왕권의 약화」, 『한국사』 6, 국사편찬위원회.

金周成, 1998, 「백제 무왕의 치적」, 『백제문화』 27.

金昌鎬, 1983, 「永川 菁堤碑 貞元十四年銘의 再檢討」, 『韓國史研究』 43.

김현숙, 2003, 「웅진시기 백제와 고구려의 관계」, 『고대 동아세아와 백제』, 서경.

盧重國, 1994, 「삼국의 통치체제」, 『한국사』 3, 한길사.

盧重國, 1996, 「百濟의 政治」, 『百濟의 歷史와 文化』, 학연문화사.

盧重國, 2001, 「익산지역 정치체의 사적전개와 백제사상의 익산세력」, 『마한백제문화』 15.

盧泰敦, 1982, 「三韓에 대한 認識의 變遷」, 『韓國史研究』 38.

박경철, 1994, 「부여사의 전개와 지배구조」, 『한국사』 2, 한길사.

徐永大, 1981, 「高句麗 平壤遷都의 動機」, 『韓國文化』 2.

徐永大, 1985, 「『三國史記』와 原始宗教」, 『歷史學報』 105.

徐永大, 1991, 『韓國 古代 神觀念의 社會的 意味』, 서울대학교 박사학위논문.

徐永大, 2002, 「水路夫人 설화 다시 읽기」, 『용, 그 신화와 문화』 한국편, 민속원.

서의식, 1996, 「統一新羅期의 開府와 眞骨의 受封」, 『역사교육』 59.

申政勳, 2001, 「新羅 宣德王代의 政治的 推移와 그 性格」, 『大丘史學』 65.

申政勳, 2003, 「통일신라기 진골의 독점관직과 승진과정」, 『이화사학연구』 30.

申政勳, 2003, 「청주운천동 신라사적비 재검토」, 『백산학보』 65.

申政勳, 2003, 『8세기 통일신라의 정치적 추이와 천재지변의 성격』, 중앙대학교 박사학위논문.

申政勳, 2005, 「高句麗의 瑞祥物이 지닌 性格」, 『中央史論』 21.

申政勳, 2006, 「新羅 中代의 瑞祥과 정치적 의미」, 『白山學報』 76.

申政勳, 2007, 「신라 효소왕대의 정치적 변동」, 『역사와 실학』 34.

申政勳, 2008, 「신라 하대의 서상이 가진 정치적 의미」, 『동양학』 44.

申政勳, 2008, 「고구려의 서상이 가진 정치적 의미」, 『동아인문학』 13.

申政勳, 2008, 「신라 성덕왕대의 정치적 변화와 성격」, 『한민족문화연구』 24.

申政勳, 2009, 「신라 중대의 대사와 은전이 가지는 정치적 의미」, 『백산학보』 85.

申政勳, 2012, 「百濟의 瑞祥과 王權」, 『백산학보』 93.

申瀅植, 1977, 「武烈王系의 成立과 活動」, 『韓國史論叢』 2 ; 1984, 『韓國古代史의 新研究』, 一潮閣.

梁起錫, 1993, 「新羅 五小京의 설치와 西原京」, 『湖西文化研究』 11 ; 2001, 『新羅 西原小京 研究』, 서경.

梁起錫, 1995, 「웅진천도와 중흥」, 『한국사』 6, 국사편찬위원회.

양정석, 2012, 「'백제의 서상과 왕권'에 대한 토론문」, 『동아시아고대학회 제46회 학술대회』.

양종국, 2002, 「7세기 중엽 義慈王의 정치와 동아시아 국제관계의 변화 : 의자왕에 대한 재평가(1)」, 『백제문화』 31.

李基白, 1993, 「통일신라시대의 전제정치」, 『한국사상의 정치형태』 ; 1996, 『한국고대정치사회연구』, 一潮閣.

李丙燾, 1983, 「西原 新羅寺蹟碑에 대하여」, 『湖西文化研究』 3.

李泳鎬, 1995, 『新羅 中代의 政治와 權力構造』, 慶北大 大學院 博士學位論文.

李仁哲, 1994, 「新羅 中代의 政治形態」, 『韓國學報』 77.

李載昌, 1964, 「三國史記 佛敎 鈔存. 附註」, 『佛敎學報』 2.

李熙德, 1978, 「高麗時代 五行說에 대한 硏究－高麗史 五行志의 分析」, 『歷史學報』 79.

李熙德, 1986, 「韓國古代의 自然觀과 儒敎政治思想」, 『東方學志』 50.

李熙德, 1993, 「新羅時代의 天災地變」, 『東方學志』 82.

任昌淳, 1983, 「淸州 雲泉洞發見 新羅寺蹟斷碑 淺見二三」, 『湖西文化硏究』 3.

장창은, 2004, 「신라 눌지왕대 고구려 세력의 축출과 그 배경」, 『한국고대사연구』 33.

全基雄, 1994, 「新羅末期 政治·社會의 動搖와 六頭品知識人」, 『新羅末 高麗初의 政治·社會變動』, 신서원.

전덕재, 1994, 「신라 하대의 농민항쟁」, 『한국사』 4, 한길사.

田鳳德, 1956, 「新羅最高官職 上大等論」, 『法曹協會雜誌』 第5卷 1, 2, 3 合倂號 ; 1968, 『韓國法制史硏究』, 서울대학교 出版部.

鄭璟喜, 1983, 「東明型說話와 古代社會」, 『歷史學報』 98.

주보돈, 1994, 「남북국시대의 지배체제와 정치」, 『한국사』 3, 한길사.

주보돈, 2003, 「웅진도읍기 백제와 신라의 관계」, 『고대 동아세아와 백제』, 서경.

車勇杰, 1983, 「淸州 雲泉洞 古碑 調査記」, 『湖西文化硏究』 3.

최윤섭, 2006, 「4世紀 末 百濟의 王位繼承과 貴族勢力」, 『靑藍史學』 14.

崔在錫, 1986, 「新羅의 始祖廟와 神宮의 祭祀－그 政治的 宗敎的 意義와 變化를 중심으로－」, 『東方學志』 50.

하일식, 1996, 「신라 정치체제의 운영원리」, 『역사와 현실』 20.

한규철, 1994, 「남북국의 성립과 전개과정」, 『한국사』 3, 한길사.

韓炳三, 1971, 「先史時代 農耕文靑銅器에 대하여」, 『考古美術』 112.

Park Seong-Rae, 1978, 「Portents in Korean History」, 『JOURNAL OF SOCIAL SCIENCES AND HUMANITIES』 Vol.47.

출 전

찾아보기

306

314

316

318

신 정 훈

1965년 대구생.
서강대학교 사학과, 연세대학교 대학원 사학과(문학석사), 중앙대학교 대학원(문학박사)
중앙대학교 한국교육문제연구소 전임연구원
중앙대학교, 인천대학교 강사

논저
『8세기 신라의 정치와 왕권』(한국학술정보)
『동아시아사 5가지 궁금증』(한국학술정보) 외 다수

한국 고대의 서상과 정치

신 정 훈 지음

2013년 4월 25일 초판 1쇄 발행

펴낸이·오일주
펴낸곳·도서출판 혜안
등록번호·제22-471호
등록일자·1993년 7월 30일

주 소·㉾ 121-836 서울시 마포구 서교동 326-26번지 102호
전 화·3141-3711~2 / 팩시밀리·3141-3710
E-Mail·hyeanpub@hanmail.net

ISBN 978-89-8494-466-4 93910

값 26,000 원